广视角 · 全方位 · 多品种

U0819344

权威 · 前沿 · 原创

皮书系列为
“十二五”国家重点图书出版规划项目

金融蓝皮书

BLUE BOOK OF FINANCE

中国商业银行竞争力报告（2013）

ANNUAL REPORT ON THE COMPETITIVENESS OF CHINA'S COMMERCIAL BANKS (2013)

主　编／王松奇

副主编／刘煜辉　欧明刚

社会科学文献出版社

SOCIAL SCIENCES ACADEMIC PRESS (CHINA)

图书在版编目（CIP）数据

中国商业银行竞争力报告. 2013/王松奇主编. —北京：社会科学文献出版社，2013. 12
（金融蓝皮书）
ISBN 978-7-5097-5354-5

Ⅰ.①中… Ⅱ.①王… Ⅲ.①商业银行-市场竞争-研究报告-中国-2012 Ⅳ.①F832.33

中国版本图书馆 CIP 数据核字（2013）第 286483 号

金融蓝皮书
中国商业银行竞争力报告（2013）

主　　编／王松奇
副 主 编／刘煜辉　欧明刚

出 版 人／谢寿光
出 版 者／社会科学文献出版社
地　　址／北京市西城区北三环中路甲 29 号院 3 号楼华龙大厦
邮政编码／100029

责任部门／经济与管理出版中心（010）59367226　　责任编辑／张　扬
电子信箱／caijingbu@ssap.cn　　责任校对／刘　青
项目统筹／恽　薇　高　雁　　责任印制／岳　阳
经　　销／社会科学文献出版社市场营销中心（010）59367081　59367089
读者服务／读者服务中心（010）59367028

印　　装／北京季蜂印刷有限公司
开　　本／787mm×1092mm　1/16　　印　　张／15.5
版　　次／2013 年 12 月第 1 版　　字　　数／251 千字
印　　次／2013 年 12 月第 1 次印刷
书　　号／ISBN 978-7-5097-5354-5
定　　价／69.00 元

《中国商业银行竞争力报告（2013）》
编委会

魏加宁　国务院发展研究中心宏观部副部长

课题组组长　王松奇

课题组副组长　刘煜辉　欧明刚

课题组成员　王松奇　刘煜辉　欧明刚　张云峰
高广春　刘明彦　王光宇　宋　飞
周　立　邓　鑫　张　坤　陶艳艳
范　嘉　徐　虔

课题支持　北京费雪投资咨询中心

主要编撰者简介

王松奇 吉林松原人，教授，担任中国社会科学院、中央财经大学、天津财经大学和东北财经大学等多所大学的博士生导师。现任中国社会科学院金融研究所党委书记兼副所长，《银行家》杂志主编，北京市创业投资协会理事长，自1990年起任第四届中国金融学会理事全国中青年金融研究会会长，现任第六届中国金融学会常务理事。享受国务院政府特殊津贴。研究专长：中国宏观经济、货币政策、国际金融和创业投资等。

刘煜辉 经济学博士，中国社会科学院金融研究所金融重点实验室主任，中国社会科学院研究生院等多所大学教授，香港金融管理局客座研究员，经常受邀参加国办、央行、国家发改委、财政部、商务部、中国证监会宏观经济研究咨询会。主要研究方向是宏观经济学、国际经济学、金融市场等。

欧明刚 湖南武冈人，经济学博士。现任外交学院国际经济学院国际金融系（研究中心）主任，东亚思想库网络东亚金融合作工作组主要成员，《银行家》副主编。近期主要研究领域是国际金融、商业银行、金融制度比较等。

摘　要

本报告以2012年中国商业银行业的经营状况为依据，利用竞争力分析框架，分析了中国商业银行竞争力的基本格局，对全国性商业银行和城市商业银行的竞争力做了评价，点评了不同银行的特点，提出了中国银行业竞争力提升中需要解决的问题。

通过对全国性商业银行盈利能力、资本实力、资产质量和流动性等指标进行综合评价，从财务性指标的表现来看，中国全国性商业银行的竞争能力有了明显的改善，中国工商银行、中国建设银行、招商银行、中国农业银行、中国民生银行分列前五名。利差的扩大使利息收入增长很快。得益于风险管理体系的完善、风险管理措施与技术的使用，加上银行贷款规模的增长，全国性银行不良资产余额和不良资产率都进一步下降。

针对全国性商业银行发展战略、公司治理、风险管理、产品与服务、流程银行建设、信息技术和人力资源等方面的综合评价，中国工商银行、中国建设银行、中国民生银行、交通银行、招商银行分列前五名。银行越来越重视发展战略规划，大多数银行根据自己的情况出台了发展规划，特别是有些银行开始追求差异化的战略。个人银行业务、中间业务继续转型，同时在综合经营、海外拓展以及全国网点上进行进一步的扩张和优化，成为商业银行的战略选择。随着越来越多的银行成为上市公司或正在上市的进程中，银行公司治理结构得到了进一步完善。董事更加尽职，信息披露更加及时和全面。银行的社会责任感得到了强化，许多银行积极地履行社会责任。越来越多的银行重视 IT 系统建设，如正在建设的数据大集中、核心业务系统，IT 系统正引领银行的管理创新和业务创新。商业银行的流程再造方兴未艾，事业部制改革、扁平化改革正在推进。商业银行的风险管理体系正在建设，全面风险管理体系正在形成，风险管理技术正在提高。中国商业银行产品和服务的创新能力正在得到提高，跨市场产品得到开发，电子银行和网上银行得到巨大发展，渠道建设得以顺利推进，品牌意识得以加强。商业银行越来越重视人的因素，人才素质得以提高，研发能力得以增强，人才激励机制正在建立和实施，加强了对员工的培训。

经过对全国性银行竞争力的分析，遗憾地发现竞争力的提高还有一些隐忧。如盈利能力的增强依靠利差，而中间业务收入的增强依赖靠天吃饭的资本市场，资本充足率的提高依靠注资、上市等手段。中国银行业信用风险管理能力、流动性风险管理能力和盈利能力正在接受宏观经济形势逆转的考验。在国际化和产品创新过程中，中国商业银行需要加强市场风险管理能力。此外，还分析了公司治理、流程银行建设、产品创新以及人力资源等方面存在的问题。

从城市商业银行的财务性指标来看，不同规模的城市商业银行呈现出不一样的情况，其中成都银行、南京银行、包商银行、杭州银行、徽商银行分列前五名。经过注资，城市商业银行已经摆脱了财务困境，平均资本充足率接近10%，盈利能力大大增强，地区差异明显缩小。

Abstract

This report, based on the performance of China's banking industry in 2012, analyzed and evaluated the relative competitiveness of national commercial banks (NCBs) and municipal commercial banks (CCBs) and their characteristics, bringing forward problems that need to be solved in order to improve competitiveness.

The comprehensive assessment on profitability, capital, asset quality and liquidity indicated that NCBs have made evident improvement on competitiveness. Among them, Industrial and Commercial Bank of China, China Construction Bank, China Merchant Bank, Agricutural Bank of China, and China Minsheng Bank have ranked top 5. Enlargement of the gap between loan and deposit interest has resulted in the fast increase in interest earning. On the other hand, although development of the capital market attracted a considerable amount of funds from savings accounts, income from intermediate business related to share market has manifold.

According to the review on development strategy, corporate governance, risk management, products and services, construction of banking processes, information technology, and human resource management, Industrial and Commercial Bank of China, China Construction Bank, China Minsheng Bank, Bank of Communications, China Merchant Bank were the 5 best banks. The report points out that banks were regarding strategic planning as an increasingly significant issue. Most of the banks developed their own strategy, and some banks began to focus on differentiation. Reforming personal banking and intermediate business, diversification, overseas expansion, increasing and optimizing subsidiaries have all been part of their strategic choices. More and more banks went listed, or were on their way to IPOs, and this lead to improvement in their corporate governance structure. Directors were getting more duteous about their responsibilities, and information disclosure has become increasingly timely and comprehensive. Banks' social responsibility has been put in a more significant position, and many banks have been fulfilling their social responsibility. IT has been leading the industry's management innovation and business innovation, the sign of which was that data concentration became the mainstream and core business systems were under construction. Banking reengineering, decentralization, and divisional organization reform have become widespread. Meanwhile, commercial banks' risk management systems, especially Enterprise-wide Risk Management Systems, have been forming, accompanied by enhanced risk management techniques. In China's commercial banks, innovation capability in products and services has been advancing, resulting in the creation of cross-market products, fast development of e-banking and online banking, construction of new distribution channel, and enhanced brand consciousness. Commercial banks have been putting human resource management in a more and more important position, leading to improvement in overall staff quality and enhancement of R & D ability. Staff incentive mechanisms have been being established and implemented, and employee training programs have gained more investment.

Aside from the above-mentioned, the report has also found some problems that national commercial banks need to solve. Their profitability relied heavily on enlargement of the gap between loan and deposit interest, while intermediate business income depended much on the boom of the capital market; the capital adequacy ratio increased mainly because of injection of funds from the government or IPOs. Meanwhile, the risk and liquidity management capability and profitability of China's banking industry have been confronted with tough challenges from the downturn of the macro-economy. In the process of internationalization and product innovation, commercial banks need to strengthen their market risk management capability. Besides, potential problems might also rise in aspects like corporate governance, construction of process bank, product innovation, and human resource management.

For the city commercial banks' part, the top 5 banks are Bank of Chengdu, Bank of Nanjing, Baoshang Bank, Bank of Hangzhou, and Huishang Bank. It's deemed that through injection of funds, CCBs have got out of financial difficulty, reached an average capital adequacy ratio of 10%, and made great improvement on profitability, narrowing regional gap.

目录

ⅠB Ⅰ 总报告

B Ⅱ 评价篇

B Ⅲ 专家篇

BⅣ 附 录

皮书数据库阅读使用指南

CONTENTS

𝔹 I General Report

𝔹 II Evaluation Reports

𝔹 III Reports by Experts

BⅣ Appendix

总 报 告

General Report

B.1

2012年中国商业银行竞争力总体评价*

一 背景

（一）商业银行的国内外环境受到挑战

2012年，在国际经济形势日趋复杂、国内经济增速有所放缓、中国经济外需下降、要素边际生产率降低、经济结构调整的综合影响下，银行业总体运行平稳。2012年末，中国银行业金融机构总资产为133.6万亿元，增长17.95%。商业银行实现净利润12386亿元，增长18.96%。商业银行不良贷款余额4929亿元，比2011年末增加650亿元。与美欧银行业的普遍萎缩态势相比，中国银行业的增长令人鼓舞。

2013年，资本管制日益严格、利率市场化实质性推进、金融脱媒趋势愈加明显、同业间竞争日趋激烈，都将使银行经营环境更为严峻。中国式影子银

---

* 本部分由刘煜辉、徐虔执笔。

行繁荣为中国金融业增加了创新的活力，但也成为中国银行业未来风险的渊薮和监管的重点。从经济环境看，中国经济未来10年面临两大主题：经济转型和老龄化，将从多方面重构中国经济发展路径，从而将会进一步改变中国的产业格局。同时，互联网经济正在潜移默化地改变人们的生活生产方式，银行的经营模式不得不随之改变。

（二）银行传统经营模式正在受到冲击

随着资本市场的快速发展，“金融脱媒”现象日渐突出。在分业管理与分业经营的制度背景下，资金短缺者和资金储蓄者不通过银行等金融中介机构而直接进行资金交易的行为就是金融脱媒。2012年以来，利率市场化的进一步延续和深化，对商业银行依靠传统存贷款增长的方式形成较大的挑战。

1. 息差收窄

2012年末，商业银行实现净利润12386亿元，增长18.96%。与美欧银行业的普遍萎缩态势相比，中国银行业的增长令人鼓舞。然而，全行业息差收窄的情况也越来越明朗。经过2012年金融机构人民币存贷款基准利率及其浮动区间两次调整的铺垫，2013年7月20日，央行宣布取消贷款利率的下限管制，我国利率市场化迈出重要一步。

在过去储蓄率上升的过程中，整个中国金融体系存在着严重的金融压抑，具体讲就是，给储户规定一个低利率，于是银行得以顺利将家庭部门储蓄向作为借贷者的国有经济部门转移。利率被人为地压低到自然利息率之下。过去银行体系资金成本的低廉源自制度，造就银行粗放式规模扩张的经营模式。

未来的经济转型和人口老龄化都将导致中国总储蓄率下降，从而抬升经济中自然利率水平。金融自由化的本质是去金融压抑的过程。如果逐步放松对金融要素的价格管制（利率市场化），价格一定会呈现出追随经济中自然价格（影子价格）的趋势，故此银行负债成本存在刚性上升的压力。但银行是否能提高生息资产的回报水平，这取决于银行的风险控制和定价能力，即银行能否通过细分市场、细分客户并进行精细定价。中国的银行主要是靠抵押品和担保投放信用，在人民币升值过程中依靠抵押品价格不断上升来实现信用的扩张，所以普遍缺乏风险甄别和定价能力。因此，面对负债成本中长期上升的趋势，必然要承受息差收窄的阵痛。2012 年年报显示，17 家全国性商业银行中，有 11 家净息差下降（见表 1）。

表 1　17 家全国性商业银行的净息差下降

银　行	2012 年	2011 年	降幅(%)
交通银行	2.59	2.61	-0.77
浦发银行	2.58	2.6	-0.77
招商银行	3.03	3.06	-0.98
中国农业银行	2.81	2.85	-1.40
渤海银行	2.11	2.17	-2.76
华夏银行	2.71	2.81	-3.56
中信银行	2.81	3.00	-6.33
平安银行	2.37	2.56	-7.42
民生银行	2.94	3.14	-6.37
浙商银行	2.34	2.54	-7.87
广发银行	2.52	2.93	-13.90

资料来源：17 家全国性商业银行年报。

这一过程可能刚刚开始。这意味着商业银行提高了对资本使用效率的要求，商业银行将寻求更高的资产回报，从而在配置资本时更加谨慎。息差压力可能会促使银行将更多贷款投向之前不够重视的私人和消费领域，而减少对基建贷款的支持。未来，调整资产负债结构、加强成本的精细化管理、拓展盈利渠道将成为银行业的共识。

2. 银行资本补充压力和资本充足率虚高

近几年来，我国商业银行资产规模实现高速增长，仅 2012 年城市商业银行资产规模增长率超过 40% 的就有 18 家。虽然经历了几次再融资热潮，但银行业的资本消耗实在惊人，资本充足率普遍出现下降。随着银监会《商业银行资本管理办法（试行）》2013 年初开始实行，银行表内资产扩张面临越来越大的资本补充压力，依靠表内资产扩张的粗放型经营方式已不可持续。

银监会公布的当前中国商业银行体系的核心资本充足率高达 9.85%，但实际上这个数字可能虚高。根据其他存款性公司的资产负债表，截至 2013 年 7 月底，商业银行体系总资产 144.7 万亿元，对企业和居民部门传统信贷投放

75.4万亿元，余下的资产若剔除掉储备资产（20.3万亿元）、对央行和政府的债权（6.9万亿元）、国外资产（2.9万亿元）以及其他资产（7万亿元），剩下的是银行通过“票据+非银”方式（同业资产）投放的信用，再加上表外资产部分，我们估计有19万亿元的资产低估了风险权重。

3. 坏账的压力

2012年，中国银行业不良率普遍上升，股份制商业银行不良率增加最为明显。真实的不良率可能比账面显现的要高得多。因为过剩产能的企业和政府平台通过债务滚动、展期以及弹性化的五级分类标准将呆账暂时掩盖起来；近年来迅猛膨胀的影子银行体系的抵押品和担保条件比正规信贷系统要低得多，一旦发生风险，都会以表内不良资产的形式呈现出来。经济下行和未来资产价格下行将带来巨大的坏账冲销压力（见表2）。

表2 商业银行不良率上升

单位：%

银行	2012年一季度	2012年二季度	2012年三季度	2012年四季度	2013年一季度	2013年二季度
商业银行	0.94	0.94	0.95	0.95	0.96	0.96
大型商业银行	1.04	1.01	1.00	0.99	0.98	0.97
股份制商业银行	0.63	0.65	0.70	0.72	0.77	0.80
城市商业银行	0.78	0.82	0.85	0.81	0.83	0.86
农村商业银行	1.52	1.57	1.65	1.76	1.73	1.63
外资银行	0.49	0.58	0.62	0.52	0.59	0.60

资料来源：中国银监会网站。

4. 银行业表内表外统一管理模式普遍化

由于资金来源、资金运用以及利润空间面临着金融市场和其他金融机构的巨大竞争，传统业务经营走入困境，商业银行开始探索在同业业务和资产负债表表外业务做文章，不断地进行金融工具创新，“中国式影子银行”的出现，可以说是金融脱媒和利率管制背景下的必然产物。这些“影子”业务的开展，大大地提高了银行服务的范围和质量，弥补了资金缺口，创造了信用，降低了商业银行运营成本。但以金融创新为特征的表内表外统一管理策略在导致银行资产流动性提高的同时，也对商业银行流动性风险管理提出了更高的要求，需要商业银行承担更多的风险。由于金融结构多元化、金融产品复杂化、银行头寸管理高度依赖资金市场，特定事件冲击可能造成流动性风险的牵扯面更加扩大。

5. 流动性风险凸显

2013 年 6 月底出现的银行间市场震动把银行的流动性风险问题推到了风口浪尖。银行间市场利率价格狂飙，连续多日的股债齐跌，上证指数在 6 月 24 日大跌 5.13%，至 6 月 25 日午盘更探至 1849 点。随即展开了一次关于当前广义货币供给处于较高水平与资金偏紧之间矛盾原因的大讨论。商业银行流动性问题部分可能是部分银行基于利润考核，贷款冲动较大，信贷扩张较快，银行体系资金备付水平低，超额准备金率下降，造成银行体系流动性的边际承受力下降，受资金供需变化的冲击较大。但更为重要的原因是，金融脱媒下商业银行同业业务大幅扩张，以短期资金特别是货币市场融资投向长期资产，通过期限错配赚钱的盈利模式使得流动性问题比较严重，容易出现大的现金流缺口。

（三）影子银行：风险的渊薮和监管的重点

1. 影子银行是金融脱媒的重要表现形式

在中国，影子银行指正规体系之外的信用中介实体或活动。总共包括五个类型，第一类是银信合作、集合信托计划、信贷资产证券化、银行理财计划；第二类是证券投资基金、私募基金、证券化、对冲基金等；第三类是各种支付性的，银行之外的各类支付、结算和清算便利；第四类是非银行贷款，有合法的非银行贷款，也有不合法的非银行贷款；最后一类是不受监管的民间金融，包括地下钱庄贷款、民间借贷等。

2001 年以来，影子银行加速发展起来，特别是在 2008 年全球金融危机后，信托产品、民间借贷等得到迅猛发展。我国影子银行是在传统商业银行垄断向多元化金融机构体系过渡，从银行间接融资向资本市场直接融资过渡的中间产物，是中国版金融脱媒的重要表现形式。

美国次贷危机导致全球需求疲软，我国外贸拉动变为内生增长，基础设施投资来保就业，我国中央政府开启 4 万亿元经济刺激计划，地方政府大规模的配套设施建设紧随其后，相关产业融资缺口日益扩大，房地产、基础设施等建设资金需求量大。但在资金的供给端：一方面传统商业银行由于受到严格监管（资本充足率、信贷额度以及贷存比限制等），使得其资金支持力度不足；另一方面是我国的直接融资渠道，股票、债券市场发展有限，在很大程度上不能满足以上的融资需求。

在利率市场化和通胀压力下，社会对影子银行产品需求旺盛。2004 年初央行的利率市场化改革，将人民币贷款利率上浮区间扩大至 1.7 倍，但人民币存款利率只允许下浮不允许上浮。在近几年国内通胀的压力下，将我国长期以来的大量存款释放到金融市场中，寻找保值增值的途径。而影子银行创造的高收益产品成为存款的替代品。比如理财产品、信托、民间资金揽储、第三方财富管理平台等。出于对业绩高速增长的追求，商业银行日渐强化考核的力度，为银行分支机构以及基层员工提供了激励机制，也促成了许多与影子银行相关业务的创新快速发展。

影子银行正向激励商业银行放贷行为。传统商业银行受到严格监管，信贷扩张倍数有限。通过与信托、证券、基金等开展跨界合作，如银信、银证、银基以及银银平台能够有效将表内业务表外化，绕开相关监管指标的限制。我国在分业监管的格局下，不同类型金融机构的监管主体不同，不同机构从事类似业务所受到的监管强度会有所差异，这为跨行业机构合作进行监管套利提供了空间，以“监管套利”进行金融创新是近期影子银行发展的主要方向。

影子银行在过去几年经历了高速发展，包括银行与非银合作形成的表内债权和银行同业业务形成的表内债权两种类型。我们估计，目前中国影子银行的存量规模已超过了贷款总规模的三分之一。从新增量来看，典型的影子银行部门（信托贷款、委托贷款、企业债券融资）的新增量占 2012 年全社会融资总量的 31%，而在 2010 年和 2011 年，这个数据分别为 16.9% 和 22.3%。这也能够解释为什么 2012 年银行新增人民币贷款仅增长了 10%，但全社会融资总量保持了 23% 的高速增长（见图 1）。

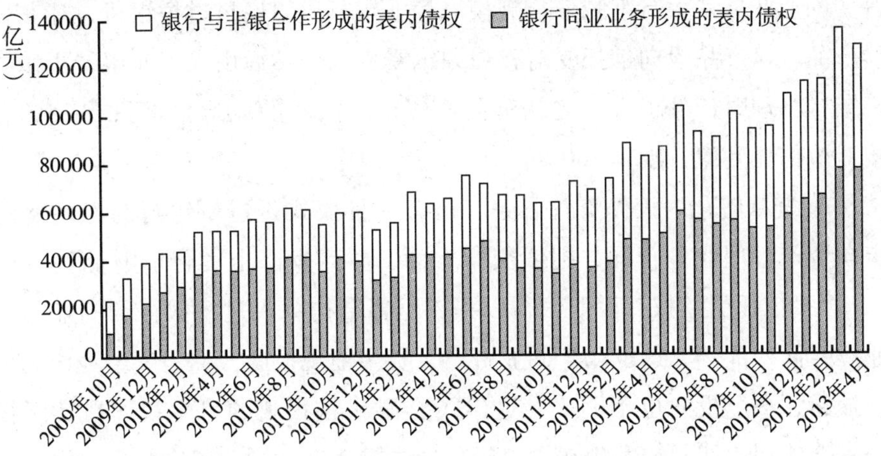

图 1　同业业务形成的表内债权扩张加快

资料来源：CEIC、WIND、华泰证券研究所。

2. 绕开监管实现信用扩张

出于对利润的追求，银行通过表外化业务规避监管的限制，从而变相地提供信贷，实现信用扩张。这一过程银行起到中介作用的同时不必占用自身的资本金，也不必预提准备金，却增加了银行的中间业务收入。

（1）贷款转化为投资。银行通过将资产在表内表外进行腾挪，绕过信贷规模限制，进行监管套利。同业买入返售金融资产是信贷转化为投资的主要代表，其本质与逆回购无异，是协议约定先买入，到期再按固定价格返售，实际是资金融出的过程。买入返售一般放在应收款项类投资，或可供出售类资产科目中。买入返售金融资产配置范围，包括债券、票据、信贷资产、应收租赁款和信托受益权等，期限较短。与债券相比，买入返售更加灵活，且不用审批，也隐藏更高风险。

（2）贷款变成同业资产。贴现票据买入返售，是开票行将票据权利卖给另一家银行获得贴现资金，并在票面到期日之前的某个日期重新将票据买回。一般来说，大中型商业银行作为开具承兑汇票的签发行，开具承兑汇票并不纳入信贷规模，然而一旦贴现，就要纳入信贷规模，属于表内业务，同时受到存贷比的限制。于是，一些股份制银行便和大行形成了“默契”，通过票据买入返售变同业业务帮大行削减信贷规模。商业银行可以通过过桥银行，让其发行理财产品，该产品投向信托受益权或票据受益权，然后由该商业银行再以买入返售结构将理财产品买入，这就算同业资产。同业的风险权重只有25%，若直接对应信托受益权则是100%。

（3）贷款转化为表外资管业务。还有一种模式是过桥银行与券商签订一个定向资产管理业务合同，把钱交给券商，券商发一个集合理财计划“资金池”，再投信托受益权。商业银行以买入返售结构买入过桥银行的同业定向资管业务合同的部分，这也属于同业资产。资金池规模庞大，但资金池内为何物并不披露，资金投向也不明确，这给了金融机构很大的自主权。在实际操作中，资金池利用期限错配赚钱，以较低成本拆入短期同业资金，再投资于高收益、高风险的长期资产上，获取超额收益。资金池内期限错配的产品在没有问题的时候，“长投短融”可以持续下去；一旦某个环节因期限错配问题出现资金链断裂，市场就会出现骤然收缩，新资金跟不上，流动性风险就会爆发。

3. 影子银行的风险

影子银行是社会融资的重要组成部分，能够有效地缓解融资缺口、提升现代金融服务业的质量和效率、提高金融市场的流动性，然而缺乏对其的监管而造成的对经济的潜在负面作用也是巨大的。

（1）期限错配使银行流动性风险增加。影子银行业务的盈利主要依赖于期限错配，由于相当多的理财产品期限较短，这就意味着存贷款金融机构资金头寸在满足存款兑付之外，又多了理财产品的到期兑付问题。由此，埋下了备付金不足以支付存款兑付和理财产品兑付双重需要的风险。如果没有足够的现金保留，银行想要通过货币市场机制，同时解决存款和理财产品双重兑付所引致的流动性不足就更加困难。

（2）影子银行的信息披露远不够充分和透明。如银行理财产品，目前普遍采用的是资金池模式，但银行缺乏对资金池的充分披露，部分产品不明确资金的投向和比例，只是简单地在合同上声明集资的资金将全部投资于合约所规定的投资品种，但投资者对于资金的具体投向、资产质量、期限错配情况、流动性风险以及产品净值等均不知情。

（3）影子银行加大金融体系的系统性风险。在我国影子银行信贷投放的环节上，存在以下风险：第一，投资项目预期收益率与实际企业经营回报不一致导致的风险。第二，信贷的创新业务由于融资链条拉长、参与方增多，信用风险把控难度更大，且个案风险更容易向全体系传导。第三，投资者隐性担保与刚性兑付问题。如附带有银行隐性担保的理财产品、附带政府隐性担保的政信合作，都凸显了交易合同法律层面的风险分配。与参与方对风险的心理认定和实际承担的背离，或含糊不清的，都将影响此类业务的长久健康发展。

（4）影子银行影响货币政策效力。经过影子银行信用放大之后，产生的资产总额是基础资产的好多倍，理论上其创造的流动性可以无限放大。影子银行的快速发展使货币政策工具对经济的作用降低。如存款准备金制度作用于商业银行吸收的存款，但在影子银行的快速发展下，这些资金从银行流向金融市场，绕开存款准备金的约束；再贴现是在传统商业银行短期流动性不足的情况下采用的，在影子银行大力发展下，传统商业银行通过资产证券化，将得到很大的流动性支持，可以规避中央银行的监管；公开市场操作，在影子银行的高收益产品中，得不到金融市场认购的积极响应。

2013 年 4 月，银监会下发了《关于加强 2013 年地方政府融资平台贷款风险监管的指导意见》，该指导意见延续了地方债务“降旧控新”的宗旨，同时要求监管部门和银行建立起“全口径的融资平台负债统计制度”，涵盖银行贷款、企业债券、中期票据、短期融资券、信托计划和理财产品等多项内容。我们可以看到，银监会在引导表外信贷项目的显性化，挤压监管套利。商业银行必须建立健全符合自身实际的流动性风险管理体系，主动适应更严格的监管标准，严控资产池理财业务规模，对既有的资产池理财业务，也应管控期限错配限额。

二　全国性商业银行财务评价

通过对全国性商业银行盈利能力、资本实力、资产质量和流动性等指标进行综合评价，从财务性指标的表现来看，中国全国性商业银行的竞争能力有了明显的改善。由于《商业银行资本管理办法》的实施，多家商业银行积极应对，加快推动资本工具创新，不断拓宽银行资本补充渠道，表现出较好的资本充足率，但一些中小银行资本不足的问题凸显。得益于宏观经济的快速增长和利差的扩大，银行的利息收入增长很快；得益于资本市场的火爆，银行与资本市场相关的中间业务发展迅速，中间业务收入爆炸式增长；得益于风险管理水平的提高和相对较好的宏观经济环境，银行资产质量有了较大的改善，但隐藏着一些潜在的风险。

（一）资本得到充实

按照银监会的计划，2013 年 1 月 1 日起，新办法正式实施，该管理办法根据国际统一规则，对银行资本提出了更为严格的要求。随着资本监管要求的提升，赶在新办法正式实施前，各家银行在 2012 年末再现密集发行次级债的状况。截至 2012 年末，全国性商业银行已经发行 9 只次级债，其中农行与建行各发行了 400 亿元，工行和中行分别发行了 200 亿元和 230 亿元，占全国性商业银行债券发行量的 60% 以上。目前，银行有 8000 多亿元的存量次级债，将面临被逐年扣除。可以预见，未来银行将存在较大的资本补充压力，亟须通过多种方式拓宽资本来源渠道。

历经近两年密集大量再融资后，全部 17 家全国性商业银行的资本充足率均超过 10.5%，若对照拟施行的监管新规（系统重要性银行和非重要性银行的资本充足率不低于 11.5% 和 10.5%），也全部达标。

5 家大型银行是公认的系统重要性银行，其资本充足率普遍高于股份制银行，且均较 2011 年度有所提高。12 家股份制银行资本充足率全部达标，且均达到监管新规中系统非重要性银行的资本充足率标准（10.5%），但整体水平低于大型银行。

（二）资产质量继续好转，但需要关注宏观经济逆转的影响

2012 年，资产质量出现下滑迹象，持续多年的不良贷款余额和不良贷款率“双降”拐点显现。虽不良贷款率较以前年度进一步下降，但次级类和可疑类贷款比例均出现了一定的反弹，不良贷款绝对额也出现上升趋势。

就绝对额来说，2007 年全国性商业银行不良贷款余额为 3892 亿元，较 2006 年底增加了 252 亿元，增幅 6.93%。其中，次级类不良贷款余额为

1597.2 亿元，在 2011 年反弹 5.47% 的基础上继续上升了 8 个百分点；可疑类余额分别为 1736.4 亿元，出现了在 2011 年大幅下降 13.99% 的基础上回升了 10 个百分点；损失类不良贷款余额分别为 558.6 亿元，较 2011 年下降了 4%，且降幅比 2011 年增加了 3.24 个百分点。看来，宏观经济形势的变化对银行资产的影响开始显现。随着 2013 年宏观经济形势的恶化，银行不良资产可能会大幅增加。

在贷款质量稳步改善的同时，拨备覆盖率和贷款拨备率都得到了进一步提高。近 10 年来，全国性商业银行的风险抵补能力不断提高，损失拨备缺口从 2002 年底的 1.34 万亿元下降到 2008 年的零拨备缺口；拨备覆盖率从 2002 年底的 6.7% 持续提高到 2012 年底的 303.09%。同比提高了 25 个百分点。2012 年，受监管要求不断提高的影响，大型银行风险抵补能力进一步提高。大型银行拨备覆盖率达到 298.92%，同比提高 37.52 个百分点；股份制银行拨备覆盖率达到 319.39%，同比下降了 30.9 个百分点。2012 年，全国性商业银行总的贷款拨备率为 2.70%，较 2011 年提高 0.19 个百分点，达到 2.5% 的监管标准。具体来看，大型银行的贷款拨备率整体上好于股份制银行。

从贷款集中度来看，有单一客户贷款集中度和十大客户贷款集中度两个指标。监管标准要求最大单一客户贷款不得超过银行净资产的 10%，前十大客户贷款总额不得超过净资产的 50%。在单一最大客户贷款比例方面，大部分全国性商业银行 2012 年比 2011 年有所下降。在最大十家客户贷款比例方面，除华夏银行和渤海银行有所上升外，其余全国性商业银行较 2011 年均有所下降。主要出于规模原因，大型银行前十大客户的贷款比例均在 17% 以下，整体上低于股份制银行。

（三）盈利能力大大增强，但可持续性面临挑战

2012 年，面对经济增速下降、利率市场化进程不断加快、融资脱媒日益明显、同业竞争加剧等外部环境变化所带来的诸多挑战，银行业的利润增速整体回落。2012 年，全国性商业银行实现税后利润 10072.1 亿元，同比增长 16.42%。商业银行净利息收入占到营业收入的 79.87%，手续费及佣金净收入占到营业收入的 17.89%，利差收入仍是全国性商业银行最主要的利润来

源。

从净利润增长率看，大型银行中农业银行最高，为19%，其余在12%～15%，保持了持续稳定的增长态势。股份制银行中，渤海银行、恒丰银行和浙商银行因净利润基数较小，净利润增长率相对较大；其中，渤海银行净利润增长率87.12%，在全国性商业银行中最高。其他股份制银行净利润增长步调相对一致，大多集中在30%～40%。

全国性商业银行盈利能力持续增强，但增长速度比2011年度均呈现下降趋势，这与宏观经济形势作用于经营模式总体上呈现同质化的银行业有关系；而各银行净利润增长率的大小不一，则是不同的资产规模和业务结构在相同的市场环境下的正常反映。

从中间业务收入水平来看，近年来全国性商业银行持续大幅增长，主要有市场环境、监管要求和客户需求的各方面变化、银行加大拓展金融资产服务业务、银行理财产品快速增长等多种原因。2012年，手续费及佣金净收入的增长主要源于银行卡手续费，但受到监管层要求银行收费整顿的影响，以财务顾问和咨询费、信用承诺手续费、担保手续费等为代表的信贷相关业务手续费收入整体缩减；作为目前中间业务增长主要动力的理财业务也因受到严格规范，收入增长有所减速；包括支付结算等在内的传统中间业务，在业务创新相对迟缓、降费呼声日益高涨的背景下，收入增速也有所回落。

从净资产利润率和总资产收益率来看，2012年全国性商业银行的净资产收益率均明显超过11%的达标线。平均净资产收益率相对处在最低水平，为15.81%。兴业银行、恒丰银行和民生银行的净资产收益率排在前三位，分别为26.65%、25.33%和25.24%。而大型银行中，工商银行也保持在23%以上。同2011年相比，共有6家银行净资产收益率下降，11家上升。渤海银行和浙商银行的净资产收益率分别提高5.27个和4.77个百分点，增幅最为可观。平安银行和中信银行分别下降4.5个和4.4个百分点，降幅最大，这主要是在报告期内，与平安银行对深圳发展银行的收购和中信银行发行次级债有关，对净资产收益率的摊薄效应体现在2012年所致。

从净息差（NIM）和净利差（NIS）来看，净息差呈现出明显下滑的趋势，尤其是股份制商业银行，最多下滑20个基点。这主要是由于：随着利率市场化的进一步推进，商业银行吸揽资金竞争加剧，通过理财业务吸收的资金成本整体相对较高，特别是央行 2012 年不对称降息及允许存款利率最高上浮 10% 后，商业银行尤其是股份制商业银行纷纷提高存款利率，由此造成资金成本上升。与之相反的，伴随着直接融资市场的发展，商业银行在信贷客户特别是大中型企业的议价能力也有所降低，使得存款降息幅度小于贷款，净息差受到压缩。而净利差的情况与净息差的情况相仿。

收入成本比是考察成本控制水平的重要指标。近几年，银行面临息差逐渐收窄，收入增速放缓。同时，受物价上涨等因素影响，成本支出呈现刚性增长，对银行业成本管理及成本效率形成一定压力。2012 年，17 家全国性商业银行的成本收入比全部在 45% 的监管红线之内。整体而言，大型银行的成本收入比相对低于股份制银行。大型银行中，工商银行成本收入比最低，为 28. 56%，继续保持最低；农业银行 36. 76%，相对最高。股份制银行中，广发银行、华夏银行和平安银行最高，分别为 40. 83%、39. 95% 和 39. 41%；恒丰银行、兴业银行和浦发银行相对最低，分别为 24. 32%、26. 73% 和 28. 71%，可比肩大型银行控制成本的水平。同 2011 年相比，全国性商业银行的成本收入比均有不同程度的下降。其中，渤海银行和浙商银行降幅最大，分别下降 6. 06 个和 5. 77 个百分点；其他银行中，兴业银行也下降 5. 22 个百分点，控制成本的能力相对突出。相比较而言，招商银行和浦发银行分别仅下降 0. 04 个和 0. 08 个，虽降幅较小，但控制成本的能力依然较高。

（四）流动性仍然在监管要求内，但中小银行的流动性压力增大

2012 年，宏观经济环境复杂多变，央行维持稳健货币政策的同时，加大了预调微调的力度，两次下调存款准备金率和存贷款基准利率的同时推进利率市场化改革，并持续通过逆回购交易向市场注入流动性，银行间市场资金紧张状况逐步缓解。在流动性相对宽松的市场环境下，同业资金利率有所下降。由于法定存款准备金率仍处于较高水平，在一定程度上抑制了银行派生存款的作用。同时，受同业竞争加剧和理财分流等的影响，商业银行存贷比及流动性的管理仍面临一定的压力。尤其是股份制银行流动性的压力有增无减。

从存贷比来看，2012 年全国性商业银行期末时点存贷比全部达标。大型

银行除交通银行和中国银行略高外，存贷比均处于较低水平，其他三家流动性明显好于股份制银行；其中，农业银行的存贷比最低，为59.22%，排在全国性商业银行的第二位。股份制银行的存贷比大多在70%左右，恒丰银行存贷比55.98%，在股份制银行中最低；中信银行为73.59%，相对较高。

流动性比例为流动性资产余额与流动性负债余额之比，衡量商业银行流动性的总体水平，不应低于25%。我国银行业的流动性比例在2012年全年保持稳中有升的趋势。前半年增速较快，三季度稍有回落，四季度再次回升。经济增速放缓，物价涨幅有所回落，央行采取了一系列措施进行预调微调，适度增加了市场流动性，流动性比例上升至47.8%，同比显著增加了3.07个百分点。

存款负债比是商业银行各项存款在全部负债中所占的比例。引入这一指标，是基于存款在应对流动性困难时高效稳定的作用。一般来说，此数值越高，说明存款在商业银行全部负债中的占比越高，应对流动性风险的能力也越强。就存款负债比指标而言，大型银行普遍高于股份制银行。2012年，5家大型银行的存款负债比在70%以上，而12家股份制银行中仅有3家超过70%。全国性商业银行中，农业银行、建设银行的存款负债比最高，分别达到82.28%、82.02%；渤海银行、恒丰银行最低，分别为45.21%、49.60%。股份制银行的存款负债比，中信银行（76.19%）、招商银行（74.30%）和广发银行（73.29%）表现突出。大型银行的规模效应以及股份制银行的特色经营使其在吸收存款方面所具有的优势，在这一指标上得到较为明显的反映。

三　全国性商业银行的核心竞争力评价

对于核心竞争力，我们仍然关注公司治理、发展战略、产品与服务、流程银行与流程再造、风险管理、信息技术以及人力资源等要素。总体来看，全国性商业银行在这些方面都有较大的进步。

（一）公司治理：基本框架基本完备

中国的商业银行治理模式基本是英美模式和日德模式的结合，组织形式上表现为“三会一层”，即股东大会、董事会、监事会和高级管理层。为了协助董事会更好地进行决策，大部分全国性商业银行在董事会内部设立了各专业委员会以行使相关的决策职能。为监督董事会的执行力，我国的商业银行将执行和监督职能分离，并成立专门监事会，行使监督职能。目前，全国商业性银行监事会成员就有三类：外部监事、职工监事和股东代表监事。各类监事相互配合，保障多方群体利益。董事会和监事会中要求必须有外部监事，在银行公司治理安排指引中，要求独立董事和外部监事人数都不少于 2 人，而监事中还应有一定的职工监事和股东代表监事。此外，独立董事制度作为现代银行公司治理的一项非常重要的制度，要求“上市公司董事会成员中应当至少包括三分之一独立董事”。

总体来说，全国性银行公司治理结构基本符合要求。然而，还有一些银行没有达到相应的规范要求。独立董事制度是一种为了保护中小股东利益而制衡大股东利益的安排，必须有一定的人数才能取得效果。从独立董事比例来看，独立董事人数占董事会成员人数比例超过 1/3 的有平安银行、中国银行、建设银行、浦发银行、华夏银行、工商银行、兴业银行、交通银行，而恰好三分之一的有光大银行、中信银行、招商银行和民生银行，上市银行中只有农业银行的独立董事人数比例没有满足证监会的要求，而 4 家非上市全国性商业银行的独立董事人数比例都没达到 1/3。由原深圳发展银行和原平安银行合并而成的平安银行的独立董事比例最高，达到近 45%。农业银行在年报中披露，“为符合‘上市公司董事会成员中应当至少包括 1/3 独立董事’的规定，袁天凡先生已被委任为我行独立非执行董事，其任职资格已于 2013 年 3 月 8 日获中国银监会核准”。至此，农业银行独立非执行董事共 5 名，占董事会成员人数的 1/3。我国全国性商业银行中 13 家上市银行现均满足独立董事比例要求。而对于职工监事和外部监事的要求，仅农业银行未能满足不少于 2 名外部监事的要求。

从董事履职来看，董事包括独立董事大多数能够参加表决，但境外董事和独立董事较多的银行，亲自出席率会受到相应影响。董事在董事会召开过程中是否充分地表达了意见是董事履职的重要体现。从 2012 年公布的董事会决议来看，绝大多数银行都是应出席会议董事、应投票董事全票通过。然而，所有的议案都是一致通过的应该不是一件太正常的事情。其实，存在一定的反对票和弃权票才是公司民主和公司治理的良好体现。

信息披露既是银行公司治理的重要内容，也是银行监督的重要举措。信息披露得及时、全面，有助于投资者和债权人及其他利益相关者了解银行经营，是对投资者及利益相关人的尊重，有助于保护投资者和存款人的利益。总体来看，上市银行信息披露比非上市银行要好，在境内同时上市的银行要比只在境内上市的银行要好。而作为对银行年度报告中财务及业务的各个方面进行详细说明的部分，管理层的讨论与分析为投资者提供了有关银行业务表现和发展前景的最为实质性的信息。而在各家银行年报中，这部分内容的详细程度有着明显不同，反映了各银行在维护投资者关系、保护投资者权益上有着不同的理念。每家银行年报中“管理层讨论与分析”部分的大体框架一致，在大体框架基础上，各银行还突出了自身的特点。此外，不少银行对董事、监事和高管的具体薪酬情况等敏感问题的信息披露上采取了模糊技术。

随着经济的快速发展，努力关注更广泛相关者的利益，承担更多的社会责任，日益成为中国企业共同的选择。就银行业而言，上市银行也都在追求业绩增长、实现快速发展的同时，把社会责任提升到了一个前所未有的高度，强调在履行经济责任之外，还要承担社会责任，致力于公益事业，“责任银行，和谐发展”正日益成为中国银行业的愿景。2012 年，各家银行顺应国内经济逐步转入常态运行的实际需要，实施合理均衡增长的信贷政策，促进经济增长方式转变，积极支持战略性新兴产业发展，继续加大对中国最具活力的中、小、微型企业的支持力度；各家银行积极响应国家宏观政策，推行绿色信贷、发展网上银行和电话银行服务，支持节能环保项目，开发环保新产品，持续开展绿色金融服务，坚持推进自身和社会的低耗、高效、可持续发展；各银行依旧热心公益事业，全面支持教育、文化等社会事业发展，努力回报社会。各家银行税后利润的规模高速增长，各银行也从增长的利润中拿出更多部分用于公益事业。

（二）发展战略：经营转型是主调，战略差异化开始显现

发展战略为企业指明发展方向，帮助企业合理确定业务结构，取长补短，

实现可持续增长。2012 年是中国经济遭遇严重挑战的一年，也是商业银行抓住战略机遇，继续推进战略转型的重要一年。各银行针对当下经济运行环境的要求，不断调整战略规划方向，力求在不确定的金融环境下实现战略增长。全国性商业银行基本上都制定了期限不等的发展战略，或者经营战略和发展计划。从 2012 年已披露的各家银行年报来看，银行的战略定位清晰程度和侧重点不一。

综观各家银行的发展战略，2012 年的突出特点是重视资本管理、中间业务，加强对小、微企业的贷款支持力度和国际化、综合化发展。我国商业银行具有资产规模大、资金使用效率不高的特点。目前，资产在 10 万亿以上的银行就有工、农、中、建 4 家，庞大的资产规模对银行资产管理提出了更为明确的要求。为适应客户资产配置多元化和存款理财化趋势，单一的依靠发放贷款来满足盈利需求的传统经营模式急需向全方位资产管理的新方式靠拢。在 2012 年年报中，不少银行强调了资产管理、推动中间业务发展的需求。例如，工商银行将资本占用少、附加值高、客户需求大的金融资产服务业务作为战略转型重点，加大统筹规划和系统推动力度，促进由资产持有大行向资产管理大行的转变。交通银行以财富管理服务为切入点，致力于树立中高端理财银行形象。同时，为相应国家支持小微企业、民营企业发展的号召，全国性商业银行也陆续开始关注这一领域并明确了相关战略定位，比如民生银行，致力于做“民营企业的银行、小微企业的银行、高端客户的银行”。

在战略执行层面，不少银行规定严格根据发展战略进行业务改革，实现差异化经营。比如农业银行在 2012 年年报中强调，“要始终坚持以发展战略为总纲，坚持发展战略是塑造差异化竞争优势的基础，将按照新三年规划确定的行动路线，持之以恒地推动战略实施，打好基础，谋求长远发展”。此外，为完善战略管理体制，商业银行专门设立战略决策部门和战略委员会，负责研究银行战略发展规划和机构及业务发展规划和重大投融资方案等。目前来看，商业银行对发展战略的重视程度正不断增加。

（三）风险管理：风控体系基本完善

随着对风险管理的重视，银行风险管理的组织架构在大多数银行基本建成。在这方面，中国工商银行、中国建设银行等大银行走在前列。中国工商银行是较早完善风险管理组织架构的银行之一。许多风险管理的措施，如垂直的内审模式、财务集中模式、信贷管理的前后台分离，中国工商银行是最早的探索者。2012 年，中国建设银行已经建立集中、垂直的风险管理组织架构，形成了首席风险官—风险总监—风险主管—风险经理的垂直风险管理体系。中国银行的风险管理组织架构由行董事会及其下属风险政策委员会，高级管理层下设的风险管理与内部控制委员会（辖管反洗钱工作委员会、证券投资管理委员会、资产处置委员会），风险管理总部、财务管理部等相关部门构成。交通银行建立了较为完善的风险管理大小中台执行体系和双线报告机制。高管层设立“1+3+2”风险管理委员会，根据董事会制定的风险管理规划和风险偏好，按照“横到边、纵到底、全覆盖”的要求，完善管理体系，优化工作机制，统一管理规范，评估工作有效性。

中小银行中，中信银行在 2012 年继续致力于建立全面、独立、垂直、专业的风险管理体系，在风险管理组织架构方面，总行原风险管理部分设为风险管理部和授信审批部，前者侧重对银行全面风险的统筹管理和对风险计量模型的统一开发，后者负责授信业务审批，同时负责加强对分行审贷工作质量的检查和督导。

同时，各家银行在信用风险、市场风险、环境风险等方面做了大量的研究工作，都开发出了自己独特的风险管理措施和技术，有了较强的应对风险的能力。

（四）人力资源：人员素质大幅提升，对人才的争夺越发激烈

人才是企业未来竞争的实力保证和活力来源，在企业的经营发展中起着至关重要的作用。人力资源管理帮助企业提高人员使用效率，降低相关成本，确保银行具备持续发展的动力。2012 年，各家银行在施行人力资源战略时，更加关注人员的结构构成和其未来支持业务发展的专业技能和发展潜力。并通过开展培训课程、实施激励措施，有意培养和激励人才。通过分析可以得出，各家银行的人员结构趋向高知化，研究能力不断增强。

未来的竞争是人才的竞争，加大人才培养力度成为取得未来竞争优势的关

键。近年来，我国银行业的发展与进步得益于重视人才培养。目前，各家银行业都不同程度地加大对员工培训的投入力度，充分意识到培训在其人才建设和银行改革中发挥的巨大作用。无论是员工培训的次数、力度、投入费用，还是培训覆盖的范围，都有了长足发展，形成了完整的培训思路和体系。

科学合理的激励机制是激发职员的热情和潜质的有效手段。首先，要给员工提供多种发展渠道，在专业和管理条线设置员工职业发展路径，为员工理清发展思路；其次，明确公司内部岗位说明书和胜任力模型，完善薪酬评估机制，为员工配备与其岗位和职能相符的薪酬；同时，设置以企业战略目标为导向的绩效考核体系，合理衡量员工能力和工作量，将员工的绩效目标与企业的绩效目标紧密结合。

传统企业理论关注人才数量和人才结构，忽略人才质量，尤其是研究能力。但是随着银行业竞争的加剧，新产品和新服务日益成为银行竞争的武器，各家银行将研究能力提到了人才战略高度。国际一流大银行都将高素质人才配置在银行的研究或调查部门，如果银行对宏观经济、产业发展、企业竞争力的研究比较多，就可以使银行减少因经济周期性变化或者产业调整带来的风险，从而确保银行经营的平稳性和贷款的安全性。在我国，银行业的研究实力普遍比证券业低，主要是投入的人才和资金相对较少。

整体来讲，近年来各家银行的研究能力有了不同程度的提高，其中，大型银行对研究能力更加看重，投入经费也较多，取得的成果也较大。特别是交通银行、工商银行和中国银行，在市场上有较大的影响力。而股份制银行虽然也增加了投入，但是相对而言，许多银行对研究工作重视不够或条件有限无法大规模投入。

（五）信息技术：已成为当今商业银行竞争的核心力量

在金融全球化趋势不断扩展和深化的今天，中国银行业面临的内部和外部竞争也更加激烈。作为商业银行核心竞争力的重要支撑力量，信息技术对银行各方面建设的影响日益凸显。第一，各家银行新系统与平台的开发与应用离不开信息技术；第二，信息技术水平的高低直接影响银行产品与服务创新的能力；第三，信息技术的应用可以使银行风险管理方法更加科学化。2012 年，各家银行高度重视信息技术建设，投入巨额经费并配备更多专业研发人员，并取得了瞩目的成绩。

目前，我国几乎所有全国性商业银行都将信息技术部门作为最核心的部门之一，各行在信息技术相关领域的经费投入已经占到银行运营成本的20%以上，银行信息技术部门也在积极提升自身的信息技术服务能力以不断满足银行业务发展的需要。中国银行业以业务战略转型为契机，其信息技术建设也在扎实推进，力图尽快实现集业务创新与扩展、渠道开发与整合、决策分析与风险控制，以及行内大数据交流与共享于一体的综合信息平台系统。除此之外，不少银行的信息技术部门正积极制定本行的信息技术发展战略，力图为银行未来发展期内的信息技术发展指明方向。

（六）产品与服务：产品创新增加，线上渠道建设加强

银行业务具有高度同质化的特征，差异化的产品和服务才能给银行带来竞争优势。因此，在产品开发上能够突出特色和坚持创新的银行，无疑将在同业中具有更强的竞争力。2012年，各家银行都在根据客户需求和市场变化，加快产品创新和服务改进，实现基础业务的转型升级和新兴业务的快速发展。大型银行希望保持全方位的优势地位，因此，各项创新业务的表现可圈可点；而中型股份制商业银行则试图在特色业务上取得领先。

工商银行坚持以创新为动力促进业务发展，深入推进产品和服务创新。2012年，工商银行在金融资产服务领域的产品创新有账户原油、外汇买卖双向交易、账户贵金属转换等。为了促进信贷结构的调整，工行推出了电子供应链商品质押融资、小企业账户卡循环贷款、个人助业贷款等创新产品。

建设银行重点推进“新一代核心系统”建设，完成了由流程模型、数据模型、产品模型、用户体验模型构成的企业级建模主体工作并进入实施阶段，启动了企业现金管理、家庭现金管理、金融市场、托管、代收代付、非现场审计等13个项目。

中国银行也在多个领域开展产品创新。2012年，金融市场化改革进程显著加快，中行充分发挥自身优势，大力发展结售汇、代客交易、人民币衍生产品等新业务；在国际结算及贸易融资业务领域的传统优势业务方面，研发进口

代收保付、进口银保保理等产品，适应客户差异化需求；推出货利达、销易达及涵盖多项保理产品的应收账款保理池融资，丰富供应链产品体系；开发银企直连项目，提供高效便捷的线上贸易融资服务；启动全球供应链金融试点，为企业全球化经营提供一站式服务；研发推出大宗商品融资项下背对背信用证、进口双保理等服务方案。

招商银行继续在信用卡业务的创新上保持优势。2012 年，创新推出“手机钱包”、新版“掌上生活”手机客户端、移动申请终端、新媒体沟通等移动服务体验，积极推出美国运通黑金卡、银联白金卡、新浪微博达人卡等信用卡产品，使信用卡整体业务呈现良好发展态势。

中信银行的创新业务包括：贸易融资业务领域推出了“指定议付”“再议付”“福费廷—转让”“汇票保付”“红条款信用证融资”等新融资品种；供应链金融业务领域推出了仓单池质押融资、预付款加应收账款融资、现货质押加应收账款融资等创新业务模式。

光大银行全面开展业务和管理模式的创新：创新小微企业服务模式，整合利用电子渠道开展小微业务审批和中后台管理；成立科技创新实验室和产品创新实验室，突出科技对创新的支撑作用；打造“网络里的光大银行”，新推出“光大网上营业厅”“理财夜市”“阳光 e 缴费”等网上金融服务功能；研究在线供应链金融平台建设，陆续推出“1 + N 供应商融资模式保理”“商通赢”等新产品。

在渠道建设方面，分销网络是银行销售产品与服务的最重要渠道，因此，拥有分布广泛的物理网点和快捷可靠的电子银行平台的银行在市场竞争中更具竞争力。各家银行对渠道建设非常重视，且渠道建设更加突出了电子银行的作用。目前，大型银行和中小型银行之间的最大差别在于网点建设和区域经营的限制。随着银行业务向网络渠道转移，银行间的物理网点优势对比和差距在逐渐减弱，加快电子银行业务发展已经成为各行的共同选择。

从各行公布的年报数据来看，大型银行的物理网点要远多于中型股份制银行。其中，农行机构网点达 23472 个，遥遥领先于其他银行，并且农行在我国许多偏远地区是区域内唯一的银行营业网点，其物理网点的优势非常巨大。近年来，各家银行大力发展网上银行、手机银行、自助银行等电子渠道服务体系，不断创新产品并优化服务流程，电子渠道对传统渠道的替代能力持续增强。各家银行电子银行分流率基本超过 60%，且半数以上的银行已经超过 70%。现阶段电子银行已经不仅仅作为银行替代柜面服务、减轻柜台压力的工具，而是成为银行重要的产品与服务创新点、为营销提供支持的互联网银行平台。

（七）市场影响力

从资产规模角度来看，工商银行的资产规模依然居于首位，并保持比较大的优势，而股份制银行中有 4 家银行资产规模超过 3 万亿元，分别是招商银行（3.41 万亿元）、兴业银行（3.25 万亿元）、民生银行（3.21 万亿元）和浦发银行（3.15 万亿元）。

从存款规模角度来看，截至 2012 年年底，全国金融机构人民币存款额达到 91.76 万亿元人民币，其中全国性商业银行存款总额达到 64.54 万亿元，占金融机构存款总额的 70.34%。工商银行（13.64 万亿元）的存款总量排名第一，占金融机构存款总额的 15%，有 3 家银行存款总额超过 2 万亿元，分别是招商银行（2.53 万亿元）、中信银行（2.26 万亿元）和浦发银行（2.13 万亿元）。

从贷款规模角度来看，截至 2012 年底，全国金融机构人民币贷款金额为 62.99 万亿元人民币，其中全国性商业银行贷款总额达到 43.71 万亿元，占金融机构贷款总额的 69%。工商银行（8.8 万亿元）的贷款总额排名第一，占金融机构贷款总额的 14%，建设银行、中国银行、农业银行、交通银行分别占金融机构贷款总额的 12%、11%、10% 和 5%，各家股份制商业银行占金融机构贷款总额的比重均在 3% 以下。

从网点数量角度来看，大型银行总行——二级分行——二级支行和营业部的组织结构远比股份制银行复杂，并且在地域上广泛分布于乡镇一级，与股份制商业银行相比具有不可比拟的优势。其中，农业银行机构网点达 23472 个，远超其他银行。虽然大型银行营业网点的绝对数和新增数都高于股份制商业银行，但股份制商业银行营业网点的增速要高于大型银行。五家大型银行 2012 年机构总数与 2011 年相比只增加了不到 4%，而股份制商业银行网点增速大多超过了 10%，其中平安银行机构数与上年相比增加了 41.96%。

四　城市商业银行竞争力评价

（一）规模继续扩张

2012 年，国际经济金融形势复杂严峻，国内经济增长总体稳定，银行业规模平稳增长，资产质量和流动性状况保持稳定，资本实力和风险抵御能力有所增强。但部分地区个别银行资产质量较 2011 年有所恶化，城市商业银行不良贷款余额和不良贷款率双双增加。同时，银行业经营环境和监管政策正在发生一系列重要变化，利率市场化、金融脱媒、互联网与信用中介过程的结合等因素，促进银行业竞争日趋加剧，城市商业银行需要通过转型来应对外在环境变化的冲击，并利用其中的机遇。

2012 年，城市商业银行资产负债规模及其在全部银行业金融机构中的占比延续了持续增长的趋势；不良贷款余额和不良贷款率较 2011 年实现“双升”，拨备覆盖率、资本金充足性和流动性比率平均值均高于商业银行平均水平，存贷比和贷款集中度亦高于行业平均水平；盈利水平较 2011 年有所下降，但盈利能力与 2011 年基本持平；成本控制能力有所提升，但地区差异较大；收入结构仍然以利息收入为主。

2012 年，城市商业银行规模继续扩张，尽管增速低于 2011 年，但仍然高于银行业金融机构的平均速度。2012 年底，银行业金融机构资产总额达到 133.6 万亿元，较年初增长 17.9%，负债总额为 125.0 万亿元，较年初增长 17.8%。城市商业银行整体扩张速度快于银行业整体规模增长速度。银监会 2012 年数据显示，截至 2012 年底，城市商业银行资产总额突破 10 万亿元，达到 12.35 万亿元，较 2011 年增长 23.6%，增速较 2011 年减少 3.49 个百分点；负债总额同样超过 10 万亿元，达到 11.54 万亿元，较 2011 年增长 23.8%，增速较 2011 年减少 2.65 个百分点；所有者权益总额为 8075 亿元，较 2011 年增长 21.59%，低于 2011 年 37.7% 的增速。城市商业银行各项存款和贷款同样保持较高增长速度。2012 年底，城市商业银行存款总额超过 8 万亿元，贷款总额约 5 万亿元。

城市商业银行在银行业中的地位持续提升，但仍远低于大型商业银行和股份制商业银行。2012 年，城市商业银行资产总额和负债总额在银行业金融机构资产总额和负债总额中的比例延续了 2003 年以来的持续增长趋势。2012 年底，城市商业银行资产总额在银行业金融机构资产总额中的比重由 2011 年的 8.81% 增长至 9.24%，但仍远低于大型商业银行和股份制商业银行的 44.9% 和 15.6%；负债总额占比由 2011 年的 8.79% 增至 9.24%，但远低于大型商业银行和股份制商业银行的 44.9% 和 17.8%。

（二）竞争更加激烈，城商行面临转型

尽管 2012 年国民经济运行总体平稳，GDP 比上年增长 7.8%，但增速创 1999 年以来最低值。外需不振、国内经济增速下滑导致不良贷款问题抬头，不良贷款余额和不良贷款率双双上升，而且地区差异显著。2012 年，监管部门仍未放开城市商业银行跨省新设分行和公开上市。资本监管的强化、利率市场化以及互联网金融兴起等因素共同作用，使得银行业竞争有所加剧，价格竞争、免费策略等竞争行为大面积发生。随着财富管理和私人银行业务在国内兴起，城市商业银行也逐步认识到服务高净值客户的重要性。

近年来，银行业竞争日趋加剧，其原因是多方面的。银行业做大做强和居民财富管理需要多样化是导致竞争加剧的基础性因素。银行业以存贷款为主营业务，特别是对于城市商业银行，非存款负债在银行业融资结构中占比较低。银行业拓展业务、做大规模需要不断吸收存款。然而银行存款的收益率相对较低，随着居民理财意识的普遍提高和投资选择的日益丰富多样，居民存款的意愿降低，存款增速很难一直保持较高的水平，银行吸收存款的难度将持续增大，存款竞争的压力不断增强。同时，银行业存款余额的月度波动幅度也在不断增加。

（三）城市商业银行转型发展

在城市商业银行组建和发展过程中，经过处置不良资产、补充资本金、引进战略投资者、上市、转变经营理念、改造信息系统和管理结构等一系列改革措施，城市商业银行整体盈利能力和稳健性不断提高。然而，城市商业银行进

一步发展仍然面临很多问题和难题。特别是当前中国银行业经营环境和监管政策正在发生巨大变化，相比于其他商业银行，城市商业银行面对的压力和挑战更大、更严峻。正如中国银监会主席尚福林在 2013 年城市商业银行年会上所讲，“当前城市商业银行发展进入关键期，突破口就在转型”。城市商业银行转型发展要求日益迫切，同时城市商业银行之间的差异性越来越大，转型路径和步伐需要体现这种差异性。

评　价　篇

Evaluation Reports

B.2
2012 年全国性商业银行财务分析*

一　引言

本部分内容是从财务指标角度分析讨论 2012 年全国性商业银行的竞争力。

本部分内容所提到的“全国性商业银行”包括：由中国工商银行、中国农业银行、中国银行、中国建设银行和交通银行五家银行组成的大型商业银行（以下分别简称工行、农行、中行、建行和交行，统称则简称“大型银行”），以及由招商银行、中信银行、上海浦东发展银行、中国民生银行、中国光大银行、兴业银行、华夏银行、广发银行、平安银行（平安银行最新 2012 年和 2011 年的统计数据都将较 2011 年本报告中的深发展银行的数据有所调整）、恒丰银行、浙商银行、渤海银行十二家银行组成的全国性股份制商业银行（以下分别简称招商、中信、浦发、民生、光大、兴业、华夏、广发、平安、

* 本部分由邓鑫、张云峰执笔。

恒丰、浙商、渤海，统称则简称“股份制银行”）。

全国性商业银行是中国银行业的重要组成部分。截至 2012 年底，全国性商业银行的资产合计占中国银行业总资产的 62.54%，负债合计占中国银行业总负债的 62.67%，分别较 2011 年下降了 1.03 和 1.02 个百分点；税后利润合计占比为 66.63%，较 2011 年下降了 2.5 个百分点；从业人员数量占银行业全部从业人员的 58.94%，较 2011 年降低了 0.6 个百分点。

图 1、图 2 和图 3 分别按总资产、总负债和税后利润列示了 2005 ~ 2012 年不同银行类型市场份额的年际变化情况。大体而言，五家大型银行的市场份额呈逐年下降的趋势，而股份制银行则呈上升的趋势。2012 年，大型银行的总资产、总负债以及税后利润的市场份额与 2011 年相比较，分别下降了 2.4、2.5 和 7.5 个百分点。股份制银行则分别增加了 1.40、0.88 和 -0.86个百分点。

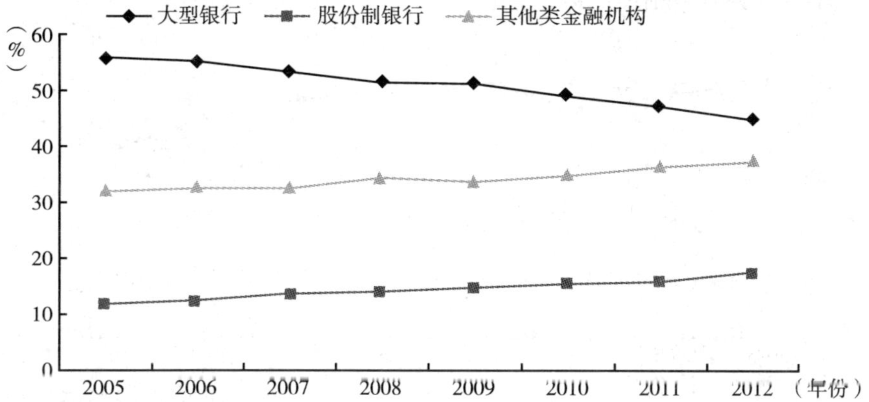

图 1　银行业基于总资产的市场份额变化图（2005 ~ 2012 年）

资料来源：银监会 2012 年年报。

2012 年，由于受欧债危机的持续冲击，全球经济增长放缓。目前，世界各国仍在采取措施应对，经济增长充满较多的不确定因素。国内方面，GDP 增速在 2012 年第三季度降至 2008 年国际金融危机以后的最低值，再加上房地产调控等结构调整政策的叠加影响，国内经济增速和通胀水平双双回落。中国人民银行两次下调存款准备金率，共下调 1 个百分点，流动性趋于宽松。并且，中央银行通过调整存贷款利率浮动区间，加快了利率市场化的步伐。其中

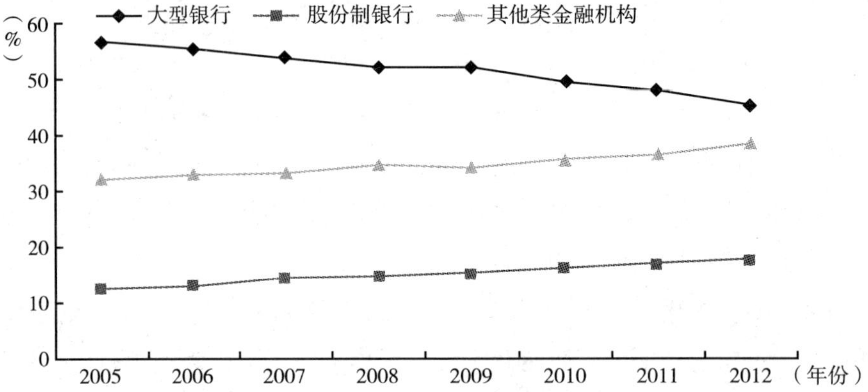

图 2　银行业基于总负债的市场份额变化图（2005～2012 年）

资料来源：银监会 2012 年报。

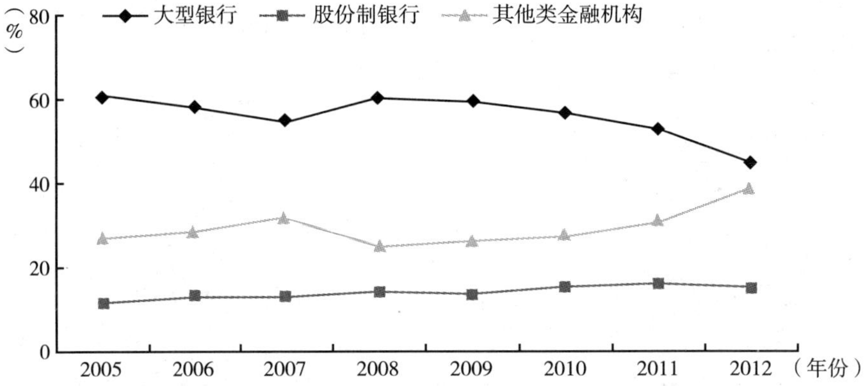

图 3　银行业基于税后利润的市场份额变化图（2005～2012 年）

资料来源：银监会 2012 年年报。

一年期定期存款基准利率水平累计下调 50 个基点。由于中国银行业部分业务的利率敏感特征，存贷款基准利率下调对银行业的净利息收入整体上产生了一定的负面影响。此外，由于金融脱媒不断深化，外汇占款推动货币投放的模式日渐弱化，流动性的压力有增无减。

以全国性商业银行为代表的中国银行业在金融机构深化体制机制的一系列改革影响下，资产规模保持稳步增长，资本实力有所提升，抵御风险能力有所上升，经营业绩增速平稳。加快经济经营发展模式、促进宏观经济稳定、支持实体经济发展的现代银行业体系健全，银行业整体服务质量、经营水平和竞争能力持续提升。

大型银行公司的治理水平不断提升，稳步推进综合经营试点和“走出去”，不断提升综合金融服务水平和国际竞争力。大型银行平均持有除银行以外超过 4 种的其他金融牌照；股份制银行继续深化战略调整和发展方式，创新的动力和能力明显提升，差异化、特色化服务能力和企业品牌建设取得积极成效，同时股权结构也不断优化，资本管理能力进一步提升。

截至 2012 年底，全国性商业银行的资产总额为 86.49 万亿元，比 2011 年增长了 15.63%；负债总额为 81.11 万亿元，比 2011 年增长了 15.43%。资本充足率全部达标，资产质量大幅度改善，盈利能力、抗风险能力、流动性管理水平均有较大提升。

以下分资本状况、资产质量、盈利能力和流动性水平四个方面对全国性商业银行 2012 年度财务状况予以分析。各项财务数据除另有注明外，均取自监管部门及各商业银行的定期报告、新闻稿件等公开披露的信息。

二　资本状况

中央银行自 2012 年中开始放松调控力度，两次下调存款准备金率和基准利率，流动性整体趋于宽松，货币政策稳健（见表 1）。降准表明货币政策进一步放松，是中央银行应对宏观经济指标放缓超预期后的主动措施，通过进一步增加流动性来改善企业融资环境、降低融资成本，有利于改善市场预期、增强银行的放贷能力。但在 2012 年 5 月 28 日最后一次调整后，大型金融机构存款准备金率依然保持 20.5% 的相对高位，银行体系流动性依然整体偏紧，信贷投放和吸收存款压力也仍然较高。

2012 年 6 月，中国银监会发布《商业银行资本管理办法（试行）》（以下简称“新办法”），并于 2013 年 1 月 1 日起实施。“新办法”进一步细化了资本充足指标定义，提高了资本充足率监管要求：国内系统重要性银行核心一级资本充足率、一级资本充足率和资本充足率应分别不低于 8.5%、9.5% 和 11.5%。“新办法”规定，中国商业银行应在 2018 年底前达到资本充足率监

表1　2012年存款准备金率调整一览

单位：%

时　间	调整前	调整后	调整幅度
2012年2月24日	（大型金融机构）21.00	20.50	-0.5
	（中小金融机构）17.50	17.00	-0.5
2012年5月18日	（大型金融机构）20.50	20.00	-0.5
	（中小金融机构）17.00	16.50	-0.5

管新要求，并鼓励有条件的商业银行提前达标。

“新办法”分别对监管资本要求、资本充足率计算、资本定义、信用风险加权资产计量、市场风险加权资产计量、操作风险加权资产计量、商业银行内部资本充足评估程序、资本充足率监督检查和信息披露等进行了规范。同时，“新办法”设置了资本充足率过渡期内的分年度达标目标。为应对严峻挑战，多家商业银行为“新办法”的实施而积极应对，加快推动资本工具创新，不断拓宽银行资本补充渠道，建立健全资本管理长效机制。

综观各行年报，各家银行应对“新办法”、新监管、新要求的举措可大致归类为：进行资本储备，完善制度建设，关注资本充足及资本回报的平衡关系，改造和升级信息系统，建立健全、优化细化计量模型。

按照银监会的计划，2013年1月1日起，“新办法”正式实施，该管理办法根据国际统一规则，对银行资本提出了更为严格的要求。按照“新办法”规定，商业银行从2013年起发行的次级债，必须满足“含有减记或转股的条款”等11项标准，否则将被视为不合格的资本工具，无法计入监管资本，从而难以起到提高资本充足率的作用。监管层给商业银行提供了缓冲，即2012年底前发行的次级债，即便不含有减记或转股条款，仍可以计入监管资本；但必须从2013年1月1日起按年递减10%，直到2021年底彻底退出。因此，随着资本监管要求的提升，赶在“新办法”正式实施前，各家银行在2012年末再现密集发行次级债的状况。

截至2012年末，全国性商业银行已经发行9只次级债，其中农行与建行各发了400亿元，工行和中行分别发了200亿元和230亿元，占全国性商业银行债券发行量的60%以上。目前银行约8000多亿元的存量次级债，将面临被逐年扣除的局面。可以预见，未来银行将存在较大的资本补充压力，亟须通过多种方式拓宽资本来源渠道。

2012年，有不少银行推出了股权融资的方案，但是囿于市场原因，真正在年内完成再融资的只有交通银行和中国民生银行，分别融资566亿元和16.51亿元（见表2）。

表2　2012年全国性商业银行主要再融资活动一览

银行名称	债券融资	股权融资
工商银行	次级债200亿元(6月)，离岸人民币债券10亿元(8月)	—
中国农业银行	次级债400亿元(12月)	—
中国银行	次级债230亿元(11月)	—
中国建设银行	次级债400亿元(11月)	—
交通银行	—	非公开定向增发566亿元
中信银行	次级债200亿元(6月)	—
光大银行	300亿元小微企业贷款专项金融债(3月)、次级债67亿元(6月)	—
华夏银行	—	—
广发银行	次级债45亿元	—
平安银行	—	—
招商银行	金融债200亿元(3月)、次级债117亿元(12月)	—
浦发银行	次级债120亿元(12月)	—
兴业银行	—	拟向5家机构定向增发A股约240亿元
民生银行	—	H股定向增发16.51亿元
浙商银行	—	拟非公开定向增资30.9亿元

图4列示了2003～2012年中国银行业资本充足率达标的情况。图中可见，近些年来中国银行业的资本实力和资本充足率水平得到显著提升。在信贷投放幅度增加、欧债危机影响以及第三版巴塞尔协议的正式实施以及中国银监会发布新的资本监管规则背景下，中国银行业资本充足率保持了较好的

水平。截至 2012 年末，中国银行业的加权平均资本充足率为 13.25%，同比增加了 0.54 个百分点；加权平均核心资本充足率为 10.62%，同比增加了 0.38 个百分点。资本充足率达标的商业银行数量从 2003 年的 8 家增加到 2012 年底的全部 509 家，达标银行的资产合计占中国银行业总资产的比重从 0.6% 上升到 100%。2012 年，大型银行中除交行外的 4 家银行首次披露杠杆率，平均水平为 5.11%，高于银监会规定的 4% 的最低监管要求，其中建行最高为 5.41%，农行相对最低为 4.74%。

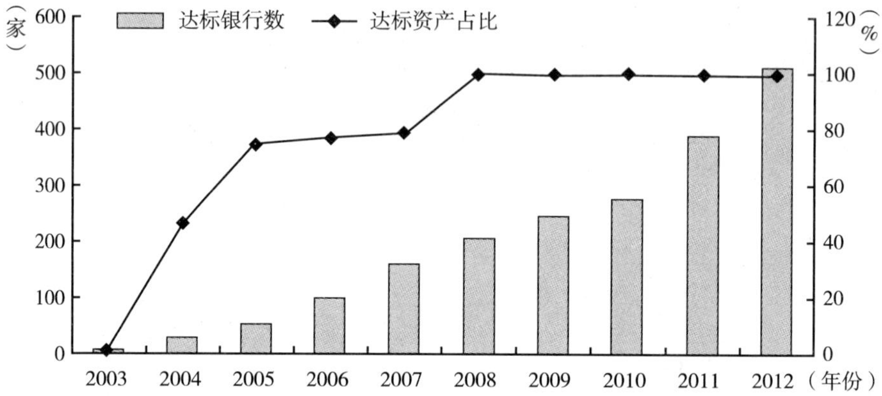

图 4　中国银行业资本充足率达标情况（2003～2012 年）

图 5 中列示了截至 2012 年底全国性商业银行资本充足率的情况。图中可见，历经近两年密集巨量再融资后，全部 17 家全国性商业银行的资本充足率均超过 10.5%，若对照拟施行的监管新规也全部达标。

5 家大型银行是公认的系统重要性银行，其资本充足率普遍高于股份制银行，并且均较 2011 年度有所提高。其中，建行、交行和工行在发行次级债或非公开定向后，资本充足率达到 14.32%、14.07% 和 13.66%，分别较 2011 年提高了 0.64、1.63 和 0.49 个百分点，是全国性商业银行中最高的 3 家。中行和农行相对较低，但都显著超过监管要求。另外，中行通过发行次级债 230 亿元，资本充足率较 2011 年上涨 0.66 个百分点至 13.63%；农行资本充足率发行 400 亿元次级债，较 2011 年提高 0.67 个百分点至 12.61%，均明显超过了新监管办法的最低要求。

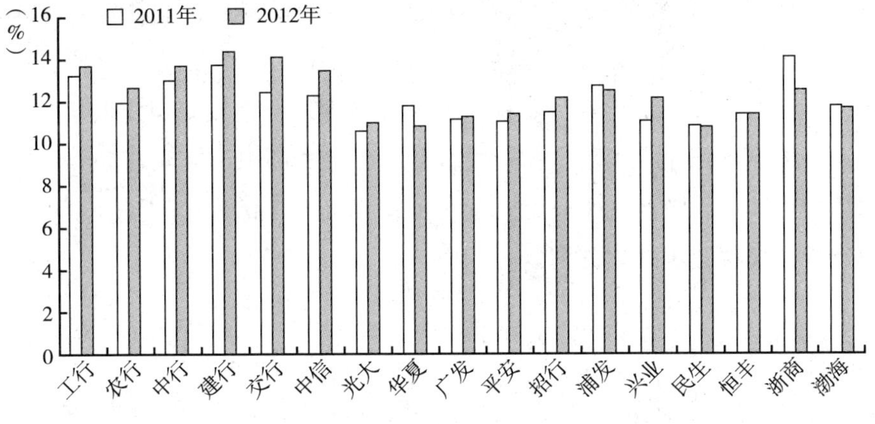

图 5　全国性商业银行资本充足率（2011 ~ 2012 年）

12 家股份制银行资本充足率全部达标，并且均达到监管新规中系统非重要性银行的资本充足率标准，但整体水平低于大型银行。中信通过发行 200 亿元次级债，资本充足率达到 13.44%，位列股份制银行之首。浙商由于 2011 年资本补充较多，依然以 12.51% 排在第二。招商则分别发行金融债 200 亿元和次级债 117 亿元，浦发则发行 120 亿元次级债、其资本充足率分别达到 12.14% 和 12.45%，也在股份制银行中名列前茅。光大和华夏的资本充足率分别为 10.99% 和 10.85%，相对较低，且已迫近资本监管新规的红线。同 2011 年相比，尽管通过股权融资，民生的资本金得到补充，但是其资本充足率并未得到提高反而下降了 0.11 个百分点；另外，浙商和华夏的下降幅度较大，降幅分别为 1.43 和 0.83 个百分点。为达到资本监管要求，满足业务发展的需要，股份制银行抓紧进行再融资。2012 年启动但尚未完成融资行动的主要有兴业 240 亿元的定向增发和浙商的非公开定向增资 30.9 亿元。

图 6 中列示了 2012 年底全国性商业银行核心资本充足率的情况。2012 年，全部 17 家全国性商业银行核心资本充足率均高于 7% 的及格线。比照新资本协议中要求系统重要性银行的核心资本充足率不低于 9.5% 的规定，5 家大型银行都已经及时补充核心资本，超过最低标准。建行以 11.32% 排在第一，比 2011 年提升 0.35 个百分点。农行相对最低，为 9.67%，但也比 2011

年提升了0.17个百分点。大型银行均较2011年有所提高，尤其是交行提升的幅度最大，接近2个百分点，达到11.24%。其主要原因是交行通过A+H非公开发行向财政部、汇丰银行、社保基金等境内外合格投资者定向增发约124亿股，募集566亿元人民币，扣除发行费用后将全部用于补充资本金，交行此次采用的内地和香港A+H股定向增发模式实属内资商业银行首创，开了我国商业银行股权融资模式之先河。

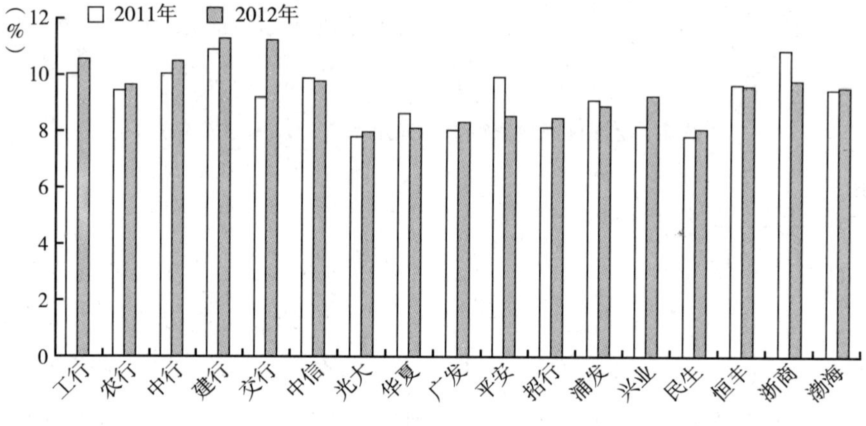

图6　全国性商业银行核心资本充足率（2011~2012年）

股份制银行中有6家核心资本充足率较2011年下降，反映了股份制商业银行核心资本消耗较快的客观现实。浙商的核心资本充足率拥有雄厚的历史基础，尽管较2011年下降了1.03个百分点至13%，仍排名第一；中信由于2011年进行股权融资，2012年核心资本充足率虽略微下降了0.02个百分点，仍然以9.89%排名第二；相对而言，民生（8.13%）、光大（8.00%）虽然比2011年有所提升，但排名依然延续2011年垫底的情况，有待通过推进新的股权融资计划补充核心资本。对照资本监管新规中非系统重要性银行的核心资本充足率不低于8.5%的规定，除民生和光大外，华夏（8.18%）、广发（8.37%）、招商（8.49%）均在8.5%及格线下，实现达标仍需要推进股权融资计划。

同2011年相比，12家股份制银行的核心资本充足率有一半提高，一半下降。其中兴业银行核心资本充足率提升1.09个百分点，幅度最明显；在下降的银行中，平安和浙商分别下降超过1个百分点，资本消耗相对较快。

三 资产质量

2012 年，资产质量出现下滑迹象，持续多年的不良贷款余额和不良贷款率“双降”拐点显现。虽然不良贷款率较之前年度进一步下降，但次级类和可疑类贷款比例均出现了一定的反弹，不良贷款绝对额也出现上升趋势。

截至 2012 年底，中国银行业按贷款五级分类的不良贷款余额为 4928.5 亿元，同比增加 647 亿元；不良贷款率为 1%，同比下降 0.01 个百分点。全国性商业银行的不良贷款余额和不良贷款比例比 2003 年分别减少了 1.7 万亿元和下降了 16.91 个百分点。商业银行资产质量与资产结构的改善趋缓，风险抵补能力面临更大压力。

以下从不良贷款、风险抵补能力和贷款集中度三个角度分析全国性商业银行 2012 年资产质量情况。

（一）2012 年全国性商业银行不良贷款情况

1. 总体情况

2012 年，全国性商业银行的不良贷款余额为 3892 亿元，较 2011 年上升 252 亿元，增幅 6.93%。其中，次级类不良贷款余额为 1597.2 亿元，在 2011 年反弹 5.47% 的基础上继续上升了 8 个百分点，可疑类余额为 1736.4 亿元，也出现了在 2011 年大幅度下降 13.99% 的基础上回升了 10 个百分点，仅损失类不良贷款余额为 558.6 亿元，较 2011 年下降了 4%，且降幅比 2011 年增加了 3.24 个百分点。

图 7 列示了 2003 ~ 2012 年全国性商业银行不良贷款余额的变化情况。图中可见，2003 ~ 2012 年，除 2007 年较上年有小幅度增加外，2012 年成为 2008 年以来首次不良贷款余额增长的年份，但整体上看全国性商业银行不良贷款余额仍呈现整体下降的趋势，由 2003 年的 21045 亿元下降至 2012 年的 3892 亿元，降幅达 81.5%。

图 8 列示了全国性商业银行 2003 ~ 2012 年不良贷款率的变化情况。图中可见，2012 年全国性商业银行的平均不良贷款率为 0.89%，同比下降 0.07 个百分点，降幅非常小，整体上延续了自 2003 年以来全国性商业银行不良贷款

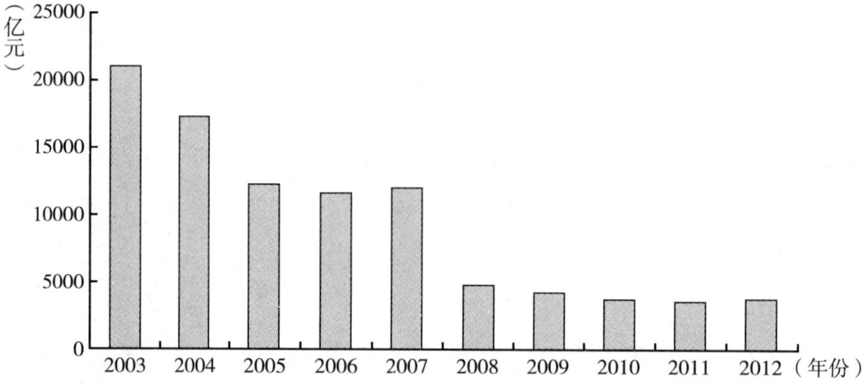

图 7　全国性商业银行不良贷款余额（2003～2012 年）

率下降的趋势。除损失类与 2011 年持平，次级类和可疑类的比例均出现了小幅度回升，上升幅度分别为 0.04 个百分点和 0.05 个百分点。

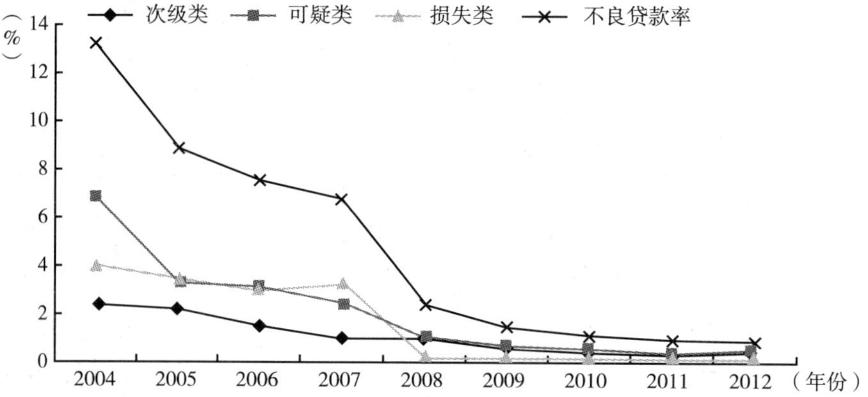

图 8　全国性商业银行不良贷款率（2003～2012 年）

尽管不良贷款数据的总体表现良好，但在经济增速放缓及货币政策偏紧的背景下，包括中行在内的全国性商业银行逾期贷款和关注类贷款余额均出现一定幅度的上升。2012 年，在 17 家全国性商业银行中关注类贷款余额出现增长的达到 14 家，其中中行 2012 年末的关注类贷款余额达到 2073. 14 亿元，同比增加 151. 27 亿元，是余额增长最多的银行。

逾期减值比在一定程度上反映了银行的信贷资产风险分类的谨慎程度。

2012 年末，大型银行普遍呈现逾期贷款余额远大于不良贷款余额的态势，逾期减值比均已超过 100%，并且大型银行的逾期贷款增幅普遍高于不良贷款增幅，不良贷款反弹压力不容小觑。受贷款结构差异的影响，其他银行的逾期贷款反弹幅度普遍大于大型银行，根据年报显示，其他银行逾期贷款余额均较 2011 年大幅度上升，风险暴露程度远超大型银行。

2. 不良贷款情况

图 9、图 10 中分别列示了大型银行和股份制银行 2012 年的不良贷款率与不良贷款余额。

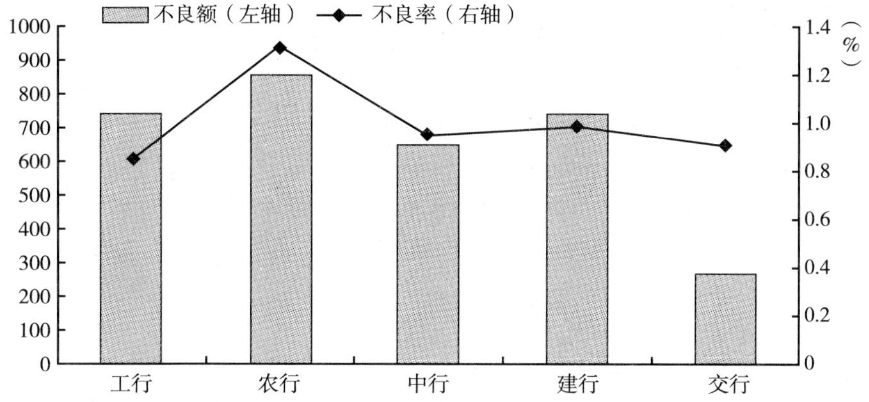

图 9　2012 年全国性商业银行不良贷款情况（大型银行）

2012 年，大型银行不良贷款率均在 0.85%　1.33%。其中，工行和交行的不良贷款率最低分别为 0.85% 和 0.92%，农行依旧最高为 1.33%，并且农行的不良贷款余额最高，为 858.48 亿元，交行最低，为 269.95 亿元。

股份制银行的不良贷款余额普遍好于大型银行。但不良贷款率方面表现参差不齐，且与大型银行之间的优势正在缩小。不良贷款余额方面，中信、招商、民生相对较高，分别为 122.55 亿元、116.94 亿元、105.23 亿元。渤海、浙商和恒丰三家规模较小的股份制银行，其不良贷款余额也最低除此之外，兴业（52.86 亿元）和华夏（63.39 亿元）的不良贷款余额相对较低。

图 11 中列示了 2012 年全国性商业银行不良贷款率与 2011 年的对比情况。大型银行中，农行从 2011 年的 1.55% 下降 0.22 个百分点至 1.33%，降幅最

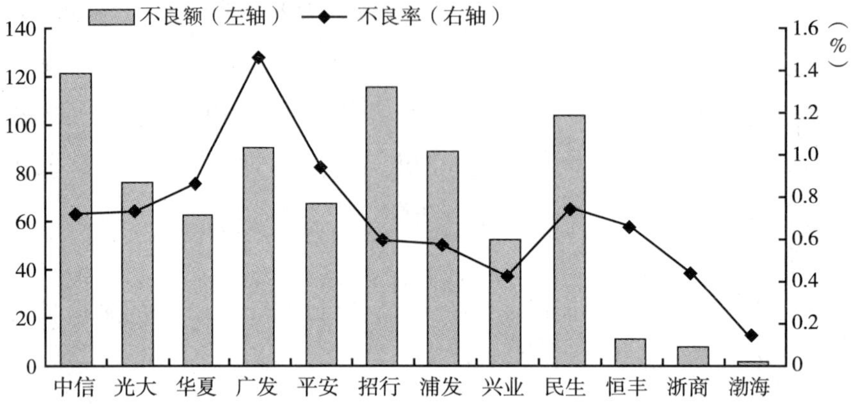

图 10　2012 年全国性商业银行不良贷款情况（股份制银行）

大。建行下降 0.1 个百分点，排名次之。但交行上升了 0.06 个百分点。10 家股份制银行的不良贷款率出现微升，仅华夏下降 0.04 个百分点，渤海持平，而平安和浙商的升幅最大，分别为 0.42 个百分点和 0.22 个百分点。

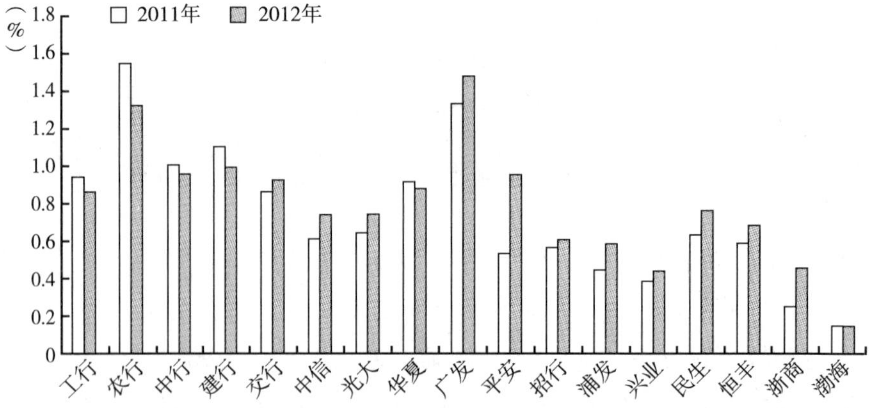

图 11　全国性商业银行不良贷款率变化情况（2011～2012 年）

图 12 中列示了 2012 年大型银行不良贷款余额与 2011 年的对比情况。大型银行中，仅农行维持下降趋势。同 2011 年相比，农行的不良贷款余额下降 15 亿元至 859 亿元，降幅为 1.73%。但是，另外 4 家大型银行的不良贷款余额均较 2011 年有所增加，其中，交行增长 50.09 亿元，增幅为 22.78%，建

行、中行和工行分别增长 37.03 亿元、21.74 亿元和 15.64 亿元，增幅分别为 5.22 个百分点、3.44 个百分点和 2.14 个百分点。

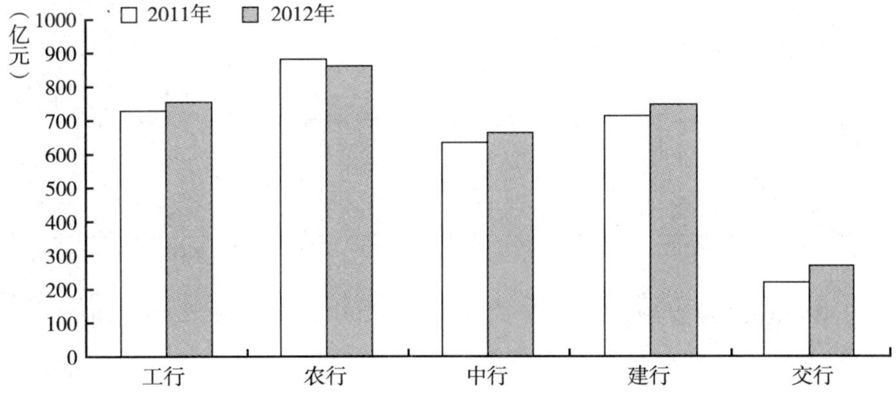

图 12　全国性商业银行不良贷款余额变化情况（2011～2012 年，大型银行）

图 13 中列示了 2012 年股份制银行不良贷款余额与 2011 年的对比情况。12 家股份制银行的不良贷款余额全部上升。恒丰、浙商和渤海分别增加 2.93 亿元、4.85 亿元和 0.45 亿元，增幅分别为 34.35%、134.72% 和 28.85%，增幅较大。其余股份制银行中，增幅最大的前三位分别是平安、浦发和中信，增幅分别为 108.38%，53.42% 和 43.48%，其各自不良贷款余额分别上升 35.71 亿元、31.13 亿元和 37.14 亿元，也是余额上升最多的前三位。

2012 年全国性商业银行中除农行外，均出现不良贷款余额上升的情况，且上升幅度较大，从此结束了多年来不良贷款余额与不良贷款率持续“双降”的局面，其内在的、深层次的原因在于宏观经济增速放缓为银行业带来资产质量下行的压力，预计未来几年仍将有所上升。

（二）2012 年全国性商业银行风险抵补能力

自 2012 年起，银监会按照《商业银行贷款损失准备管理办法》，对拨备覆盖率和商业银行的贷款拨备率进行综合考核，其中拨备覆盖率以 150% 为基本标准，商业银行贷款拨备率为 2.5%，两者中的较高者为商业银行贷款损失准备的监管标准。这标志着中国银行业动态拨备制度已开始正式实施。本部分

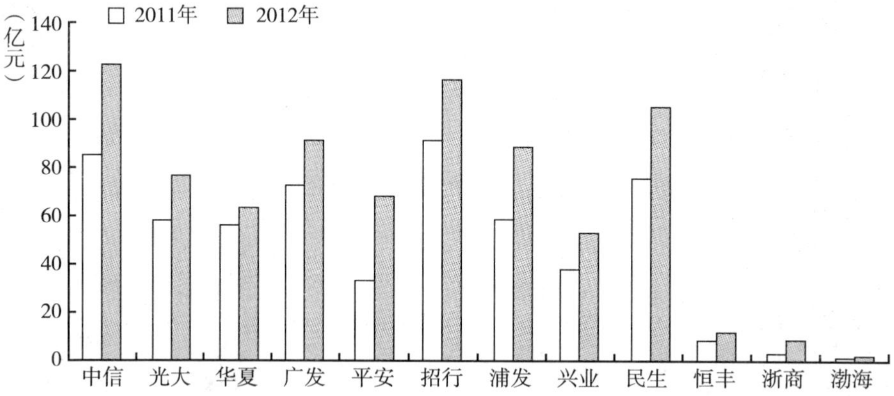

图 13　全国性商业银行不良贷款余额变化情况（2011～2012 年，股份制银行）

内容以这两个指标来分析全国性商业银行的风险抵补能力。

1. 拨备覆盖率

近 10 年来，全国性商业银行的风险抵补能力不断提高，损失拨备缺口从 2002 年底的 1.34 万亿元下降到 2008 年的零拨备缺口；拨备覆盖率从 2002 年底的 6.7% 持续提高到 2012 年底的 303.09%。同比提高了 25 个百分点。

2012 年，受监管要求不断提高的双重影响，大型银行的风险抵补能力进一步得到提高。大型银行的平均拨备覆盖率为 298.92%，同比提高了 37.52 个百分点；股份制银行的平均拨备覆盖率为 319.39%，同比下降了 30.9 个百分点。

图 14 列示了 2012 年全国性商业银行的拨备覆盖率及其与 2011 年的对比情况。图中可见，2012 年全国性商业银行的拨备覆盖率均在 170% 以上，而大型银行的拨备覆盖率情况整体上是低于股份制银行的。其中，农行上升最快，其拨备覆盖率以 326.14% 排在大型银行中的第一，渤海银行拨备覆盖率为 1304.48% 继续排名股份制银行中第一；交行为 250.68%，是大型银行中最低的一家。大型银行的拨备覆盖率均在 250%～326%。股份制银行中除渤海和浙商因基数原因其拨备覆盖率较高外，大多集中在 300%～400%，但行际差异较大。其中，兴业（500%）、浦发（400%）相对较高，广发和平安拨备覆盖率相对最低，较 2011 年降幅较大，分别为 170% 和 182%。

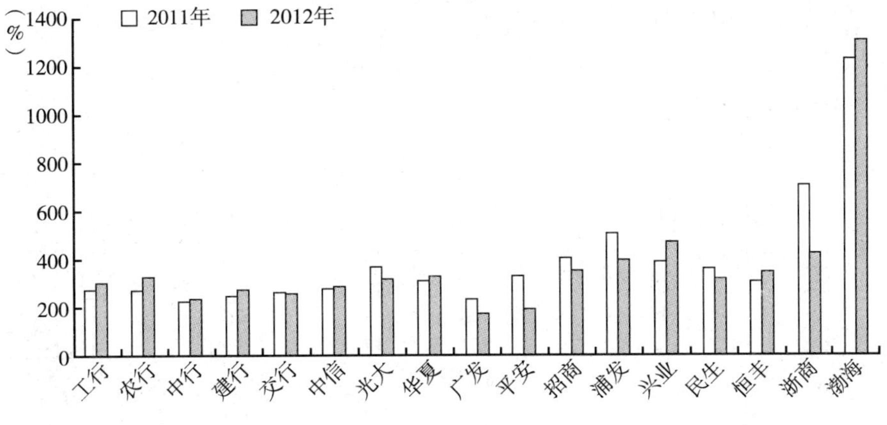

图14　全国性商业银行拨备覆盖率（2011～2012年）

同2011年相比，一家大型银行和7家股份制银行都较2011年下降。其中浙商和平安下降幅度最显著，分别下降了283个百分点和143个百分点，浦发也下降近100个百分点，广发、光大、招商和民生也各自下降了61、53、48和42个百分点；而交行则略微下降了5个百分点。大型银行除交行外，整体较2011年有所提高，尤其是农行提高了63个百分点。股份制银行中兴业、渤海和恒丰最显著，分别提升了81个、77个和45个百分点。

2. 贷款拨备率

贷款拨备率是贷款减值准备对贷款总额的比率。自2012年1月1日开始，贷款拨备率的新标准开始实施，商业银行必须实施银监会提出的贷款拨备率达到2.5%以上的要求。系统重要性银行应于2013年底前达标；对非系统重要性银行，监管部门将设定差异化的过渡期安排，并鼓励提前达标；盈利能力较强、贷款损失准备补提较少的银行业金融机构应在2016年底前达标；个别盈利能力较低、贷款损失准备补提较多的银行业金融机构应在2018年底前达标。

图15列示了2012年全国性商业银行的贷款拨备率及其与2011年的对比情况。2012年，全国性商业银行的平均贷款拨备率为2.70%，同比提高了0.19个百分点。具体来看，大型银行的贷款拨备率情况整体上好于股份制银行，除交行的贷款拨备比（2.30%）低于监管标准外，其余4家大型银行均提前达标，其中农行最高，为4.35%，在全国性商业银行中排名第一。

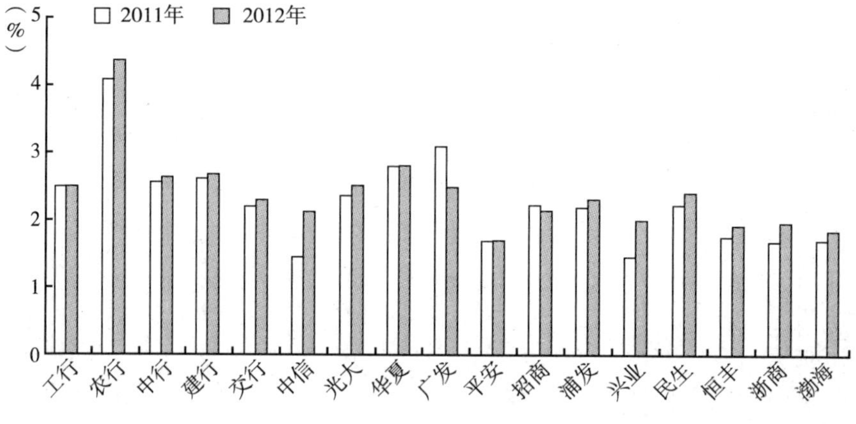

图15　全国性商业银行贷款拨备率（2011～2012年）

股份制银行的贷款拨备率均在1.7%～2.9%，仅有华夏和广发两家银行在2.5%以上，分别为2.82%和2.52%。但是除广发和招商外，其他股份制银行的贷款拨备率均较2011年的水平持平或有所提高，其中中信、兴业和农行增幅相对较大，分别提高0.68个、0.54个和0.27个百分点。另外，平安、渤海、恒丰和浙商仍低于2%，其中平安以1.74%排名垫底，且增幅仅0.04个百分点，离达标的规定还有一段距离。根据监管新规，全国性商业银行尤其是股份制银行的风险抵补能力面临新的考验。

（三）贷款集中度情况

贷款集中度是考察商业银行资产质量的重要指标，在当前宏观经济形势严峻的大背景下，贷款集中度的问题尤其值得高度关注。监管标准要求单一最大客户贷款不得超过银行净资产的10%，前十大客户贷款总额不得超过净资产的50%。

图16和图17分别列示了对比全国性商业银行2011年和2012年单一最大客户贷款比例及最大十家客户贷款比例情况。

在单一最大客户贷款比例方面，大部分全国性商业银行2012年比2011年有所下降。大型银行中，交行、中行最低，分别为1.71%和2.60%；最高的工行也不过4%。股份制银行中，浦发最低，为2.17%，华夏最高，为6.23%。同

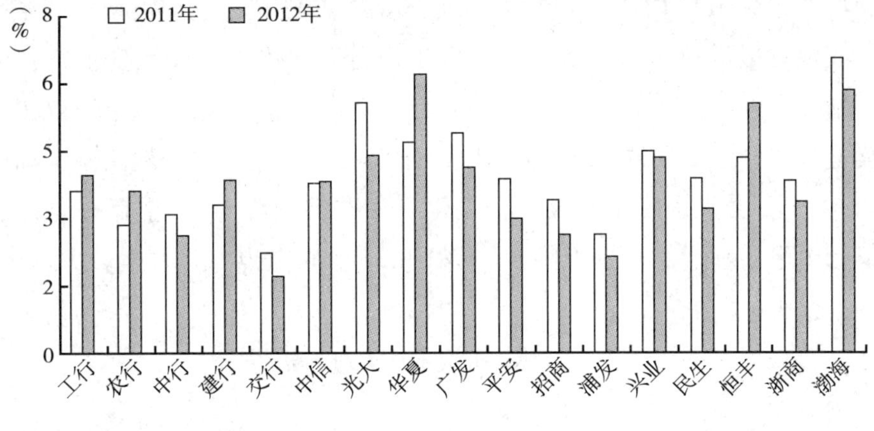

图 16　全国性商业银行单一最大客户贷款比例（2011～2012 年）

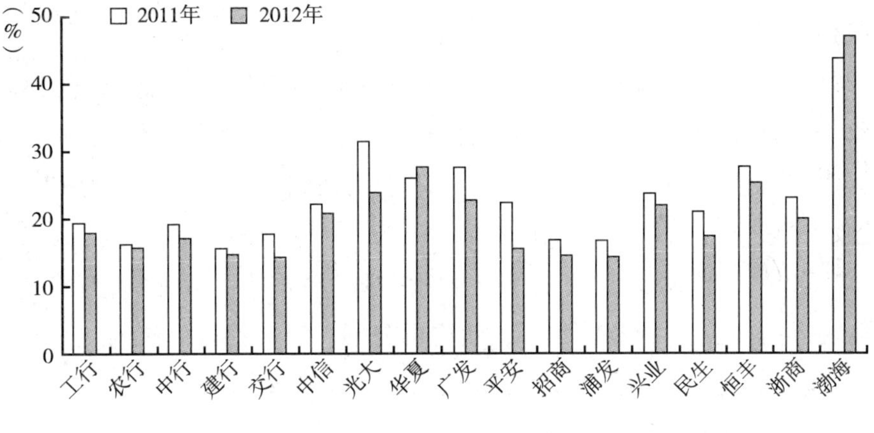

图 17　全国性商业银行最大十家客户贷款比例（2011～2012 年）

2011 年相比，共有 6 家全国性商业银行的单一最大客户贷款比例有所提升，其中华夏和恒丰分别提高 1.54 和 1.16 个百分点，增幅最大。在 11 家该指标下降的银行中，光大和平安下降幅度较大，分别下降了 1.19 和 0.89 个百分点；此外，中行和交行均下降 0.05 个百分点，单一最大客户贷款比例进一步下降。

在最大十家客户贷款比例方面，除华夏和渤海上升外，其余全国性商业银行较 2011 年均有所下降。大型银行前十大客户的贷款比例均在 17% 以下，整体上低于股份制银行。其中，交行是大型银行中最低的，为 14.22%。股份制银行的这一指标在 2011 年整体上下降较多，其中浦发、招商最低，分别为13.97%和14.24%，浦发已经超过大型银行达到了全国性商业银行最低的比例，招商也仅次于交行，并优于其他大型银行；渤海这一指标在连续两年大幅度下降后再次回升，依然还是最高，为47.04%，继续迫近监管红线。同2011年相比，光大的前十大客户贷款比例大幅度下降7.61个百分点，降幅最大，大型银行中交行下降3.27个百分点，股份制银行中平安和广发分别下降6.46和4.51个百分点，降幅也较大。

四　盈利能力

2012年，面对经济增速下降、利率市场化进程不断加快、融资脱媒日益明显、同业竞争加剧等外部环境变化所带来的诸多挑战，银行业的利润增速整体回落。

2012年，全国性商业银行共实现税后利润10072.1亿元，同比增长16.42%。图18列示了2012年全国性商业银行的收入结构。图中可见，净利息收入占营业收入的比例为79.87%，手续费及佣金净收入占比为17.89%，利差收入仍是最主要的收入来源。

以下先从净利润增长率、净资产收益率和总资产收益率两个角度评价全国性商业银行盈利能力的整体水平，然后再分别从影响银行利润的三个主要部分——净利息收入、手续费及佣金净收入和支出管理水平——出发，具体评述全国性商业银行的盈利能力。

（一）总体情况

1. 净利润增长率

图19列示了2011、2012两年全国性商业银行净利润增长率的情况。2012年，全国性商业银行净利润平均增长率为28.32%。五家大型银行2012年共实现净利润7791.39亿元，同比增长14.51%。其中工行以2386.91亿元位居第一，同比增长14.50%。建行以1914.22亿元位列第二，同比增长13.30%。股份制银行共实现净利润2566.18亿元，同比增长28%，其中招商获得净利润452.73亿元，继续保持领跑位置，而民生以383.08亿元的净利润紧随其后。

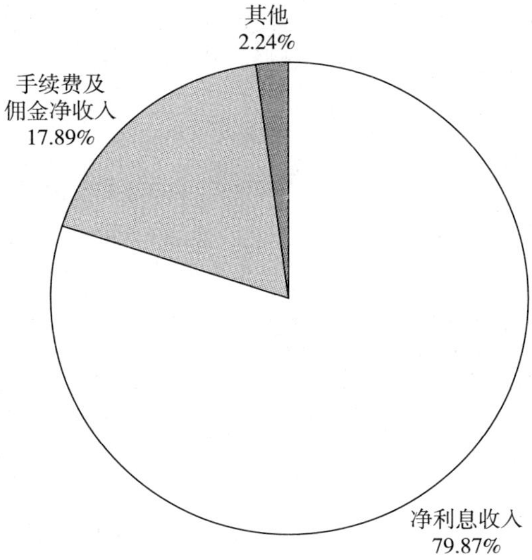

图 18　2012 年全国性商业银行营业收入结构

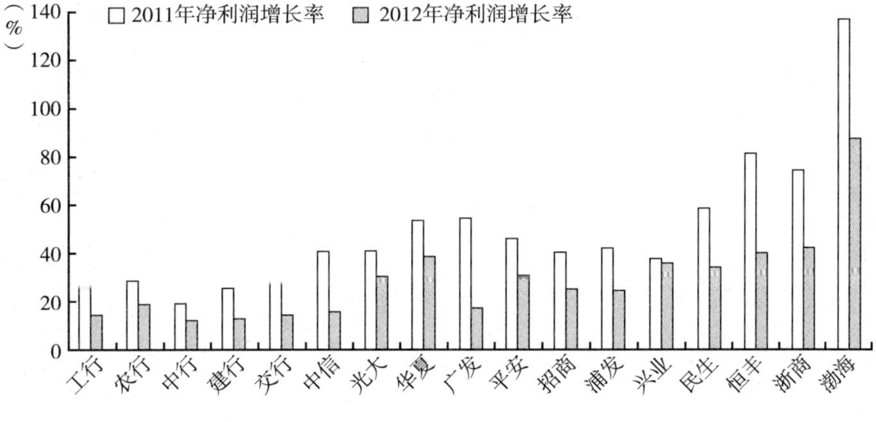

图 19　全国性商业银行净利润增长率（2011 年、2012 年）

从净利润增长率看，大型银行中农行最大，为 19%，其余均在 12% ~ 15%之间。股份制银行中渤海、恒丰和浙商因基数较小其净利润增长率相对较大。其中，渤海净利润增长率为 87. 12%，在全国性商业银行中为最高。其他股份制银行净利润增长步调相对一致，大多集中在 30% ~40%，其中华夏、恒丰和浙商增速排在前三位，分别为 39%、41% 和 42%。比较而言，中信和广发净利润增长率分别为16%和17%，是股份制银行中的最低者。

全国性商业银行盈利能力持续增强，但增长速度比2011年均有所下降，这与银行业的经营模式总体上呈现同质化有关系。而各行净利润增长率的高低不一，则是各银行不同的资产规模和业务结构在相同市场环境下的正常反映。

2. 净资产收益率和总资产收益率

净资产收益率（ROE）和总资产收益率（ROA）很好地反映了各行的盈利能力和水平。根据银监会《商业银行风险监管核心指标》的要求，ROE不应低于11%，ROA不应低于0.6%。

图20列示了全国性商业银行2011年和2012年的净资产收益率。图中可见，全国性商业银行的净资产收益率均明显超过11%的达标线。平均净资产收益率相对处在最低水平，为15.81%。兴业、恒丰和民生的净资产收益率排在前三位，分别为26.65%、25.33%和25.24%。而大型银行中，工行也保持在23%以上。

同2011年相比，共有6家全国性商业银行的净资产收益率下降，11家上升。渤海和浙商的净资产收益率分别提高了5.27和4.77个百分点，增幅最为可观。平安和中信分别下降4.5和4.4个百分点，降幅最大，这主要是在报告期内，与平安对深发展的收购及中信银行发行次级债有关。

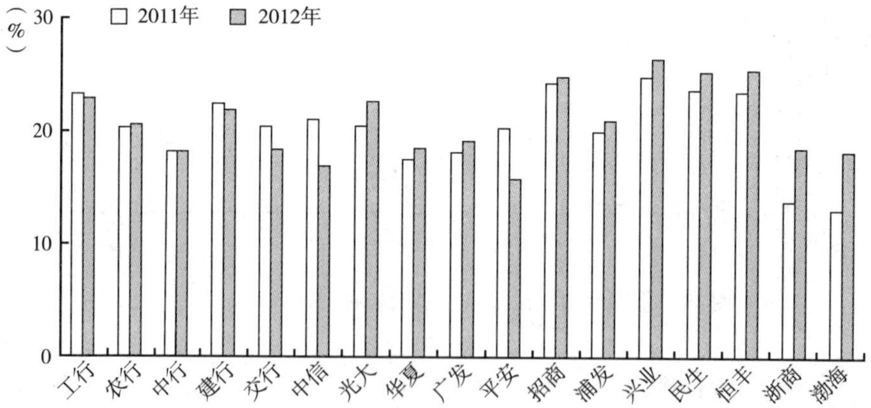

图20 全国性商业银行净资产收益率（2011~2012年）

图21列示了对比全国性商业银行2011年和2012年的总资产收益率。图中可见，2012年17家全国性商业银行的总资产收益率都显著高于0.6%的监

管标准。其中，大型银行的总资产收益率相对高于股份制银行，农行、工行分别为 1.50% 和 1.45%，基本达到国际领先银行的水平，排在全国性商业银行的前两位。股份制银行中，招商（1.46%）和民生（1.41%）最高，而渤海（0.85%）和华夏（0.87%）最低。

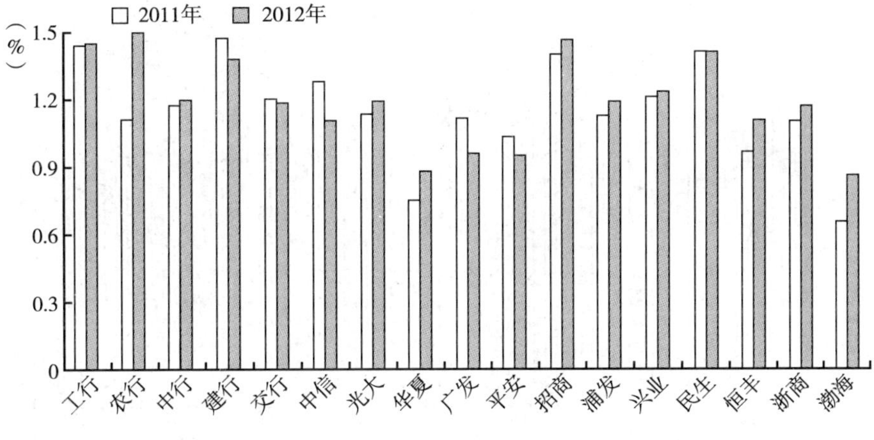

图 21　全国性商业银行总资产收益率（2011～2012 年）

同 2011 年相比，2012 年 17 家全国性商业银行的总资产收益率大多有不同程度的提高。农行增幅最大，提高了 0.39 个百分点；渤海和华夏次之，分别提高了 0.21 和 0.13 个百分点。

（二）利息收入水平

存贷款利差收入是中国银行业最主要的盈利来源。因此，利息收入水平是商业银行盈利能力的重要体现。2012 年，全国性商业银行的净利息收入水平有较大幅度的增加。从整体上看，2012 年利息净收入的增长主要源于规模因素稳步扩大的带动，而 2012 年利差水平则直接拖累了利息净收入的增速。以下分别从利息收入比、净利息收益率与净利差两个角度讨论全国性商业银行的利息收入水平。

1. 利息收入比

利息收入比是净利息收入占营业收入的比重。图 22 列示了对比全国性商业银行 2011、2012 两年的利息收入比。图中可见，2012 年大部分全国性商业银行的利息收入比在80%以上。其中，中行因其传统的国际业务优势其利息收入占比较高，中行的利息收入比延续了往年的较低水平，为69.50%。建行、民生、招商、广发的利息收入比均低于80%，分别为77.07%、76.34%、78.69%和79.36%，主要原因是年内中间业务的迅猛发展使得其手续费及佣金收入大规模增长。华夏、浦发和浙商的利息收入比较高，达到90%左右。

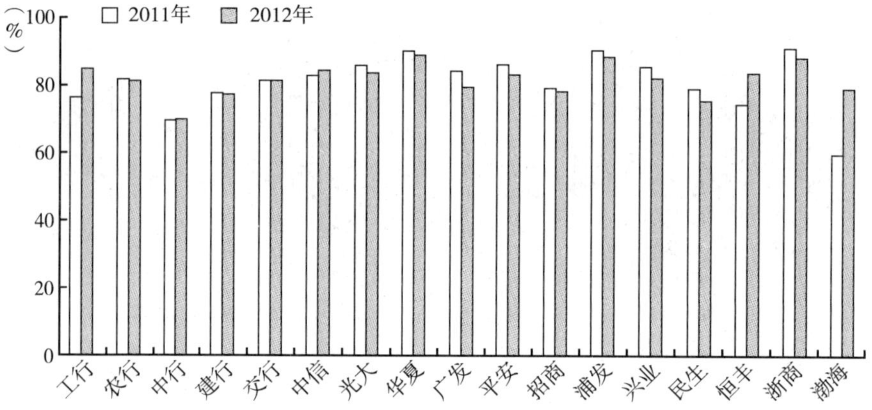

图22 全国性商业银行利息收入比（2011~2012年）

同2011年相比，全国性商业银行的利息收入比整体呈下降趋势。17家银行中，除工行、中行、中信、恒丰和渤海5家银行外，利息收入比均有所降低，体现出银行业在摆脱传统的以利差收入为主的业务模式过程中，利息收入占比逐年下降的趋势。大型银行中，农行和建行分别略微下降了0.31和0.04个百分点；在股份制银行中，广发、民生和兴业分别下降了5.08、3.86和3.03个百分点，是降幅最大的3家银行。而渤海和恒丰分别上升了20.48和9.78个百分点，是上升最显著的2家银行。

2. 净利息收益率与净利差

考察商业银行利息收入能力的重要指标是净利息收益率和净利差。净利息收益率（NIM）是净利息收入与平均升息资产总额的比率，考察单位生息资产所创造的利息收入；净利差（NIS）是按日均生息资产收益率与日均计息负债付息率的差额计算的。两者各有侧重，但整体而言，净利息收益率的变化趋势和原因同净利差相似，可以相互参照。

净利差呈现明显下滑的趋势，尤其是股份制商业银行，最多下滑 20 个基点。这主要是由于：随着利率市场化的进一步推进，商业银行吸揽资金竞争加剧，特别是通过理财业务吸收的资金成本整体相对较高，且在中央银行 2012 年不对称降息及允许存款利率最高上浮 10% 后，商业银行尤其是股份制商业银行纷纷提高存款利率，由此造成资金成本上升，而相反的是，伴随着直接融资市场的发展，商业银行的信贷客户特别是大中型企业的议价能力也有所降低，使得存款降息幅度小于贷款，净利差受到压缩。

图 23 列示了部分披露相关信息的全国性商业银行 2010 ~2012 年的净利息收益率。图中可见，全国性商业银行的净利息收益率整体上保持上升趋势，但 2012 年又出现了回落迹象。全国性商业银行净利息收益率集中在 2% ~3%，其中招商、民生、中信位列前三，中行和渤海相对较低。同 2011 年相比，仅工行、建行和光大提升 0. 05 个百分点，增幅相对较大。

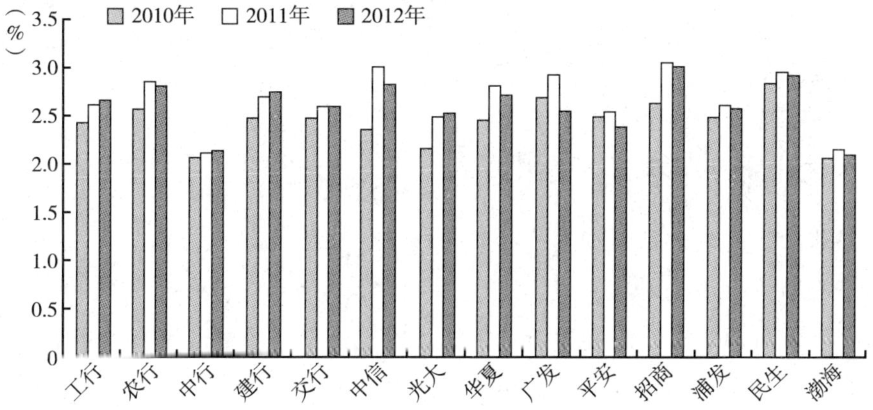

图 23　部分全国性商业银行净利息收益率（2010 ~2012 年）

图 24 列示了部分披露相关信息的全国性商业银行 2010 ~2012 年的净利差水平。图中可见，全国性商业银行的净利差情况与净利息收益率情况相似。2012 年，全国性商业银行的净利差大部分集中在 2. 3% ~3%，其中招商和浙商最高，渤海最低。同 2011 年相比，浙商和招商分别增加了 0. 42 和 0. 38 个百分点，增幅最大。2010 年以来，招商和华夏分别提升了 0. 79 和 0. 63 个百分点，累计增幅最大。

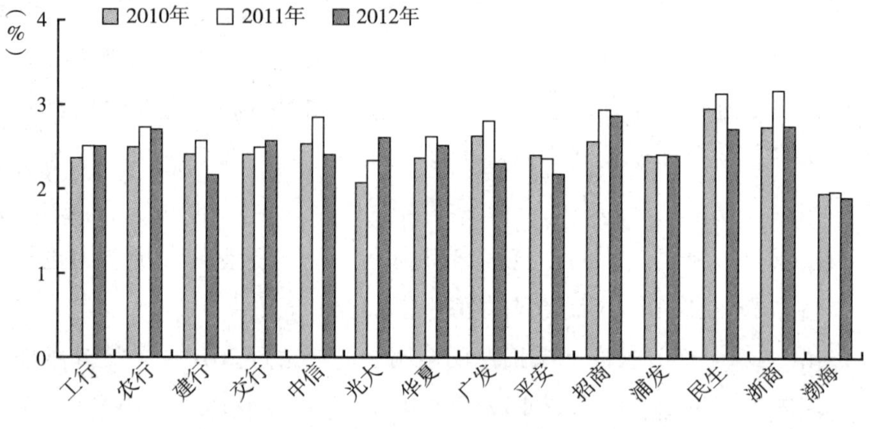

图24　部分全国性商业银行净利差（2010~2012年）

随着我国利率市场化进程加快，在宏观经济形势下行的压力下，可以预见我国银行业的净利息收益率和净利差可能会持续下行，全国性商业银行尤其是股份制银行不能不未雨绸缪，在资产结构、经营效率、发展模式等方面提早做好应对准备。

（三）中间业务收入水平

本报告中，商业银行中间业务是指商业银行作为第三方参与的金融服务，中间业务收入反映的是利润表上的“手续费及佣金收入”这一项。判别中间业务的重要标准是银行利用自有的人才、网点和系统等资源提供收费服务，银行自身并不作为交易主体参与业务并承担风险。

近年来，全国性商业银行中间业务持续大幅度增长，主要由于市场环境、监管要求和客户需求的各方面变化、银行理财产品快速增长、银行加大拓展金融资产服务业务等多种原因。2012年，中国银行业的手续费及佣金净收入的增长主要是来源于银行卡的手续费，但受到监管层要求整顿银行收费的影响，以信用承诺手续费、财务顾问和咨询费、担保手续费等为代表的信贷相关业务手续费收入整体缩减；包括支付结算等在内的传统中间业务，在业务创新相对迟缓、降费呼声日益高涨的背景下，收入增速也有回落；作为目前中间业务增长主要动力的理财业务也因受到严格规范，其收入增长有所减速。本报告选用中间业务净收入和中间业务净收入占营业收入的比例两个指标评析全国性商业银行的中间业务情况。

1. 中间业务净收入及其增幅

中间业务净收入是手续费及佣金收入减去支出后的净额，反映商业银行中间业务的绝对水平。

图 25 列示了 2010 ~ 2012 年大型银行中间业务净收入及增幅情况。图中可见，2012 年大型银行均延续了 2011 年的势头，工行、建行分别以 1610.64 亿元和 935.07 亿元继续排名前两位。在增幅方面，工行同样在 2012 年有突出表现，较 2011 年增长 58.61%，自 2010 年以来已累计增长 192.06%，在大型银行中表现最为突出。而建行较 2011 年增长 7.49%，增幅最低。

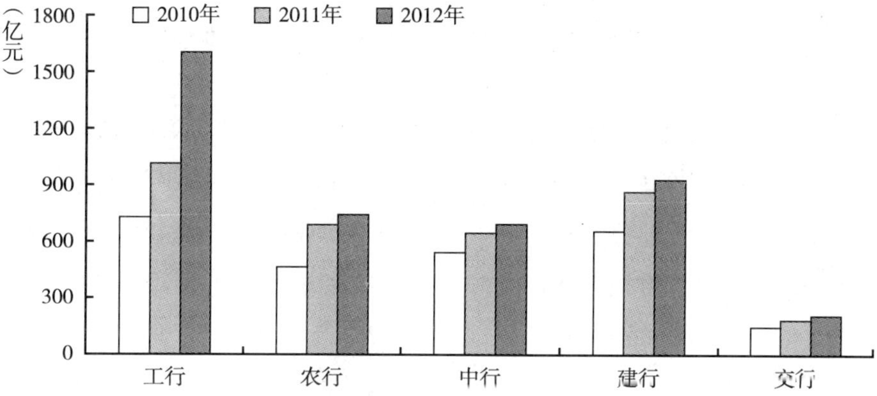

图 25　大型银行中间业务净收入（2010 ~ 2012 年）

图 26 列示了 2010 ~ 2012 年股份制银行中间业务净收入。图中可见，2012 年股份制银行中，中间业务净收入最高的是民生和招商，分别为 205.23 亿元和 197.39 亿元。浙商、渤海和恒丰因规模因素，中间业务净收入相对最低；除去这三家银行，华夏净收入略低，仅 40.46 亿元。在增幅方面，股份制银行的中间业务净收入自 2010 年以来，经历了持续的快速发展，各行均有超过 100% 的累计增幅。同 2011 年相比，渤海和兴业银行增幅最大，分别为 83% 和 69%；除此之外，恒丰也增长 54%，其他银行的增幅也均在 26% ~ 44%。民生增长 36%，

增速居中，但一跃超过了招商，占据了股份制银行中间业务的领先地位。同2010年相比，除恒丰、渤海因基数较小增幅巨大外，兴业累计增长211%上升到第3位，平安累计增长261%，表现均十分突出。

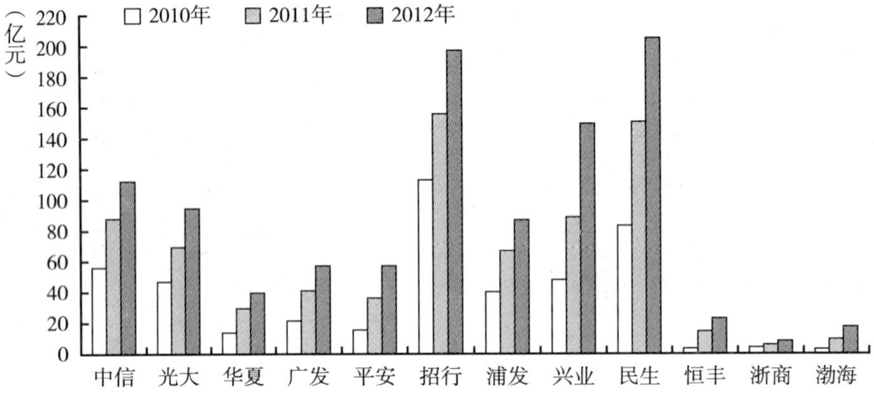

图26　股份制银行中间业务净收入（2010～2012年）

图27列示了2011、2012两年全国性商业银行中间业务净收入增幅情况。图中可见，2012年全国性商业银行的中间业务收入增速较2011年有所放缓，除工行和浙商外，大部分全国性商业银行的中间业务净收入在2012年的增速都有所减慢。其中，增幅下降最大的是恒丰和渤海，分别下降了270和160个百分点，平安和华夏也都下降了超过70个百分点。

2. 中间业务占比

中间业务净收入占营业收入之比（以下简称“中间业务占比”）是衡量中间业务发展水平的重要指标。2012年，全国性商业银行的平均中间业务占比为18.39%，比2011年提高了1.36个百分点。

图28列示了2010～2012年全国性商业银行中间业务占比的情况。2012年，大型银行的中间业务占比整体上继续保持较高的水平，但总体上比2011年度略有下降，其中建行、工行的中间业务占比均超过20%，在全国性商业银行中最高；交行为14.2%，相对较低。

在股份制银行中，民生中间业务占比最高，为19.9%，广发、恒丰、兴业、招商、光大次之，均在15%以上。同2011年相比，广发和渤海分别提升

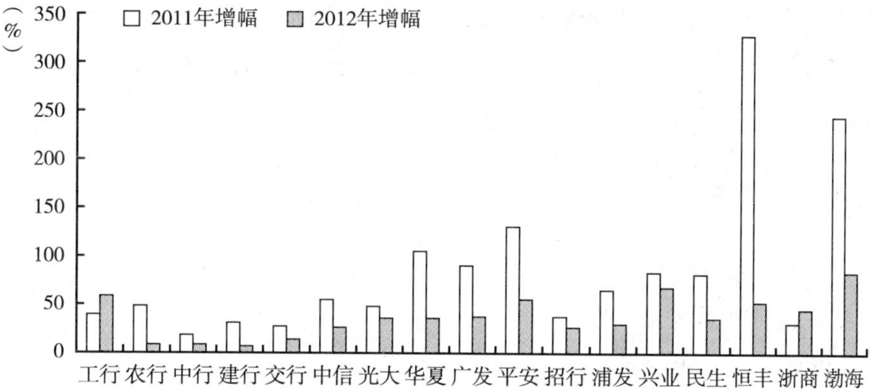

图 27　全国性商业银行中间业务净收入增幅（2011 年、2012 年）

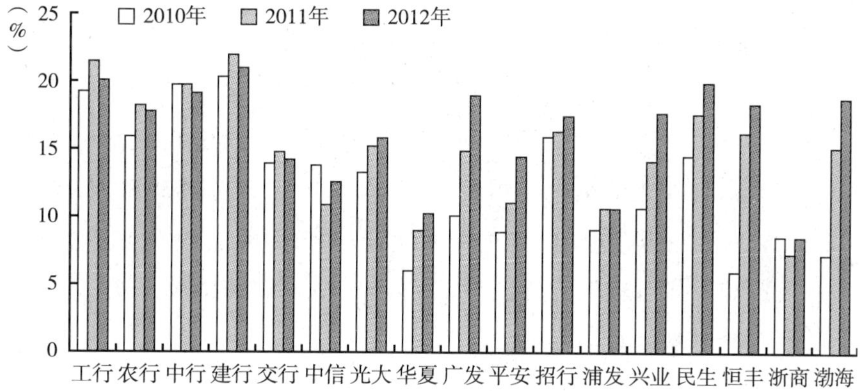

图 28　全国性商业银行中间业务占比（2010　2012 年）

了 4.1 和 3.7 个百分点，增幅最大；其他银行中，兴业和平安均提升 3 个百分点以上，增幅相对较大。相比之下，5 家大型银行均出现了 0.5 ~1 个百分点的下降，其中工行下降达到 1.35 个百分点，下降幅度最大。

整体而言，一方面由于近些年中国经济快速发展、国民收入的持续提高、人民币国际化进程加快，为全国性商业银行发展中间业务提供了良好的机遇与外部环境。但另一方面，中间业务也存在诸如政策规定不具体、概念标准不统一、操作与统计披露不规范等问题，出现了将利息收入转为手续费以虚增中间业务收入等急功近利的做法。随着宏观经济形势变化、监管政策趋严，加之银行产品同质化竞争和资本市场走势的不确定性，中间业务面临较大的挑战。只有通过不断地创新，逐步建立起丰富的产品体系和稳健的收入结构，才能真正促进商业银行中间业务持续健康的发展。

（四）成本控制水平

成本收入比是银监会风险监管核心指标中的风险抵补类指标之一，该指标通过商业银行营业费用与营业收入之比来衡量其成本支出管理水平，数值越低显示其成本之处管理水平越高。按照监管要求，该指标不应高于45%。

近些年，银行一方面面临息差逐渐收窄，收入增速放缓的考验。同时，受物价上涨等因素影响，成本支出呈现刚性增长，对银行业成本管理及成本效率也形成一定压力。

图29列示了2010～2012年全国性商业银行成本收入比的情况。图中可见，2012年17家全国性商业银行的成本收入比延续了全部在45%的监管红线之内的态势。整体而言，大型银行的成本收入比低于股份制银行。大型银行中，工行的成本收入比继续保持最低，为28.56%；农行最高为36.76%。股份制银行中，广发、华夏和平安较高，分别为40.83%、39.95%和39.41%；恒丰、兴业和浦发相对较低，分别为24.32%、26.73%和28.71%，可比肩大型银行的成本控制水平。

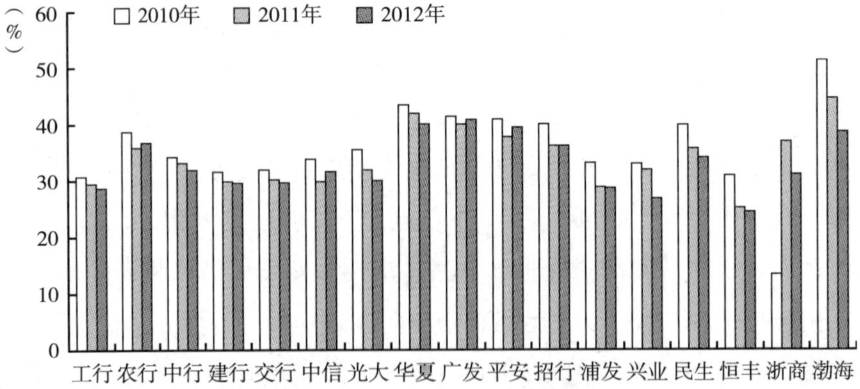

图29　全国性商业银行成本收入比（2011～2012年）

同 2011 年相比，全国性商业银行的成本收入比均有不同程度的下降。其中，渤海和浙商降幅最大，分别下降 6.06 和 5.77 个百分点；其他银行中，兴业也下降 5.22 个百分点，其控制成本的能力相对突出。相比较而言，招商和浦发分别仅下降 0.04 和 0.08 个百分点，虽降幅较小，但控制成本的能力依然较高。

五 流动性分析

2012 年，宏观经济环境复杂多变，央行维持稳健货币政策的同时，加大了预调微调的力度，在两次下调存款准备金率和存贷款基准利率的同时推进了利率市场化改革，并持续通过逆回购交易向市场注入流动性，银行间市场资金紧张状况逐步缓解。在流动性相对宽松的市场环境下同业资金利率有所下降。但是由于法定存款准备金率仍处于较高水平，在一定程度上抑制了银行派生存款的作用。同时，受同业竞争加剧和理财分流等影响，商业银行存贷比及流动性的管理仍面临一定的压力。尤其对于股份制银行来说，流动性的压力有增无减。

银监会 2009 年出台了《商业银行流动性风险管理指引》（以下简称《指引》）后，又制定了《商业银行流动性风险管理办法》（以下简称《办法》），旨在建立定性与定量相结合、微观审慎与宏观审慎相结合、覆盖中外资银行的流动性风险管理和监管制度框架，对《指引》进行了充实和完善。

该《办法》对于银行流动性监管主要有四个指标，除传统的存贷比和流动性比例外，新增了流动性覆盖率和净稳定融资比例这两个指标。流动性覆盖率是优质流动性资产储备和未来 30 日净现金流出量的比值，旨在确保商业银行在设定的严重流动性压力情景下，能够保持充足的、无变现障碍的优质流动性资产，并通过变现这些资产来满足未来 30 日的流动性需求，该指标应当不低于 100%。净稳定融资比例是可用的稳定资金与所需的稳定资金之比，旨在引导商业银行减少资金运用与资金来源的期限错配，增加长期稳定资金来源，满足各类表内外业务对稳定资金的需求，该指标应当不低于 100%。商业银行最迟应于 2013 年底前达到流动性覆盖率的监管标准，2016 年底前达到净稳定资金比例的监管标准。

鉴于无法通过公开披露的信息获取相关数据，本报告在分析全国性商业银行的流动性管理水平时，仅能选择存贷比和流动性比例，而无法使用更全面客观的流动性覆盖率和净稳定融资比例指标。作为一个近似的替代，考虑到商业银行的全部存款在应对流动性困难时的稳定作用，本报告尝试引入存款负债比这一概念，对全国性商业银行的流动性管理水平进行补充性说明。

（一）存贷比分析

存贷比是银行贷款金额与存款金额的比例，监管部门要求商业银行的存贷比不得超过75%。

图30列示了2011年、2012两年全国性商业银行的存贷比情况。图中可见，截至2012年末，全国性商业银行的存贷比全部达标。大型银行中除交行和中行略高外，其他3家均处于较低水平，且明显好于股份制银行；其中，农行的存贷比最低，为59.22%，排在全国性商业银行的第2位。股份制银行的存贷比大多在70%左右，恒丰最低为55.98%；中信银行最高为73.59%。

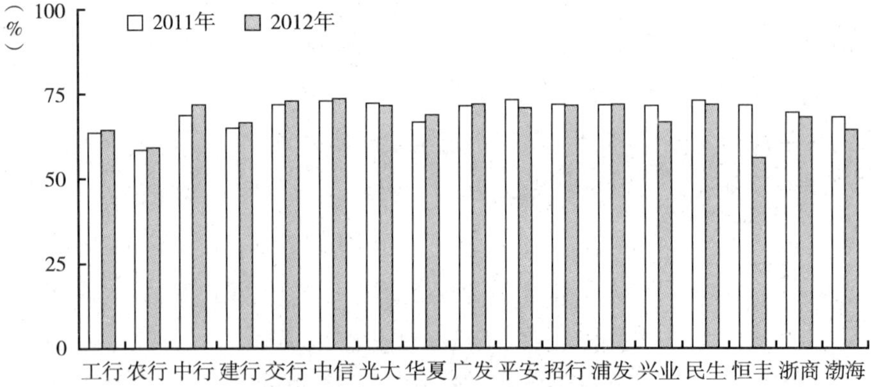

图30 全国性商业银行贷存款比例（2011~2012年）

同2011年相比，全国性商业银行存贷比趋势出现分化，共有8家银行存贷比下降，9家银行存贷比上升。其中，恒丰和兴业分别下降15.39个和4.96个百分点，降幅最大；中行、华夏和建行分别提高3.22个、1.90个和1.88个百分点，升幅最大。5家大型银行存贷比均出现升幅，而股份制银行降幅较多，且降幅程度大于升幅程度，表明大型银行增加了资产业务，而股份制银行的资产运营相对收紧。

（二）流动性比例

流动性比例为流动性资产余额与流动性负债余额之比，用来衡量商业银行流动性的总体水平，其不应低于 25%。我国银行业的流动性比例在 2012 全年保持稳中有升的趋势。前半年增速较快，三季度稍有回落，四季度再次回升。经济增速放缓，物价涨幅有所回落，中央银行采取了一系列措施进行预调微调，适度增加了市场流动性，流动性比例上升至 47.8%，同比显著增加了 3.07 个百分点。

图 31 列示了对比 2011 年、2012 两年全国性商业银行的流动性比例。图中可见，2012 年各行的流动性比例均在 25% 达标线上，多集中在 35% ~50% 之间。其中，建行最高为 56.73%，招商和中信次之，分别为 52.29% 和 53.20%。兴业最低为 29.47%。

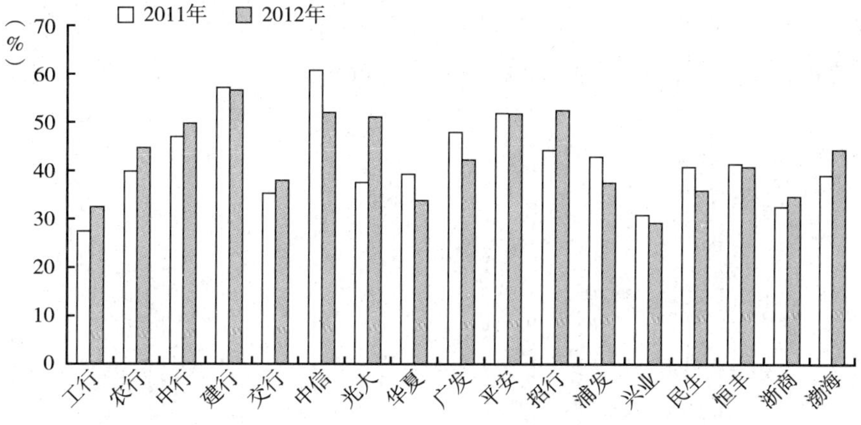

图 31　全国性商业银行流动性比例（2011 ~2012 年）

同 2011 年相比，全国性商业银行的流动性比例共有 8 家下降，9 家上升，下降的幅度整体上小于上升的幅度。其中，光大上升 13.58 个百分点，升幅最大；招商和渤海分别上升 8.01 个和 5.00 个百分点，升幅次之。在流动性比例下降的银行中，中信降幅最大，较 2011 年下降了 8.69 个百分点；广发、华夏和浦发次之，分别下降 5.76 个、5.44 个和 5.23 个百分点。

（三）存款负债比

存款负债比是商业银行各项存款在全部负债中所占的比例。其中各项存款的概念与贷存比相同，包括商业银行所吸收的单位和居民个人的存款，主要包括企业存款、私营及个体存款、居民储蓄存款、保险公司存放等。引入这一指标，是基于存款在应对流动性困难时高效稳定的作用。一般性判断，此数值越高，说明存款在商业银行全部负债中的占比越高，应对流动性风险的能力也越强。

图 32 列示了对比全国性商业银行 2011 年和 2012 年存款负债比的情况。图中可见，就存款负债比指标而言，大型银行普遍高于股份制银行。2012 年，5 家大型银行的存款负债比均在 70% 以上，而 12 家股份制银行中仅有 3 家超过 70%。在全国性商业银行中，农行、建行的存款负债比最高，分别达到 82.28% 和 82.02%；渤海、恒丰最低，分别为 45.21% 和 49.60%。股份制银行的存款负债比，中信（76.19%）、招商（74.30%）和广发（73.29%）表现突出。大型银行的规模效应以及股份制银行的特色经营使其在吸收存款方面所具有的优势，在这一指标上得到较为明显的反映。

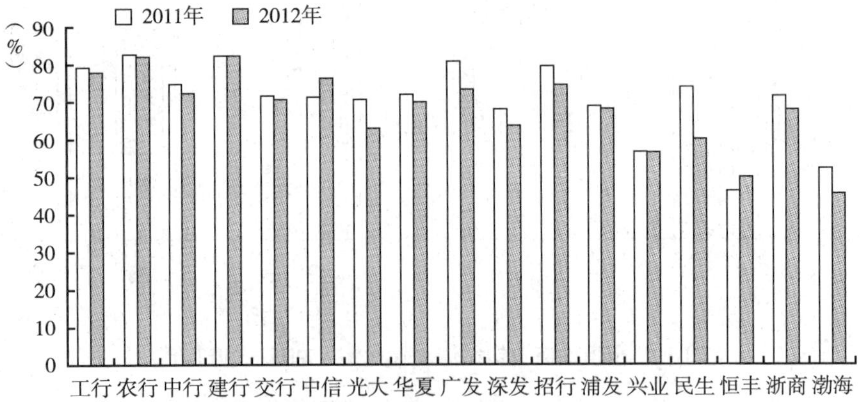

图 32　全国性商业银行存款负债比（2011～2012 年）

同 2011 年相比，全国性商业银行的存款负债比除中信、恒丰和兴业略有上升外，整体呈现下降趋势。其中大型银行下降的幅度较小，均在 1 个百分点以内；股份制银行下降的幅度则相对明显，其中民生下降近 14 个百分点，光大、广发下降 8 个百分点，显示其存款在总负债中的占比年际波动较大。

B.3
2012 年全国性商业银行核心竞争力评价*

一 公司治理

经济合作与发展组织（OECD）在《公司治理结构原则》中对公司治理结构给出了明确定义："公司治理结构是一种据以对工商公司进行管理和控制的体系。"公司治理是保证现代商业银行可持续发展的基本保证，良好的公司治理是银行业乃至整个金融体系稳健运行的关键所在，也是决定一家银行能走多快、走多远的根本因素。作为公司内部民主文化和民主架构的重要方面，公司治理架构的完善以及对治理规则的遵守是现代公司运行的基石。公司治理事关对投资者及其他利益相关者的利益保护，目前国内监管部门和学术机构都有不少共识。监管部门非常重视商业银行的公司治理，陆续出台了不少商业银行公司治理的指导性文件。而上市银行还要按照公众公司的要求接受上市交易所相应监管当局和境内监管部门的公司治理约束。《公司法》《商业银行法》《证券法》等法律法规以及《上市公司治理准则》《股份制商业银行公司治理指引》《股份制商业银行董事会尽职指引》《商业银行监事会工作指引》等规章都成为我国商业银行进行有效公司治理的基准参考。

2012 年 6 月，随着深圳发展银行股份有限公司吸收合并平安银行股份有限公司，原深圳发展银行和平安银行正式合并成为一家银行，更名为平安银行，保留原深圳发展银行深圳证券交易所上市地位。截至 2012 年末，17 家全国性商业银行中，已有 13 家银行成为上市公司，包括在香港与上海两个交易所同时上市的中国工商银行、中国银行、中国建设银行、交通银行、中国农业

* 本部分由欧明刚主持，张弛、尹晓君、谷卓然执笔。

银行、中信银行、招商银行、中国民生银行；以及仅在上海或深圳上市的中国光大银行、平安银行、上海浦东发展银行、华夏银行、兴业银行。广发银行、浙商银行、恒丰银行和渤海银行尚未上市。

对银行公司治理的评价，可以从四个方面来进行：一是公司治理架构的完善程度，包括是否根据监管要求建立了完善的公司治理制度；二是公司治理是否按这套制度来执行；三是信息披露是否及时、全面和准确；四是公司履行社会责任情况。总体来说，随着上市的银行越来越多以及银行的自身重视程度越来越高，商业银行的公司治理制度正在不断完善，信息披露的质量在不断提高，而相应的治理制度的执行也正在好转。

（一）公司治理基本框架基本完备

中国的商业银行治理模式基本是英美模式和日德模式的一个结合，组织形式表现为“三会一层”，即股东大会、董事会、监事会和高级管理层。为了协助董事会更好地进行决策，大部分全国性商业银行在董事会内部设立了各专业委员会来行使董事会相关的决策职能。为监督董事会执行力，我国的商业银行将执行和监督职能分离，并成立专门监事会，行使监督职能。目前全国商业性银行监事会成员有三类：外部监事、职工监事和股东代表监事。各类监事相互配合，保障多方群体的利益。要求董事会和监事会中必须有外部监事，在银行公司治理安排指引中要求独立董事和外部监事人数都不少于两人，而监事会中还应有一定的职工监事和股东代表监事。此外，独立董事制度作为现代银行公司治理的一项非常重要的制度，要求“上市公司董事会成员中应当至少包括三分之一独立董事”。

总体来说，全国性银行公司治理结构基本符合要求。然而，还有一些银行没有达到相应的规范要求。独立董事制度是为了保护中小股东利益而制衡大股东利益而作的一种安排，必须有一定的人数才能取得效果。从独立董事的比例来看，在报告期间，独董人数占董事会成员人数的比例符合超过三分之一规定的有平安、中行、建行、浦发、华夏、工行、兴业、交行，而恰好满足三分之一要求的有光大、中信、招行和民生，上市银行中只有农行的独立董事人数比例没有满足证监会的要求，而四家非上市全国性商业银行的独立董事人数比例都没有达到三分之一（见表 1）。由原深圳发展银行和原平安银行合并而成的平安银行的独立董事比例最高，达到近 45%。农业银行在年报中披露，“为符合‘上市公司董事会成员中应当至少包括 1/3 独立董事’的规定，袁天凡先生已被委任为我行独立非执行董事，其任职资格已于 2013 年 3 月 8 日获中国银监会核准”。至此，农行独立非执行董事共 5 名，占董事会成员人数的 1/3。我国全国性商业银行中 13 家上市银行现均满足独立董事的比例要求。而对于职工监事和外部监事的要求，仅农行未能满足不少于两名外部监事的要求。

表 1　全国性商业银行设立独立董事和监事情况

	董事会人数	独立董事人数	独董比例（%）	监事会人数	外部监事人数	职工监事人数
平安	18	8	44. 44	7	2	3
中行	14	6	42. 86	8	2	3
建行	12	5	41. 67	9	2	3
浦发	18	7	38. 89	8	3	2
华夏	18	7	38. 89	11	2	3
工行	16	6	37. 50	7	2	3
兴业	14	5	35. 71	9	2	3
交行	17	6	35. 29	13	2	4
光大	15	5	33. 33	11	2	4
中信	15	5	33. 33	5	2	2
招行	18	6	33. 33	9	2	3
民生	18	6	33. 33	9	2	4
农行	14	4	28. 57	7	1	4
浙商	16	4	25. 00	11	3	NA
渤海	21	5	23. 81	5	2	2
广发	18	3	16. 67	9	2	3
恒丰	12	1	8. 33	5	2	NA

资料来源：根据各银行 2012 年年报整理。

（二）董事会履职及内部组织情况

股东大会、董事会、监事会与高级管理层之间的关系是银行公司治理的核心内容。其中，董事会是公司治理的关键环节，因为董事会作为股东大会的常设决策机构对于保证公司的长治久安和可持续发展起着关键性作用。董事会的功能主要在于制定战略和做出决策，而战略和决策的正确与否与董事能否勤勉履职有关，董事会成员是否勤勉尽职可以从其参加董事会会议数量和质量体现出来。

董事出席董事会会议是最基本的义务。一般来说，董事会每个季度召开一次，但这是最低要求。有些商业银行（如恒丰银行），就只满足这一基本要求。根据公司治理指引和公司章程要求，董事必须要保证参与董事会会议的时间。良好的公司治理要求独立董事主动、有效、独立地履行职责，对重大事务进行独立的判断和决策，并发表客观、公正的独立意见，以维护本行的整体利益，尤其关注中小股东的合法权益不受损害，因此独立董事出席董事会议、表达意见的情况也应该是衡量公司治理情况的重要标准之一。考察董事会成员亲自出席会议的频率应当是衡量公司治理情况的重要方面，虽然董事可以委托其他董事代为出席、投票表决有关决议，但亲自出席应当视为董事履职的重要表现。界定亲自出席，通过视频和电话等实时通信手段表达意见、发表决议也是包括在内的，农行、工行等就采取了上述通信手段，提高了董事的亲自参与率，但有些银行却似乎没有利用这种方式。而从各商业银行2012年年报中可以看到，各银行董事出席会议的情况各异（见表2）。就董事亲自出席董事会比例而言，除平安银行、光大银行、浙商银行和恒丰银行没有找到数据外，其他银行董事亲自出席董事会的比例基本在90%以上，民生银行和广发银行的董事亲自出席率甚至达到100%，低于90%的浦发银行和交通银行的董事亲自出席率也非常接近90%，只不过没有见到所谓亲自出席的方式。近年来，各商业银行越来越注重独立董事履行职责的情况，以保护中小股东权益，每家银行的年报中都披露了独立董事出席董事会的情况，大多数银行还将独立董事履职情况作为单独小节进行信息披露。从表2可以看出，各大银行的独立董事亲自出席董事会的比例都很高，中行、兴业、中信、民生、广发和恒丰6家银行独立董事亲自出席董事会的比例都达到了100%。

表 2　董事亲自出席会议率

	董事会次数	现场会议次数	董事亲自出席率（%）	独董亲自出席率（%）
平安	13	13	NA	95.19
中行	18	6	99.00	100.00
建行	9	NA	95.00	89.47
浦发	10	5	88.44	90.00
华夏	7	5	91.27	93.88
工行	14	NA	90.48	84.29
兴业	7	5	95.24	100.00
交行	8	6	89.39	89.58
光大	10	NA	NA	92.00
中信	13	4	93.44	100.00
招行	16	3	98.93	98.96
民生	12	NA	100.00	100.00
农行	12	NA	95.17	89.58
浙商	13	4	NA	98.08
广发	9	NA	100.00	100.00
恒丰	4	4	NA	100.00

资料来源：根据各商业银行 2012 年年报整理。

但出席率高并不绝对意味着有效出席率高，与会董事应认真参加董事会会议，审议各项议案，积极参与讨论，充分表达意见，提出专业性建议，勤勉尽责，不能使董事会流于形式。从 2012 年各行年报中公布的董事会决议来看，绝大多数银行的董事会决议事项没有收到任何异议，获得了投票董事的全票通过。在现实的公司运作过程中，我们不排除董事长及董事会办公室事先与董事的沟通对于保证决议的顺利通过起到了关键性作用，董事会也许只是一个例行的程序而已。然而，所有议案都是一致通过的并不太正常。其实，存在一定的反对票和弃权票应当是公司民主治理的良好体现。我们看到，中信银行的某一独立董事在 2012 年 2 月 3 日召开的第二届董事会上就《关于批准邢天才先生接任第二届董事会审计与关联交易控制委员会主席的议案》因个人保留意见投了弃权票。工商银行独立非执行董事也有类似的弃权案例。

在 2012 年，中信银行、浦发银行、民生银行、光大银行顺利完成了董事会换届工作，重新选举了执行董事及部分非执行董事，聘任了新一届的高级管理层，确保了公司治理和经营管理的平稳过渡。

民生银行创建的独立董事制度颇具特色。表现在：一是独立非执行董事上班制度。从2007年3月开始实施的独立非执行董事上班制度要求独立董事每月上班1~2天，银行为其提供专门的办公场所和设备。2012年，该制度得到了很好的贯彻，独立董事累计上班43天，约见管理层及相关部室人员85次，共提出建议39余项。二是独立董事年报工作制度，该制度要求独立董事在公司年报的编制和披露过程中，应切实履行责任和义务。

（三）信息披露质量

信息披露既是银行公司治理的重要内容，也是银行监督的重要举措。信息披露及时、全面，将有助于投资者和债权人及其他利益相关者了解银行经营，是对投资者及其他利益相关人的尊重，也有助于保护投资者和存款人的利益。各银行通过定期报告、临时公告、公司治理文件、股东大会通函、委任表格及回条等形式及时披露信息，而年报是银行公司信息最集中的反映。

各商业银行严格按照《商业银行信息披露办法》和自己设立的信息披露制度的要求，不断延伸信息披露的深度和广度，保证信息披露的透明化、规范化和专业化。在2012年年报报告期内，一些全国性商业银行加强了信息披露的制度建设。中信银行就根据有关监管规定的变化和信息披露管理的内在要求，制定了《定期报告审核管理办法》，修订了《内幕信息及内幕信息知情人管理办法》。中国银行已建立《中国银行股份有限公司定期报告信息披露重大差错责任追究管理办法》，并将《证券日报》纳入该行法定信息披露报纸。为规范内幕信息管理，加强内幕信息保密工作，维护信息披露的公平原则，保护广大投资者的合法权益，招商银行制定了《招商银行股份有限公司内幕信息及知情人管理制度》。其他商业银行为加强信息披露制度建设，也制定或修订了相关的管理办法。

另外，总体来看，上市银行的信息披露比非上市银行的更加全面和详尽。在上交所或深交所上市的银行，其年报信息披露必须满足中国证监会相应的监管要求，而在内地与香港同时上市的公司则要同时满足内地与香港的监管要求。由于香港的信息披露要求较严，因而在内地与香港同时上市的银行的信息披露又要比仅在内地上市的银行做得更好，投资者显然能因此了解更多的信息。

公司治理是否完善是投资者关心的重大问题，投资者关心董事会及其专门委员会是否尽职履行了相应的职责。在公司治理的信息披露方面，在所有全国性商业银行的年报中，在境内上市的银行都达到了《年度报告的内容与格式》中所要求的披露董事会下设的审计委员会和薪酬委员会的履职情况汇总报告。而中国工商银行等在两地同时上市的银行则将所有专业委员会会议出席情况都进行了详细的披露。

而作为对银行年度报告中财务及业务的各个方面进行详细说明的部分，管理层的讨论与分析为投资者提供了有关银行业务表现和发展前景最为实质性的信息。而在各家商业银行的年报中，这部分内容的详细程度有着明显不同，反映了各商业银行在维护投资者关系、保护投资者权益上有着不同的理念。两地同时上市的商业银行将“管理层讨论与分析”单独成章，信息的披露更加详细。值得一提的是，还未上市的广发银行也就此部分内容进行了详细的信息披露。已发布年报的上市银行均对损益表、资产负债表和现金流量表中的项目分别进行了列示，同时也对所经营的各方面业务进行了说明。而在两地同时上市的银行还对业务各方面的变动给出了较详细的分析和解释，力求让年报的阅读者能够看到变化背后的原因。

每家银行年报中“管理层讨论与分析”部分分节讨论的大体框架基本一致，主要包括经济金融与监管环境分析、财务报表分析、业务综述、风险管理、资本管理及未来战略发展展望等，年报就每一分节进行了非常详细的阐述，银行相关利益者可以从中获得所需信息。而在基本框架相同的基础上，各商业银行在此部分还突出了自身银行的特点。例如，农业银行在此部分就介绍了县域金融项目，突出了农行在县域市场的领先地位和主导优势。交通银行则在此部分披露了子公司情况及同境外战略合作伙伴汇丰银行的全面战略合作情况，使投资者对交通银行能够有更好的了解。工商银行还披露了《商业银行资本管理办法（试行）》实施准备情况，突出了工商银行对全面风险管理的重视，以及继续保持操作风险管理的同业领先水平的决心。

此外，不少银行在对董事、监事和高管的具体薪酬情况等敏感问题的信息披露上采取了模糊技术。根据证监会相关规定，上市公司须在年报中披露每一位董事、监事和高管的具体薪酬情况。光大银行、华夏银行、民生银行、招商银行等披露了每一位董事、监事和高管在报告期内的税前报酬总额；而工商银行、农业银行则将税前报酬总额细化为工资、兼职袍金、各项社会保险和住房公积金的单位缴费进行列示。在这一项上，非上市银行的信息披露得不够。渤海银行、广发银行仅披露了所有董事、监事和高级管理人员领取的税前报酬总额，恒丰银行则仅概要地指出已经建立了高级管理人员薪酬与责任、风险、经营业绩相挂钩的考核机制，并未披露具体高管的具体薪酬情况。

（四）银行履行社会责任情况

随着经济的快速发展，努力关注更广泛的利益相关者的利益，承担更多的社会责任，日益成为中国企业共同的选择。就中国银行业而言，上市银行也都在追求业绩增长，实现快速发展的同时，相继把社会责任提升到了一个前所未有的高度，强调在履行经济责任之外，还要承担社会责任，致力于公益事业，“责任银行，和谐发展”正日益成为中国银行业的愿景。

早在2006年6月，浦发银行就作为国内商业银行中的第一家发布了企业社会责任报告，详细说明自身在保护环境、扶贫赈灾、关怀弱势群体、支持文教卫生体育事业等方面所作出的努力；2012年，除兴业银行外，其他12家上市银行以及非上市银行中的渤海银行共13家商业银行，在年报中披露了自身履行社会责任的情况之余，还相继发布了2012年度社会责任报告，可见各银行对履行社会责任的重视。

1. 服务实体经济层面

2012年，各家商业银行顺应国内经济逐步转入常态运行的实际需要，实施合理均衡增长的信贷政策，促进经济增长方式转变，积极支持战略性新兴产业发展，继续加大对中国最具活力的中、小、微型企业的支持力度。中国银行继续坚持金融服务实体经济的本质要求，持续加大对经济社会发展重点领域和行业的支持力度，推动实体经济平稳地健康持续发展。2012年末小企业贷款、涉农贷款和文化产业贷款余额分别比年初增长10.44%、14.92%和26.50%，增速分别比全行整体贷款增速高出3.79个、8.27个和19.85个百分点。光大银行积极制定政策措施，支持国家重大项目，加大对石油化工、煤炭等产业的升级改造，为传统产业转型升级提供多渠道融资。继续支持东中西部地区均衡发展，完善长三角、珠三角等东部重点经济带的网点布局；加快中部地区发展，积极与湖北等地政府建立长期战略合作关系；贯彻落实西部大开发战略举措，在贵阳、兰州成立了一级分行，提升了服务社会经济发展的能力。工商银行重视民族地区的经济发展，致力于推动民族地区团结，持续改善少数民族地区的金融服务，促进民族地区经济健康快速发展。作为中国国际化、多元化程度最高的银行，中国银行不断延伸全球服务网络，努力为客户提供全球一体化的综合金融解决方案。2012 年中国银行与山东、江苏、广东等地政府合作举办服务企业“走出去”专题活动，助力开放型经济发展。在香港和非洲、欧洲、美洲开展跨境人民币业务全球推介活动。民生、渤海、浙商、恒丰等规模较小的全国性商业银行纷纷效仿五大国有商业银行加大对广大农村地区的金融支援。

2. 环境层面

各家商业银行积极响应国家宏观政策，推行绿色信贷、发展网上银行和电话银行服务，支持节能环保项目，开发环保新产品，持续开展绿色金融服务，坚持推进自身和社会的低耗、高效、可持续发展。农行重点推广绿色信贷，提供绿色服务，坚持无纸化绿色办公，积极推进绿色金融创新，开展环保活动。首例清洁发展机制（CDM）项目——“山东金缘生物质发电项目”通过联合国注册。中信银行对“两高”行业的授信继续严格执行环保“一票否决制”，严格限制“两高”和产能过剩行业授信，对产能过剩行业的新增授信业务实行总行核准制。兴业银行依旧大力重点发展节能减排融资业务，2012 年与国际金融公司（IFC）开展了节能减排贷款第三期项目合作，推出了中国首个专项服务于欠发达地区中小企业节能减排业务融资的产品，推出“排污权抵押授信业务”以及合同能源管理项目收益权质押的融资模式；并在绿色租赁、绿色信托、低碳信用卡等领域获得持续发展。其他商业银行在推广绿色信贷、优化绿色服务、开展绿色运营方面也有突出表现。

3. 社会层面

2012 年，各商业银行依旧热心公益事业，全面支持教育、文化等社会事业发展，努力回报社会。在各家商业银行税后利润的规模实现高速增长时，各商业银行也从增长的利润中拿出更多的资金用于公益事业（见表 3）。表现最突出的民生银行，在净利润375.63亿元中拿出5.75亿元进行社会公益活动，促进贫困地区经济发展、捐助教育科研卫生事业、支持文化事业。在全国性商业银行中，民生银行2012年公益捐赠总额最高，捐赠额占其利润的比重也排在第1位，达到了1.53%，该比例远远高于位列第2位的华夏银行。华夏银行在17家全国性商业银行净利润排名中处于末位，但是其一直“坚持情系大众，支持回报社会”的信念，拿出净利润的0.59%用于向社会公众提供金融安全、金融风险防范知识；开展定点扶贫、参与灾后重建、开展志愿活动等。2012年，农业银行重点赞助支持文化、教育、体育等公益项目，摄制“有为有精彩，有梦有世界”系列公益微电影，并且继续坚持“服务三农”原则，继续实行2010年启动的大学生“村官”招聘计划，2012年招聘大学生“村官”1224名。2012年，建设银行为配合国家发展保障性安居工程的战略部署，积极支持各类保障房项目建设，并始终以支持居民安居为己任，大力支持百姓购买自住房信贷需求。交通银行与中国残疾人联合会合作开展的“通向明天——交通银行残疾青年助学计划”，支持全国25个省、自治区、直辖市的4000名家庭贫困的残疾高中生和大学新生，并支持全国特教师资培训，于2012年新设“交通大学残疾大学生励志奖”。2012年，其他商业银行也积极关注社区建设，继续推进教育助学、灾难救助、扶持小微企业、消费者教育等公益慈善项目，带动员工参与到企业社会责任建设中。

表3　2012年部分商业银行公益捐赠统计

银行	公益捐资总额（万元）	净利润（亿元）	公益捐赠占净利润比例（%）
民生	5750	375.63	1.53
华夏	1021.03	172.51	0.59
招行	2263.55	452.77	0.50
浦发	1361	341.86	0.40
中行	4457.9	1455.22	0.31
光大	696	236.2	0.29
交行	1617.95	583.73	0.28
中信	685.14	310.32	0.22
农行	3167	1451.31	0.22
工行	4098	2387	0.17
建行	2300	1936.02	0.12

资料来源：各银行2012年年报及其社会责任报告。

二　发展战略

发展战略为企业指明发展方向，帮助企业合理确定业务结构，取长补短，实现可持续增长。2012 年是中国经济遭遇严重挑战的一年，也是商业银行抓住战略机遇，继续推进战略转型的重要一年。各商业银行针对当下经济运行环境的要求不断调整战略规划方向，力求在不确定的金融环境下实现战略增长。

全国性商业银行基本上制定了期限不等的发展战略，或者经营战略、发展计划。有的以三年为期，例如工商银行、农业银行、华夏银行等；也有的以五年为期，比如浦发银行、民生银行和广发银行等。

从 2012 年已披露的各家商业银行年报来看，银行的战略定位清晰程度和侧重点不一（见表 4）。各家商业银行根据自身实际情况制定的发展战略一般分为两个方向：横向的业务扩展和纵向的业务深化。居于行业领先地位的大型国有银行和股份制商业银行的战略定位较中小银行来讲略为模糊，主要突出国际化和综合化两个重点，强调资本管理和中间业务的重要地位，致力于扩展业务规模，巩固自身的优势地位。而中小银行的定位一般针对性更强，区分度更高，其原因可能是中小银行为取得竞争优势需要走"异军突起"的特色经营路线，深耕某几项优势业务。在国有四大行中，中国农业银行的定位较为明确，"致力于建设面向'三农'、城乡联动、融入国际、服务多元的一流现代商业银行"。交通银行将战略定为"走国际化、综合化道路，建设以财富管理为特色的一流公众持股银行集团"；在股份制商业银行中，不同银行的战略各有特色。招商银行的战略定位为"盈利能力领先、服务品质一流、基础管理扎实、品牌形象卓越的有特色的创新型银行"，重点发展零售业务、"两小"业务和中间业务，打造中国最佳零售银行和优秀小型、微型企业金融服务商；华夏银行则定位为"中小企业金融服务商"。当然，各商业银行的战略可能在两个方向齐头并进。比如中国银行，一方面不断拓展海外业务范围，增加新的海外机构和网点设置，全面布局，分散经营。另一方面，突出自身在国际结算、贸易融资及外汇交易等方面的优势，加速发展海外人民币市场，着力打造贸易金融、供应链融资、大宗商品融资、保理、银团贷款、出口信贷、全球现金管理等产品体系。

表4　2012 年年报中部分全国性商业银行发展战略

银行	发展战略
工商银行	由资产持有大行向资产管理大行转变;发展国际化
建设银行	巩固存款、中间业务市场份额;加大贷款结构调整,降低资本耗用。加快推进电子银行、金融社保卡、现金管理、养老金业务等战略性业务发展。强化重点领域风险管控,保持资产质量稳定。夯实经营管理基础,拓展有效客户,提高定价能力,做好资本管理办法实施工作
中国银行	以商业银行为核心、多元化服务、海内外一体化发展的大型跨国银行
农业银行	致力于建设面向"三农"、城乡联动、融入国际、服务多元的一流现代商业银行
交通银行	走国际化、综合化道路,建设以财富管理为特色的一流公众持股银行集团
中信银行	零售银行业务全面强化经营管理体系建设,加快推进网点销售化转型,完善中高端财富管理体系,推动信用卡业务向纵深发展,战略性发展网络银行,零售客户基础不断扩大,产能加速释放
民生银行	做民营企业的银行、小微企业的银行、高端客户的银行
招商银行	盈利能力领先、服务品质一流、基础管理扎实、品牌形象卓越的有特色的创新型银行
华夏银行	中小企业金融服务商
兴业银行	绿色金融、银银平台等特色业务保持快速发展,领先优势更加凸显;贸易金融、现金管理、机构业务、信用卡、私人银行、同业业务、资金业务、财富管理、资产管理等战略重点业务全面快速发展;全资子公司兴业租赁、控股子公司兴业信托规模、效益继续大幅度增长,综合化服务能力稳步增强
光大银行	全力推进科技、服务和产品创新;坚持模式化经营,加大结构调整力度,推行资本节约型发展;保持适度增长,强化风险管理和内部控制;坚持精细化管理,加强成本控制;优化资源配置,提高运行效率,实现更有内涵的发展
平安银行	稳步推动战略业务发展,在包括贸易融资、小微金融、零售业务和信用卡业务等领域继续加大投入,进一步提升竞争优势;依托集团综合金融优势,遵循"外延式 + 内涵式"的发展路径,开展交叉销售,发挥协同效应;围绕"最佳银行"战略目标,进一步整合资源,优化组织架构和运行机制,提高管理效率;加强资产负债管理能力,加强组合管理和成本控制,提升运营服务质量,完善风险管控机制
广发银行	进一步强化创新驱动,充分发挥科技对业务发展的引领作用;进一步加快转型步伐,努力打造低资本消耗型银行;进一步推动体制建设,优化完善公司治理机制;进一步提升服务水平,全力支持实体经济发展

资料来源：根据各行年报整理。

综观各家商业银行的发展战略，2012 年的突出特点是重视资本管理、中间业务，加强对小微企业的贷款支持力度和国际化、综合化发展。我国商业银行具有资产规模大，资金使用效率不高的特点。目前，资产在十万亿以上的商业银行就有工、农、中、建四家，庞大的资产规模对银行资产管理提出了更为清晰的要求。为适应客户资产配置多元化和存款理财化趋势，单一地依靠发放贷款来满足盈利需求的传统经营模式亟须向全方位资产管理的新方式靠拢。在 2012 年年报中，不少银行强调了资产管理、推动中间业务发展的需求。例如，工商银行将资本占用少、附加值高、客户需求大的金融资产服务业务作为战略转型重点，加大统筹规划和系统推动力度，促进由资产持有大行向资产管理大行的转变。交通银行以财富管理服务为切入点，致力于树立中高端理财银行形象。同时，为响应国家支持小微企业、民营企业发展的号召，全国性商业银行也陆续开始关注这一领域并明确了相关战略定位，比如民生银行，致力于做“民营企业的银行、小微企业的银行、高端客户的银行”。

在战略执行层面，不少商业银行规定严格根据发展战略进行业务改革，实现差异化经营，比如农业银行，在 2012 年年报中强调“要始终坚持以发展战略为总纲，坚持发展战略是塑造差异化竞争优势的基础，将按照新三年规划确定的行动路线，持之以恒地推动战略实施，打好基础，谋求长远发展”。此外，为完善战略管理体制，商业银行专门设立战略决策部门和战略委员会，负责研究银行战略发展规划和机构及业务发展规划与重大投、融资方案等。目前来看，商业银行对发展战略的重视程度正在不断增强。

（一）推动收入业务结构调整

多年来，我国商业银行享受着高于同业的利润，一方面取决于自身的稳健经营，另一方面得益于中国严格的金融监管政策和较为封闭的金融市场环境。2012 年，我国进一步打开了利率市场化的阀门，首次双向扩大存贷款利率浮动空间，自 2013 年 7 月 20 日开始，取消金融机构贷款利率 0.7 倍的下限，标志着我国利率市场化进入了一个新的阶段，也标志着传统靠净息差坐享丰厚利润的经营模式已告终结。同时，信托公司、证券公司、小额贷款公司乃至第三方支付公司都在积极争夺商业银行的客户和业务，“余额宝”等新兴互联网金融产品对银行业务产生了前瞻性影响。在此背景下，商业银行更加关注轻资本型战略性业务和中间业务收入占比，不断推进业务结构的调整。

2012 财年各家商业银行的收入结构都有不同程度的改善，银行的利息收入仍保持高位，但增速放缓，中间业务收入占比上升，各项轻资产中间业务成为银行的战略重点。利息净收入增速最快的是兴业银行，其存放同业及其他金融机构利息收入增长 285.7%，拆借利息收入增长 121.2%。最慢的是广发银行，可能是由于其近年来大力发展银行卡业务为主的中间业务和利息净收入放缓的原因（见图 1）。大型商业银行的中间收入占比普遍较高，但较 2011 年普遍有小幅下降。不得不提的是中国银行，其手续费及佣金收入占比从17.66%上升到19.1%。中型银行中，民生和广发表现突出，其中民生银行更是逼近20%。表现最差的是浙商银行，手续费及中间业务收入占比只为8.42%，说明其中间业务发展严重滞后。部分商业银行手续费及佣金收入占比下降，如工商银行、建设银行、农业银行和交通银行（见图2和图3）。可能是受以下因素影响：（1）国内经济增速放缓，受市场因素影响的相关产品增速下降；（2）监管标准趋严，对服务收费管理进一步规范；（3）主动减免部分个人及小企业客户的服务收费。

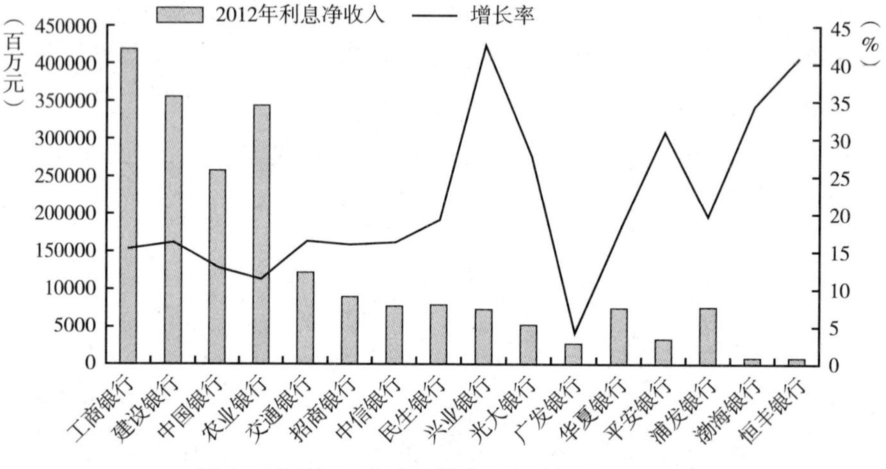

图1　2012年部分全国性商业银行利息净收入

资料来源：根据各家银行年报汇总而得（图2、图3同）。

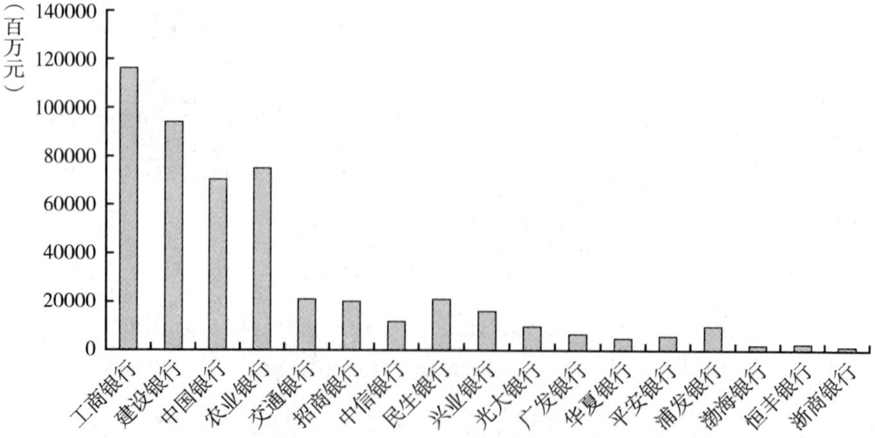

图2　2012年全国性商业银行手续费及佣金净收入

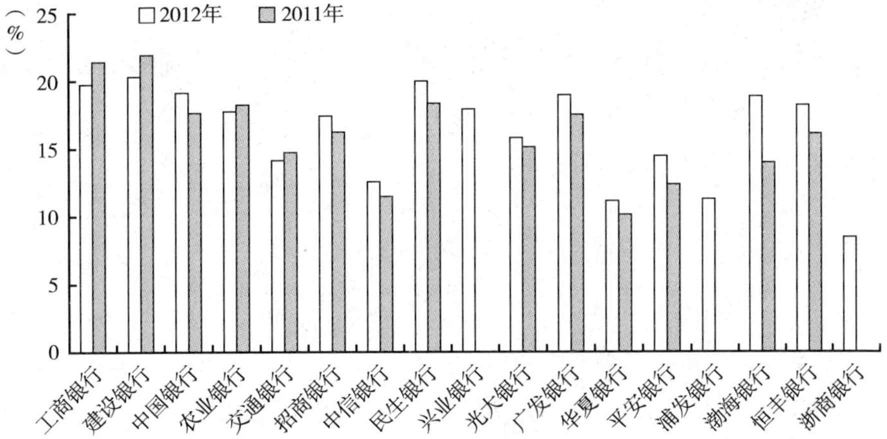

图 3　部分全国性商业银行手续费及佣金净收入占比

在所有商业银行中，只有部分上市银行披露了分部报告，介绍了公司业务、个人业务和资金业务的收入或利润。中信银行在 2012 年实现了业务结构调整，原来的资金业务条线改为金融市场条线，同时将同业业务由公司条线调整为金融市场条线。在有数据披露的几家商业银行中，银行公司金融业务占比有不同程度的下降，个人银行业务实现小幅攀升，反映了银行发展零售业务和资金业务的战略目标。其中中信银行的个人金融业务收入占比提升了 3% 达到 17%，但批发业务仍占收入来源的 70% 以上，未来调整空间很大。招商银行的资金业务连年亏损，2012 年虽减小了亏损幅度，但说明其对风险和投资收益的管理能力不佳（见表 5）。

表 5　部分商业银行收入结构单位

单位：百万元，　%

	2012 年						2011 年					
	公司金融业务		个人金融业务		资金业务		公司金融业务		个人金融业务		资金业务	
	收入	比重	收入	比重	收入	比重	收入	比重	收入	比重	收入	比重
工商银行	285328	53. 10	154035	28. 70	90954	17. 00	249016	52. 40	143775	30. 30	76900	16. 20
中信银行	63135	70. 66	15220	17. 03	10997	12. 31	55373	74. 03	10427	13. 94	8994	12. 03
交通银行	107007	39. 95	64560	24. 11	96255	35. 94	100170	46. 48	47404	22. 00	67926	31. 52
	2012 年						2011 年					
	公司金融业务		个人金融业务		资金业务		公司金融业务		个人金融业务		资金业务	
	利润	比重	利润	比重	利润	比重	利润	比重	利润	比重	利润	比重
建设银行	118494	47. 13	51663	20. 55	76272	30. 33	111041	50. 68	37627	17. 17	71059	32. 43
中国银行	104472	55. 75	39344	21. 00	37143	19. 82	101887	60. 42	37523	22. 25	19166	11. 36
招商银行	44190	74. 19	18707	31. 40	−2759	−4. 63	36507	77. 47	14088	29. 90	−2842	−6. 03

资料来源：根据各上市商业银行 2012 年年报整理而得。

1. 银行卡业务

近年来，商业银行转型的重点是发展个人银行业务，依赖银行卡内在结算优势，不断扩大消费信贷规模，发展家电、百货、教育、旅游和文化等消费信贷业务，满足居民的消费融资需求。

银行卡发卡规模不断扩大，不论是银行卡发卡数还是手续费收入都显著增加。工商银行银行卡发卡量 4.7 亿张，年消费额 4.13 万亿元，其中信用卡发卡量 7713 万张，年消费额 1.3 万亿元，居亚太地区发卡量和消费额“双第一”，并跻身全球四大发卡银行之列。农业银行银行卡业务在 2012 年实现突破，业务收入同比增长 80% 达到 194.9 亿元，超过中国银行位列第三名。中型股份制商业银行中民生银行在银行卡业务上表现出色，2011 年实现 151% 的增长。负增长的只有恒丰银行，银行卡收入下降 18.75%。同时，银行卡种类不断丰富，不再局限于传统的借记卡和信用卡业务。如工商银行推进交通卡、公务卡、中油卡、公积金卡、航空商旅联名卡五种项目发卡，扩展了发卡规模（见图 4）。

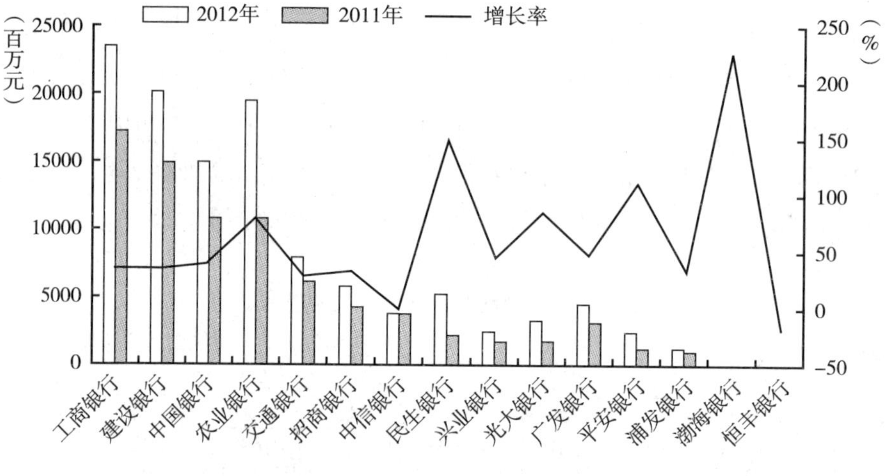

图 4　部分全国性商业银行银行卡手续费收入

2. 私人银行业务

目前有 19 家商业银行设有私人银行部，但是风格迥异，不同的银行探索着不同的发展路径。比如股份制商业银行中的招商银行、民生银行、中信银行等更为侧重产品的研发和销售；国有商业银行中的工商银行和农业银行更加侧重客户的管理与维护。大型银行的私人银行业务已发展了一段时间，积累了宝贵的经验，而中小银行近年来也意识到发展私人银行的战略意义，着手开展私人银行业务。

2012 年各家商业银行积极发展私人银行业务。建设银行的私人银行推出一系列产品创新项目，客户金融资产增幅 30.19%，同业首推私人银行专属网银。浦发银行已初步建立私人银行经营组织体系架构，并成立了 8 家私人银行分部，基本覆盖私人银行客户集中、市场潜力较大的区域市场，私人银行客户突破 6000 户。工商银行在巴黎组建了私人银行中心（欧洲）。

私人银行业务的发展彰显出商业银行对财富管理相关业务的关注，也侧面反映了我国居民理财需求的扩张。中国民生银行在《2012 中国私人银行市场报告》中指出，大约有 45% 的客户，他们的首要财富目标是财富增值，39% 的客户是财富保值，还有 9% 左右的客户最为关注的是财富传承。中国农业银行的《2013 中国私人银行客户需求分析报告》也指出，理财产品和相关投资是私人银行客户对银行的首要诉求，但是也有 85% 的客户开始具备财富传承的意识或开始着手财富传承的准备工作。

为了帮助私人银行客户站在资产配置的高度，关注更为全面的资产类别，一些商业银行开始主动强化自己的研究能力，并为客户提供有关的研究资讯。例如，中国农业银行推出私人银行客户财富配置报告；招商银行推出了每季度的私人银行财富配置建议等，力图以此对私人银行客户投资决策形成支持。还有一些银行关注富二代群体，树立自己的高端理财形象。常见的方式包括利用自身的实习和就业机会，形成服务资源；持续就某个主题举办富二代群体的集体活动，形成品牌资源，如中国农业银行每年举办中加青年训练营和青年领袖俱乐部以及与使领馆、移民中介合作，提供移民、留学相关服务等。中国银行和汇丰银行在移民业务领域具有传统优势，中国农业银行和交通银行等后起之秀也纷纷推出了跨境金融服务以适应客户对移民的需求。此外，在法律税务和传承金融工具资源整合方面，私人银行也开始尝试。常见的方式为联合税务所和律师事务所提供有关的建议和咨询，并在法律框架内，协助客户设计和配置相关的金融产品。国内私人银行目前在这方面均处于起步阶段，招商银行、浦发银行、建设银行、农业银行私人银行等都开展了这方面的研究，但是尚缺乏成熟的案例。

目前私人银行业务的发展面临一系列问题。首先，各家商业银行普遍存在着优质投资项目资源不足，项目把控能力较差等问题，短期内改观的难度较大。其次，由于商业银行的稳健性要求，私人银行介入投资领域的深度和广度也会受到限制，这都会对私人银行投资能力的提升形成制约。

3. 资产托管业务

银行托管业务得到了长足的发展，其中保险资产、企业年金托管业务手续费收入快速增长；证券投资基金托管业务受证券市场影响收入下降明显。中小型股份制商业银行，就增长率而言在此方面有不俗的表现。2012 年，以浦发银行为例，其资产托管业务规模较前年增长 190%，全年实现托管收入增长 148%。交通银行跨境人民币业务量增长 49%，资产托管规模突破 1.5 万亿元，较年初增长 78.98%，其中养老金托管规模突破 5000 亿元，成为中国最大的养老金管理银行。建设银行投资托管业务规模 2.70 万亿元，增幅 31.07%。运营养老金个人账户 256 万户，增幅 25.49%；运营受托资产 245.52 亿元，增幅 48.13%。养老金受托资产规模新增同业第一（见图 5）。

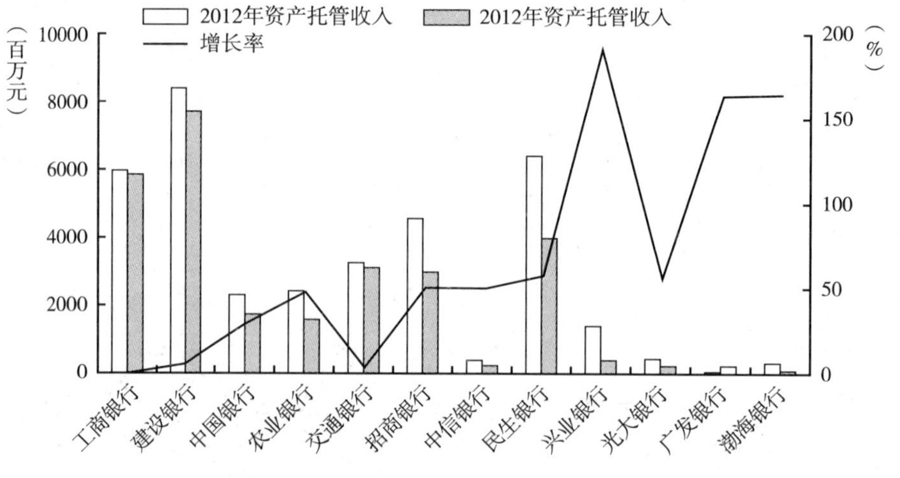

图 5 部分全国性商业银行资产托管收入

（二）支持中小（微）企业融资

国家金融监管部门积极引导商业银行加强对国家重点建设项目、中小企业和“三农”的信贷支持力度，优化信贷结构，增强银行业为实体经济提供优质服务的能力。2012 年财年，商业银行积极服务实体经济，满足国家重点投资为主体的在建、续建项目资金需求，加强对中西部和东北地区的信贷投放，大力拓展先进制造业、现代服务业、文化产业和战略性新兴产业融资市场。同时加强地方政府融资平台贷款管理，控制房地产和“两高一剩”行业信贷投放，支持各类节能减排重点工程。

四大国有商业银行响应国家政策的号召，积极发展中小微企业，取得了丰硕的成果（见表6）。

表 6　国有商业银行对中小企业项目经营成果

银行名称	2012 年经营成果
工商银行	“积极支持了符合经济结构调整方向的先进制造业、服务业、文化产业和战略性新兴产业的发展，持续改善了对中小企业特别是小微企业的金融服务，支持节能环保等绿色经济领域，大力发展了直接消费信贷业务”； 对符合国家产业政策和经济结构调整方向的先进制造业、现代服务业、文化产业、战略性新兴产业的贷款增量占公司贷款增量的 103%，中小（微）企业新增贷款占公司贷款增量的 89%，中小（微）企业贷款余额占公司贷款余额的 72%； 2012 年末，境内中小（微）企业贷款余额 42312.03 亿元，同比增长 15.2%；其中，中型企业贷款 23911.27 亿元，增长 20.7%，小微企业贷款 18400.76 亿元，增长 8.9%
建设银行	对小微企业贷款增速达到 17.97%，涉农贷款增速 21.43%，小微企业贷款余额 7454.53 亿元，增幅 17.97%；客户 67999 户，新增 6580 户。初步建立了适应微小企业特点的零售化业务流程
农业银行	扩大小微企业信贷授权，缩短小微企业信贷流程，努力实现小微企业信贷业务“一站式”审批。加强产品研发，在巩固“简式贷”“智动贷”“厂房贷”等传统优势产品的基础上，推出“票据置换”“在线申请”等新的业务品种，支持中小企业通过发行集合票据等方式进行直接融资。截至 2012 年末，小微企业贷款客户数 43497 户，贷款余额 5998.01 亿元，同比增加 1211.78 亿元，增速 25.3%，高于全行各项贷款增速 11.2 个百分点
中国银行	“中银信贷工厂”小企业人民币贷款增长 37.67%，比内地人民币公司贷款增幅高 31.28 个百分点。为涉农、高科技、文化创意等小企业量身定制专属产品和增值服务，创新推出“中关村模式”，通过“投保贷”、知识产权质押贷款等为科技型小企业提供金融支持
交通银行	2012 年末，中小微企业贷款余额达人民币 10932.33 亿元，较年初增长 18.50%，增量占全部贷款增量的 44.26%，余额占比较年初提高 1.65 个百分点。在沃德服务区推出“沃德小企业”等特色服务。同时针对不同客户推出各异的特色化产品，如政府采购—速贷通、智融通、优贷通、税融通和商圈集群贷等

由于贷款风险暴露日益集中（行业和大型企业），以及国家产业政策的导向作用，一些股份制商业银行开始将目光转向小微企业（见表7）。

表7　部分股份制商业银行对中小企业项目经营成果

银行名称	2012年经营成果
民生银行	成立了中国民生银行小微企业城市商业合作社，搭建了全国性的小微企业交流、共享和协作的平台，并全面启动了小微专业支行建设工作，对50家小微金融专业支行进行了授牌
广发银行	2012年新设立52家"小企业金融中心"
光大银行	积极开展小企业业务试点，创新小微企业服务模式，先后推出快贷系列、互助金贷款等标准化创新产品，向专业化、标准化、电子化、综合化的方向发展。2012年末，公司行标小企业贷款余额368亿元，同比增加228亿元，增长162.86%；小企业授信客户7737户，同比增加3312户，增长74.85%。同时，提出《关于小微企业不良贷款处置及授信后管理的方案》，制定小微企业呆账贷款的核销办法，合计核销呆账余额7.46亿元
浦发银行	加强对村镇银行及其他投资机构的管理，截至2012年末，21家村镇银行业务发展迅猛，资产总额达到201.01亿元，同比增加66.33%；实现税前账面利润3.36亿元，增幅74.09%
华夏银行	持续推广以"小、快、灵"为特点的小企业服务"龙舟计划"，加大对中小企业服务力度；扎实推进绍兴、常州等小企业特色分行建设，形成了市场化的资源配置机制，区域竞争力得到提升。据统计，两家特色分行小企业贷款占比均超过45%，常州分行小企业贷款客户达到1000户，绍兴分行小企业贷款客户达到991户，小企业贷款客户和贷款量均增长100%以上
招商银行	大力发展"两小"业务，截至2012年末，"两小"贷款余额合计4176.29亿元，比年初增加1901.67亿元，增幅83.60%

（三）开展线上线下渠道建设

目前国有大型银行的网点分布广泛，布局基本完成，进入网点提升改造阶段；而中小股份制商业银行仍处在网点建设时期（见表8和表9）。2012年工商银行的国内代理行数量增加25家至141家；全年新增投入运营网点433家；全年新建和升级改造网点1331家，使网点环境和功能布局进一步改善。平安银行截至2012年底机构网点数量达450家，比年初增加55家。商业银行未来机构布局将以中等发达城市为重点并逐渐向西部地区中等城市延伸，在积极拓展金融资源丰富的北京、上海、广州、深圳等地区的金融市场业务之外，关注经济发达的东部沿海地区的新兴金融业务以及经济增长较快的中西部地区的传统金融业务。如农业银行重视城乡联动和基层网点建设，在继续大力拓展城市业务的同时，巩固和提升县域业务的市场地位。光大银行坚持物理网点和电子银行网络并重发展，贵阳、兰州分行成功开业，香港分行取得牌照，全年新开业二级分行 2 家，营业网点 75 家。华夏银行郑州、南昌分行开业，全年新增营业机构 50 家，2012 年末营业网点总数达 475 家。浦发银行新设机构 83 家，其中二级分行 10 家，同城支行 73 家。报告期内宿迁、舟山两家分行的开业使公司在江苏、浙江两省的地级城市机构实现了全覆盖；海口分行已获得银监会的筹建批复。中信银行继续优化分支机构的区域布局，2012 年海口、平顶山、滁州、肇庆、临沂、榆林、马鞍山 7 家分行开业，105 家支行开业，另有银川、西宁、长治、吉林、宁德 5 家分行获批，正在积极筹建。广发银行新设立济南、乌鲁木齐和成都 3 家分行，福州分行已获准筹建；新开业 4 家二级分行（丹东、常州、绍兴和牡丹江）、1 家异地支行（湘潭支行）。

表 8　国有商业银行机构数目

银行名称	营业机构(个)		境内机构(个)		现金自助设备(台)	
	2012	2011	2012	2011	2012	2011
农业银行	23481	23468	23472	23461	76234	64775
工商银行	17508	16887	17125	16648	70202	59140
建设银行	14197	13652	14121	13581	56968	45645
中国银行	11134	NA	10521	10225	3.91 万	3 万
交通银行	NA	NA	956	891	8835	8427

表 9　部分股份制商业银行境内机构数目

银行名称	境内机构		银行名称	境内机构	
	2012	2011		2012	2011
招商银行	956	891	兴业银行	717	647
中信银行	885	773	民生银行	702	590
浦发银行	824	741	华夏银行	475	426
光大银行	774	NA	平安银行	450	395

相对于传统的线下渠道建设，新兴的线上渠道，包括网上银行、手机银行成为各商业银行的最新战场，尤其是股份制商业银行，线上成本较低的特点或成为这些银行的竞争优势。工商银行大力发展电子银行业务，截至2012年末，拥有电子银行客户3.15亿户，年交易额332.6万亿元，业务占比为75.1%，即每受理10笔业务，就有7笔以上是通过以互联网为主的电子渠道完成的，且每笔电子交易成本仅为柜面的1/7。网上银行交易额突破300万亿元，同比增长17.2%；手机银行客户总量超过7400万户，交易额增长近17倍。2012年，建设银行个人网银和手机银行客户数分别较上年增长41.07%和78.68%，电子银行与柜面交易量之比达到270.30%，同比提高63.58个百分点。民生银行个人网银客户累计480.58万户，年交易金额57343.05亿元，同比增长71.52%，网上银行柜面交易替代率为90.35%，并于2012年7月11日正式推出手机银行。招商银行海外电子银行服务范围进一步扩大，功能继续丰富。在澳大利亚、德国、法国、南非、印度尼西亚等9个国家推广个人网上银行全球账户管理服务，继续提升新加坡、马来西亚、日本的网上银行服务功能，网上银行服务已覆盖海外29个国家和地区。

（四）积极拓展海外业务

在金融危机和欧债危机的持续影响下，伴随着金融体系的深刻变化，2012年全球经济总体呈现宽幅震荡走势，银行业盈利能力和风险管理能力受到挑战。而在此经济大环境下，中国银行业却实现了逆市上扬，同时积极抓住时机通过海外并购增强自身实力（见表10）。大型国有商业银行在全球服务网络基本建成的基础上，持续完善境外机构网络布局，进一步丰富和完善综合化服务体系（见表11）。中型股份制商业银行开始扩展海外业务或处在积极筹备状态。小型银行还未提出明确的国际化战略。

中型股份制商业银行不甘其后，纷纷“出招”扩展海外业务领域与范围。交通银行制定的“两化一行”战略将国际化作为一项战略重点，持续完善跨境跨业经营平台。2012年，交通银行台北分行顺利开业。目前来看，交行的跨境业务仍处于起步阶段，境外银行机构资产规模占总资产规模的7.67%，同比提高0.47个百分点。值得一提的是，交通银行通过与汇丰银行的战略合作实现了资源共享，推进了国际化进程。

表 10　2012 年国有商业银行国际化实施进展

银行名称	国际化实施进展
工商银行	在美洲、欧洲，亚太继续推进国际化战略。收购美国东亚银行、阿根廷标准银行 80% 股权，成立巴西、华沙分行，顺利运作里斯本代表处，秘鲁、利雅得和科威特分行申请受批
建设银行	海外业务发展明确深化跟随、加快落地的经营策略，采取自设与并购并重的机构拓展方式。2012 年末海外机构总资产突破 80 亿美元；伦敦子行成功发行 10 亿元首只伦敦离岸人民币债券；墨尔本分行顺利开业，迪拜、俄罗斯子银行，多伦多、台北、旧金山、大阪和卢森堡等分行筹备工作提速。第一家海外二级分行墨尔本分行顺利开业，海外布局积极推进
农业银行	英国子行、纽约分行、首尔分行相继开业
中国银行	巩固和提升国际化多元化优势，海外机构资产增长 13.05%。深入推进全球公司金融一体化服务体系建设，构建全球公司客户服务平台，建立全球客户经理制。台北分行、斯德哥尔摩分行和波兰分行开业，扩大了机构网络；中国银行中东（迪拜）有限公司开业，是中行在中东地区设立的第一家经营性机构。此外，中行在肯尼亚和安哥拉分别新设立了代表处，在澳门、泰国、柬埔寨、澳大利亚、俄罗斯、法国、美国和加拿大增设多家二级机构。在阿曼、加纳、秘鲁、芬兰、土耳其、乌干达等国家开设 6 家中国业务柜台，服务网络进一步扩大

表 11　国有大型商业银行国际分支机构清单（截至 2012 年末）

银行名称	国际分支机构布局
工商银行	在 39 个国家和地区设立了 383 个境外分支机构，与 138 个国家和地区的 1630 个境外银行建立了代理行关系，形成覆盖亚、非、拉、欧、美、澳六大洲的全球服务网络
建设银行	海外机构覆盖全球 13 个国家和地区
农业银行	境外机构达到 12 家，初步构建了覆盖亚、欧、美、大洋洲的海外金融服务骨干网络，跨境服务能力明显增强
中国银行	海外机构已覆盖中国香港、澳门、台湾地区及 36 个国家，拥有海外机构 613 家
交通银行	境外银行机构总数达到 12 家，包括香港分行、纽约分行、东京分行、新加坡分行、首尔分行、法兰克福分行、澳门分行、胡志明市分行、悉尼分行、旧金山分行、台北分行和交通银行（英国）有限公司

三　风险管理

风险管理能力是银行的核心竞争力之一。评价风险管理能力，既要看风险管理的效果，又要看风险管理的做法。关于风险管理衡量效果中的信用风险和流动性风险水平，在财务竞争力评价中已作了分析。在此，我们将重点放在银行风险管理组织架构、风险管理技术以及其他风险的控制上。

（一）风险管理组织架构

随着对风险管理的重视，大多数商业银行基本建成银行风险管理的组织架构。

作为较早完善风险管理组织架构的银行之一，工商银行风险管理组织构架主要由董事会及其专门委员会、高级管理层及其专业委员会、风险管理部门和内部审计部门等构成，形成董事会层面、总行层面和分行层面相互支持的全面风险管理框架，且国别风险、声誉风险等实质性风险都已纳入该管理框架中。2012 年，工商银行积极完善全面风险管理体系，加强全面风险管理制度建设，进一步提升集团层面的风险管理能力。制订了风险管理三年规划，明确了建设具有一流风险管理水平的综合化、国际化商业银行的战略目标；制定了腕骨监管指标实施管理办法，确立了各项管理要求和工作机制；修订了风险评价、限额管理相关办法，确保全面风险管理制度的适应性和前瞻性，全面风险管理水平进一步提升。

中国建设银行是全面风险管理体系建设的推动者。中国建设银行是国内银行业中较早设立风险管理委员会的机构，也是最早梳理操作风险和启动梳理内控体系建设的银行。截至 2012 年，中国建设银行已经建立集中、垂直的风险管理组织架构，形成了以首席风险官—风险总监—风险主管—风险经理为条线的垂直风险管理体系。总行层面，首席风险官在行长的领导下，负责组织推进银行全面风险管理。风险管理部负责全面风险报告、风险政策制度建设、风险计量工具开发及监测分析等工作，并下设市场风险管理部和海外机构风险管理团队，分别负责金融市场业务和海外机构的风险管理。授信管理部负责授信业务审批和信用风险的监控。总行其他部门在各自职责范围内履行相应的风险管理职责。分行层面，一级分行设风险总监，对首席风险官负责并报告工作，负责组织分行的风险管理和信贷审批工作；二级分行设风险主管，支行设风险经理，负责所辖风险管理工作。风险条线实行双线报告，第一汇报路线为向上级风险管理负责人汇报，第二汇报路线为向所在机构或业务单元负责人汇报，提高了风险报告的及时性与有效性，增强了风险管理的独立性和专业性。子公司层面，中国建设银行大力推进建立全面风险管理框架体系，加强前瞻性风险管理和集团并表风险管理，强化内控内审体系，指导、督促子公司开展风险自查与排查工作，及时发现并改进内控缺陷及问题。

中国银行的风险管理组织架构由行董事会及其下属风险政策委员会，高级管理层下设的风险管理与内部控制委员会（辖管反洗钱工作委员会、证券投资管理委员会、资产处置委员会），风险管理总部，财务管理部等相关部门构成。董事会负责审定中国银行总体风险管理战略、风险偏好等，并监督高级管理层贯彻落实；高级管理层负责落实董事会确定的风险管理战略、风险偏好和政策，负责管理业务经营风险；集团风险管理职能部门负责各类风险的日常管理，牵头进行风险的识别、评估、监测报告及控制。中国银行通过垂直管理模式管理分行的风险状况，通过窗口管理模式管理业务部门的风险状况，通过附属机构董事会及其下属的风险政策委员会，传达银行风险管理要求并对附属机构的风险进行管理。

交通银行建立了较为完善的“风险管理大小中台”执行体系和双线报告机制。由董事会承担风险管理最终责任和最高决策职能，通过其下设的风险管理委员会掌握全行风险状况。高管层设立“1 +3 +2”风险管理委员会，根据董事会制订的风险管理规划和风险偏好，按照“横到边、纵到底、全覆盖”的要求，完善管理体系，优化工作机制，统一管理规范，评估工作有效性。信用风险、市场与流动性风险、操作风险与反洗钱三个专业风险管理委员会，以及贷款审查、风险资产审查两个业务审查委员会，各司其职。各级分支机构和子公司则参照总行简化设立委员会体系。全面风险管理委员会与其他委员会之间，以及总分机构委员会之间建立“领导与执行、指导与报告”机制，形成整体统一、有机协调的风险管理体系，确保全行风险管理要求的执行落实。

中小银行中，中信银行在 2012 年继续致力于建立全面、独立、垂直、专业的风险管理体系，在风险管理组织架构方面，总行原风险管理部分设为风险管理部和授信审批部，前者侧重对银行全面风险的统筹管理和对风险计量模型的统一开发，后者负责授信业务审批，同时负责加强对分行审贷工作质量的检查和督导。

兴业银行制定了业务运营与风险管理并重的发展战略，建立了以风险资产管理为核心的事前、事中、事后风险控制系统，健全了各项业务的风险管理制度和操作规程，完善了风险责任追究与处罚机制。兴业银行在2012年进一步明确了董事会、监事会、高级管理层、操作执行层在风险管理上的具体职责，形成了明确、清晰、有效的全面风险管理体系。在日常风险管理工作中，由业务部门、风险管理职能部门和内部审计部门组成职责明确的风险管理“三道防线”，各司其职，共同致力于风险管理目标的实现。其中，业务经营单位和条线管理部门为风险管理第一道防线，经营单位负责管理本业务单元所有业务和操作环节的风险，履行事前预防控制的重要职责；条线管理部门负责制定本条线风险管控措施，定期评估本条线风险管理情况，针对风险薄弱环节采取必要的纠正补救措施。各级风险管理职能部门为第二道防线，负责制定风险管理基本制度和政策，分析集团整体风险管理状况，加强对各部门和各级机构风险管理规范性和有效性的检查评估和监控，履行全面风险报告职责，持续改进风险管理模式和工具，提高风险管理的独立性。审计部门为第三道防线，负责开展全过程审计，对集团各业务环节进行独立、有重点、前瞻式的持续审计监督。

（二）风险管理措施与技术

风险管理的措施与技术主要体现在信用风险管理、市场风险管理和流动性风险管理方面。由于流动性风险管理的管理技术与市场风险管理技术联系较紧，故我们重点介绍信用风险和市场风险的管理技术。

1. 信用风险管理措施与技术

信用风险是指因债务人或交易对手违约或其信用评级、履约能力降低而造成损失的风险，也是大多数商业银行面临的主要风险。中国工商银行在董事会和高级管理层的领导下，实行独立、集中、垂直的信用风险管理模式，不断完善信贷流程，形成了信贷业务前、中、后台相分离的管理组织架构。结合宏观形势变化和产业结构调整趋势，及时调整和完善各项信贷政策，加大信贷结构调整力度，继续推动信贷制度建设，严格控制重点领域信用风险，规范信贷操作流程，完善贷后管理基本制度建设，创新非现场监测手段和措施，加强潜在风险贷款管理和不良贷款清收处置工作，持续完善信用风险管理系统功能和应用范围，全面强化信用风险管理。2012年，中国工商银行在信用风险方面进一步优化客户评级模型，完善了“模型统一、制度统一、系统统一”的集团法人客户评级体系，夯实信用风险内部评级的集团化管理；推进内部评级系统和模型的优化工作，不断完善内部评级业务验证体系；持续推进内部评级结果在授信审批、风险监控与预警、风险限额设定、经济资本计量以及绩效考核等各领域的应用。

2012 年，建设银行信用风险管理以严防系统性区域性风险、保持资产质量基本稳定为核心，加强对重点行业、区域和大额授信客户风险管控和预警提示，及时有效应对处置风险，持续推进信贷结构调整，信用风险管理水平进一步提升，资产质量保持基本稳定。具体而言，建行加强了对资产质量预警性指标的监测分析，对逾期贷款进行逐行提示、逐户督办、逐月通报，有效化解了潜在风险隐患；分层次、分类别地对重点区域进行现场诊断评估和非现场检查，对大额授信的潜在风险客户逐一进行风险诊断，对可能引发系统性风险的突出风险因素进行分析研判，制定可行有效的应对化解措施，实现主动管理和精准打击；结合各区域风险暴露的实际情况，采取提前回收、转让、重组、增强风险缓释等措施加快风险处置化解，应对处置效率显著提升；根据全行统一的风险偏好，制定 2012 年信贷政策，明确投放重点，实现主动信贷退出，并根据经济形势和市场变化，及时进行重检和调整；完善授权对包括理财业务、委托贷款在内的客户综合风险敞口的全面管控，加强对单一客户风险敞口的综合管控，规范分支机构的转授权管理。根据业务发展变化，及时调整分支机构和信贷业务审批授权权限；深化风险管理工具建设和运用，提升组合风险管理水平。建行的信用风险压力测试系统在全行上线，覆盖全行信贷资产组合，多项功能在业内处于领先水平，为经营管理决策提供有力支持。

中国银行密切跟进宏观经济金融形势和监管要求的变化，进一步完善信用风险管理政策，推进信贷结构优化调整，强化信贷资产质量管理，提升风险管理的主动性与前瞻性。2012 年，中行结合国家宏观调控措施和产业政策导向，制定中行行业授信指引，实施行业政策三年规划，全面推进行业政策体系建设。以“实事求是、前瞻管理、稳定质量”为要求，建立大客户风险管理责任制，形成包括贷后管理、风险分类、重大风险事项报送和定期风险排查在内的全面资产质量监控管理体系。按照公司金融、个人金融及海外信贷资产质量监控分类，制定具有针对性的信用风险管理政策，降低全行所面临的信用风险。加大不良资产清收处置力度，创新处置模式，提高处置效益，完善责任追究机制。此外，中行还注重全面提升风险管理专业化能力，建立客户评级、风险分类、授信审批、授信执行人员能力素质模型，自主开发培训课程，提升从业人员素质和岗位技能，加快专业序列队伍建设。

民生银行在风险管理委员会的统筹下，由风险管理部、授信评审部、资产监控部、法律合规部、资产保全部等专业部门充分协作，形成了以信贷政策、技术支持为平台，覆盖贷前调查、贷中审查、贷后管理、资产清收与资产保全的全流程，以及表内、表外业务全口径的信用风险管控机制。2012 年，民生银行信用风险内部评级体系建设与应用取得实质性进展，全面实现了“先评级、后授信”的要求；债项评级模型开发与制度体系建设工作已圆满完成并上线投入使用；涵盖小微业务、信用卡业务、传统零售业务等的全生命周期评分模型与分池体系建设完成，IT 开发平台上线正有条不紊地推进，以上风险计量工具的建设与应用大大提升了民生银行的信用风险管理水平。

中信银行非常注重对信用风险的管理。2012 年，对于公司贷款风险管理，面对宏观经济下行、局部区域信用风险加速积聚的压力，中信银行强化对重点领域的风险管理，逐步压缩或退出部分高风险行业。就小企业信用风险管理而言，中信银行小企业金融专营机构全面落实“嵌入式”审批体制，同时坚持“审贷分离”原则。而对于零售信用风险管理，中信银行根据宏观经济形势和监管要求变化，相应调整零售信贷政策，强化零售信贷风险控制，通过向前台业务部门派驻专职零售信贷审批人员方式建立“嵌入式”审批体制。中信银行还建立了 CCWA 个贷培训和人员资质认证体系，专业客户经理队伍建设得到加强。对于信用卡业务和资金业务，中信银行也制定了具有针对性的信用风险管理办法。2012 年 4 月，中信银行被《亚洲银行家》授予“零售金融服务卓越大奖——中国最佳信用风险管理银行”。

2. 市场风险管理措施与技术

市场风险是指因市场价格（利率、汇率、股票价格和商品价格）的不利变动而使银行表内和表外业务发生损失的风险。银行面临的市场风险主要包括利率风险和汇率风险。2012 年，中国利率市场化改革不断深化与提速，新的金融市场价格形成和传导机制逐步建立，市场利率波动进一步加大；中国人民银行进一步完善人民币汇率形成机制，人民币实现小幅升值，双向浮动特征明显，汇率弹性明显增强，市场风险管理能力对银行的影响越来越大。大体来说，全国性商业银行对市场风险更加重视，市场风险管理的技术和手段更加先进，正在使用或尝试使用国际先进银行正在使用的风险计量技术，如敏感性分析、久期、凸性、压力测试，风险敞口限额管理、内部资金转移价格，同时一些风险管理水平较高的银行开始建立利率管理系统。

2012 年，工商银行不断完善基于内部模型法的市场风险管理制度体系，优化市场风险计量模型和数据管理，推进全球市场风险管理系统（GMRM）的海外延伸，积极开展市场风险内部模型法验证工作，推广内部模型法在限额管理、压力测试、资本计量以及风险报告等领域的应用。

农业银行在 2012 年不断完善市场风险管理制度体系，制定了年度资金交易投资业务和市场风险管理政策、资金交易和投资业务估值管理办法、金融资产减值测试管理办法等多项制度和办法，修订了限额管理、账户划分、市场风险监测报告、理财业务风险分类等制度。另外，农行上线了市场风险标准法系统。而且推进了市场风险内部模型法的体系建设，建立内部模型法的方法论体系，引进先进风险计量引擎，并逐步将内部模型法计量结果应用到日常管理中。

2012 年，中国银行继续推进集团市场风险内部模型法 IT 实施系统（IMA）升级工作，支持金融市场新业务的发展并实现《商业银行资本管理办法（试行）》的最新并表要求；完成两年一次的内部模型定期全面验证工作，保证市场风险内部模型法计量的准确性。

招商银行通过历史模拟法计算交易账户的风险价值（VaR），来监控交易性业务的市场风险。对于非交易性业务，则采用缺口分析法、情景分析法，通过计算未来某些特定区间内资产和负债的差异，来预测未来现金流情况，监控其市场风险，并通过定期的压力测试作为上述计量指标的补充。2012 年，招商银行在已有基础上不断优化政策体系并持续改进市场风险计量监控的方法和流程。该年第四季度成立了总行直属的市场风险管理部，在市场风险治理构架完善方面取得了显著进展。

华夏银行2012年制定了市场风险管控的四项政策措施，主要从以下几个方面开展市场风险管理工作：一是按照银行经营发展思路和目标，制定并落实市场风险管理策略，完善限额管理体系，发挥限额管理对业务发展的支持和保障作用。二是加强利率走势分析预判，落实利率风险管控措施，完善人民币业务定价及成本收益管理，加强外币存款利率管理，协同应对利率市场化。三是加强宏观经济政策和市场信息跟踪提示，监测主要国家和地区的重要经济指标及央行货币政策变动，严格执行每日盯市管理，及时化解价格剧烈波动带来的损失，提高服务发展能力。四是根据外部监管要求和内部管理需要，加强市场风险管理机制与手段建设，严格市场风险的内控管理，提高市场风险计量技术，完善市场风险报告体系和会议机制，增强风险管控和合规运行能力。

（三）宏观环境变化考验银行风险管理能力

2012年中国人民银行全年两次下调存款类金融机构人民币存款准备金率及金融机构人民币存贷款基准利率，将存款利率浮动区间上限调整为基准利率1.1倍，将贷款利率浮动区间下限调整为基准利率0.7倍。同时，中国人民银行进一步完善了人民币汇率形成机制，扩大了汇率波动幅度。这给银行经营行为、银行业竞争环境和金融业结构带来了深远影响，中国银行业在流动性风险、利率风险和汇率风险管理方面承受了巨大压力。

从流动性风险来看，2012年，中国人民银行两次下调法定存款准备金率共计1个百分点，并持续通过逆回购交易向市场注入流动性，银行间市场资金紧张状况逐步缓解。但是由于法定存款准备金率仍处于较高水平，在一定程度上抑制了银行派生存款的作用，存款业务的竞争加剧。对于一些商业银行特别是中小银行来说，流动性压力开始显现。

从汇率风险来看，2012年，人民币汇率形成机制改革继续推动，人民币汇率双向浮动特征明显，汇率弹性明显增强。2012年末，人民币兑美元汇率中间价为1美元兑6.2855元，同比升值0.3%，2005年汇改以来累计升值31.7%；国家外汇储备余额3.31万亿美元，增长4.1%。人民币单边升值压力加大，人民币汇率弹性进一步增强，汇率风险进一步增加。由于人民币汇率衍生产品市场不完善，汇率风险无法有效对冲，人民币加速升值将扩大银行业金融机构的汇兑损失，对外汇敞口较大和国际化程度较高的银行影响尤其显著。外汇敞口扩大是中国银行业的普遍现象。在交易性风险方面，建设银行对黄金汇率风险敞口的计量方法进行了优化，对美元汇率风险敞口的计量进行了改造。在非交易性风险方面，为全面纳入海外分行管理数据，启动了资产负债管理系统的优化工作。由此，截至 2012 年末，建行汇率风险净敞口为负 2.33 亿元，同比减少 197.42 亿元，建行汇率风险担险水平进一步降低。

（四）复杂的宏观经济形势对风险管理能力的挑战

一是从全球经济形势来看，2012 年，受欧债危机及新兴经济体增长减速等因素影响，全球经济复苏乏力，全年增速同比下滑约 0.7 个百分点。而受世界经济复苏曲折缓慢、欧债危机前景不明、主要经济体量化宽松措施频出及国际地缘政治冲突等因素的交替影响，国际金融市场波动较大。全球股市波动性显著扩大，主要国际货币间汇率宽幅震荡，欧洲多国的国债收益率处于高位，外汇市场波动较大，美元维持升势，欧元低位盘整，日元则维持升值。这不仅影响到中国银行业的海外投资和头寸的收益，加剧商业银行的汇率风险，而且国外一些金融机构的倒闭可能会影响银行间的往来，加剧银行海外代理行风险或交易对手的信用风险。

二是从国内经济形势来看，受全球金融危机和欧洲债务危机余威导致的外部需求减少，以及我国本身进行经济增长结构转型的影响，2012 年我国经济增长进一步放缓，这将会影响低端出口制造企业、小型房地产企业及“两高一剩”企业，导致商业银行的不良资产出现反弹，资产质量有所下滑。商业银行应当对信贷风险尤其是房地产行业的风险有足够的认识和充分的准备。

三是金融监管改革推进。2012 年 5 月，中国银监会出台《关于鼓励和引导民间资本进入银行业的实施意见》，传达放松限制、鼓励民间资本进入的积极信号，有利于推动金融行业的市场化改革和构建符合市场经济规律的健康有序的金融体系，也给我国现有商业银行保持、扩大市场份额带来新的挑战。

2012年6月，中国银监会发布《商业银行资本管理办法（试行）》，并于2013年1月1日起实施，要求商业银行在2018年底前全面达到监管要求，标志着中国版巴塞尔协议Ⅲ正式落地。作为更为严密与全面的量化监管规则，《商业银行资本管理办法（试行）》的实施将对中国银行业带来深远影响，有望通过资本压力约束商业银行粗放式扩张，倒逼银行业转型，引导其集约经营、科学发展。同时，这也对我国商业银行进一步提升资本和流动性管理水平提出了新的挑战。

四 人力资源管理

人才是企业未来竞争的实力保证和活力来源，在企业的经营发展中起着至关重要的作用。人力资源管理帮助企业提供人员使用效率，降低相关成本，确保银行在具备持续发展的动力。

2012年各家商业银行在施行人力资源战略时更加关注人员的结构和未来支持其业务发展的专业技能和发展潜力。并通过开展培训课程、实施激励措施来有意培养和激励人才。通过分析可以得出，各家商业银行的人员结构趋向高知化，研究能力不断增强。

（一）人力资源概况

1. 员工数量与结构

商业银行的员工数量取决于银行业务的发展状况，尤其是网点分布状况。国有四大行不但资产规模大，网点分布广泛，在人员基础上也居于领先地位。股份制商业银行与之相比仍存在差距，但是近年来保持了高速发展态势。2012年，农业银行以461100名员工继续高居榜首，工商银行紧随其后；而浙商、恒丰等小银行规模较小（见图6）。

管理人员比例反映了每个管理者管理的员工数量及控制幅度。传统理论认为，管理者应能有效管理7~8个人，随着员工主动性和经营管理效率的提高，这一数字略微提高。在取得有效数据的银行中，浦发银行的管理效率最高，华夏银行的管理效率最低（见图7）。

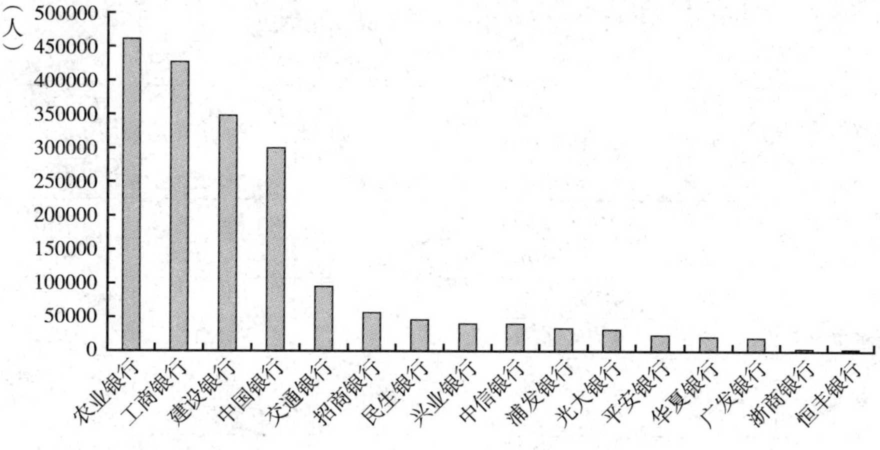

图 6　2012 年银行员工数量

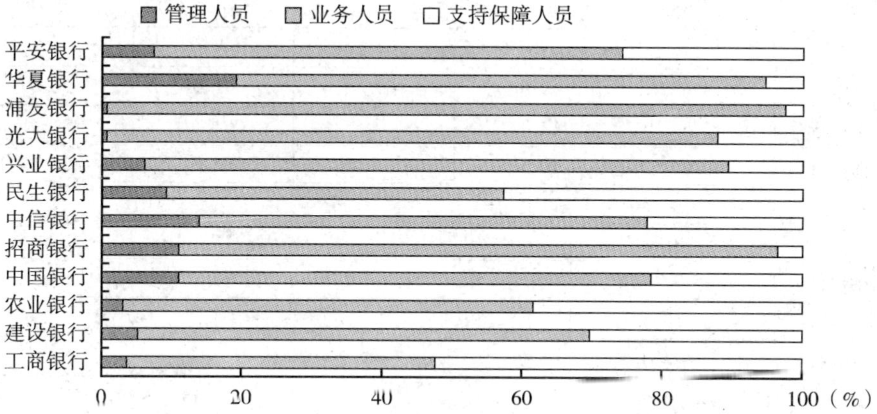

图 7　2012 年银行员工构成

在银行员工的基本情况中，员工的学历结构及其高低水平能够反映员工的素质情况（见表 12）。总体来说，随着员工的学历水平的提高，一定程度上反映了员工整体素质的提高。银行的学历结构日益倾向于高知化，高学历员工所占比例逐步上升。银行业由于其稳定的工作环境，相对丰厚的待遇，对高效毕业生有较强的吸引力，因而银行的就业门槛也随之增高。目前，银行吸收员工的门槛已提高至本科及以上学历，要求研究生以上学历成为未来招聘的趋势。

表 12　2012 年银行人员构成（按学历）

单位：%

银行名称	研究生及以上		本　科		专科及以下
	2012 年	2011 年	2012 年	2011 年	2012 年
工商银行	3.8	3.2	43.8	41.5	52.4
建设银行	5.05	3.81	48.18	44.79	46.77
农业银行	3.6	2.9	35	31.4	61.4
中国银行	6.93	2.7	57.69	39.3	27.35
交通银行	6.92	5.96	61.54	57.23	31.54
招商银行	11.2	NA	66.9	97.68（大专以上）	21.9
中信银行	11	12.57	81	61.72	8
兴业银行	7.78	7.06	74.32	73.01	18.76
光大银行	10	NA	64	71.43（本科及以上）	26
广发银行	11.1	NA	64.1	NA	24.8
浦发银行	9.65	11.8	69.46	67.05	20.89
恒丰银行	17.54	13.4	50.55	64.7	31.91
浙商银行	12.85	10.1	66.46	59.4	20.70

银行名称	专科及以上		专科以下	
	2012	2011	2012	2011
民生银行	92	92	8	8
华夏银行	98.53	98.81	1.47	1.19
平安银行	74.8	NA	25.2	NA

2012 年各家商业银行的员工结构中研究生及以上学历员工占比增加，高学历成为趋势。而股份制商业银行的学历水平整体较高，其中中信银行的整体水平最高，本科及以上员工占总员工的 92%。恒丰银行研究生及以上学历员工比例最高，达到 17.54%。

2. 员工费用

员工费用占营业收入比例反映了一家银行的薪酬福利水平。中信银行在所有银行中这一比例最高，达到 45%，说明员工薪酬福利水平过高，不存在经济性。相比而言，恒丰银行员工费用所占比例较低，未来仍有进一步增加员工薪酬福利的空间。

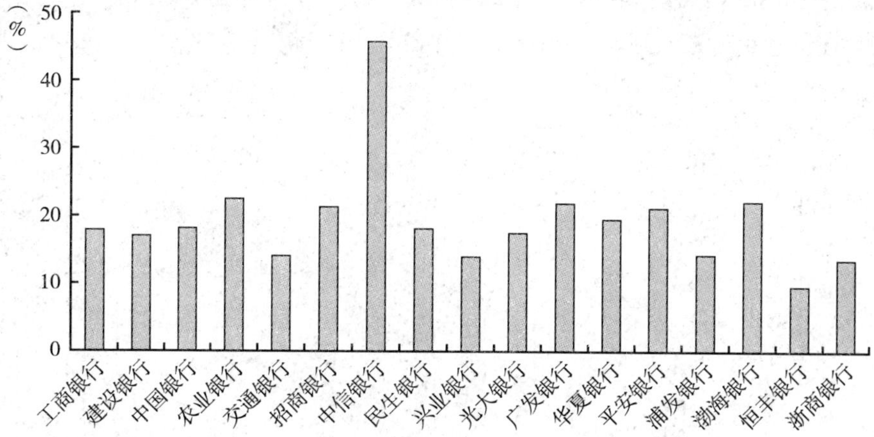

图 8　2012 年银行员工费用占营业收入比例

员工费用占营业支出比例反映了在营业支出中人力成本的比重，侧面反映了人力资源使用效率的高低。2012 年，各家商业银行中员工费用占比最低的是建设银行，最高的是工商银行，其他各家商业银行在 40% 到 60% 之间（见图 9）。

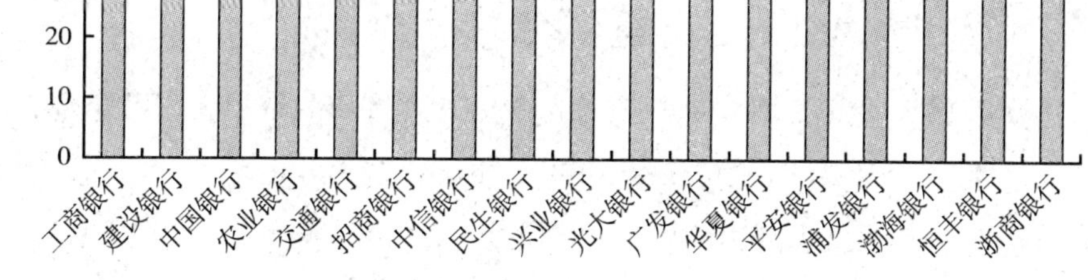

图 9　2012 年银行员工费用占营业支出比例

3. 员工技能

人均营业收入是衡量员工生产率的基本指标。从 2012 年的数据来看，银行规模越小，这一指标普遍越出色，其中恒丰银行表现最好，而国有大型商业银行人均营业收入较低，最低的是农业银行，低于每人100万元。与国际银行均值（超过每人300万元）相比，我国商业银行仍普遍存在巨大差距（见图10）。

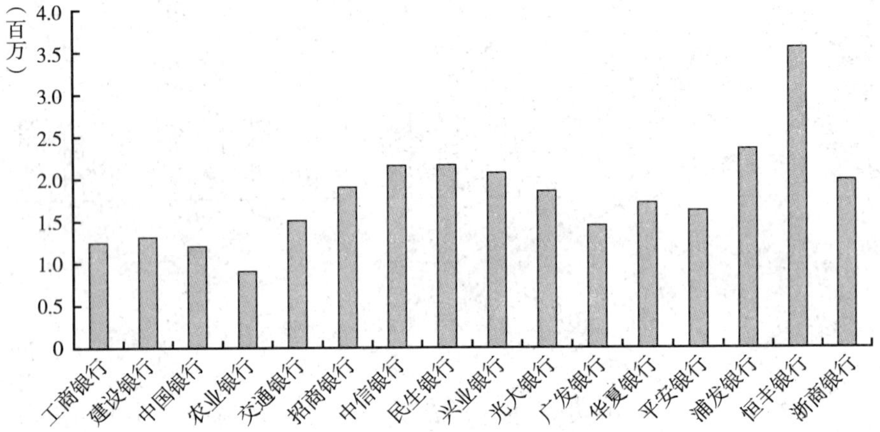

图10　2012年银行人均营业收入

此外，很多银行业务日渐专业化，已培养出一批高尖端金融专业人才。例如，工商银行拥有本行小企业信贷业务从业资格的员工达3.5万人。农业银行拥有14000余名国内金融理财师（AFP）、1900余名国际金融理财师（CFP）以及600余名理财管理师（EFP），数量居同业前列。

（二）员工培训

未来的竞争是人才的竞争，加大人才培养力度成为取得未来竞争优势的关键。近年来，我国银行业的发展与进步得益于重视人才的培养。目前，各家商业银行都在不同程度上加大对员工培训的投入力度，充分意识到培训在其人才建设和银行改革中所发挥的巨大作用。无论是员工培训的次数、力度、投入费用还是培训覆盖的范围都有很大提高，形成了完整的培训思路和体系。

1. 大型商业银行的培训

大型银行在培训体制上更加完整，由于规模庞大，其培训复杂程度也相对较高。在2012年，它们在培训上的成绩有目共睹，其中农业银行的分层人才培养体系和招聘体系最有特色，建立了相应的培训品牌。

农业银行加快人才发展“多通道”建设，高层次专业人才选聘成功试点并在全行启动。健全绩效管理体系，完善考核指标，强化考核结果运用，正向激励作用进一步凸显。完成新型人力资源信息化系统（e－HR）首期开发建设，并在全行推广上线。以信息科技人才、国际化人才、县域员工队伍和管理培训生为重点，全面推进人才队伍建设，将本行人员优势转化为人才优势。推行成本约束的用工管理政策，提高人力资源使用效能。利用校园招聘、社会招聘、大学生“村官”招聘、合同制柜员招聘等多种方式引进人才，充实经营一线和基层网点，缓解人员结构性紧缺的矛盾。实施中年员工职业续航力提升计划，充分开发中年员工潜能。启动县域青年英才开发计划，支持县域业务发展。做好外派人员的选拔培养，为境外机构快速发展提供人才支持。构建按需培训体系，加快推进“农银大学”建设，基于岗位需求实施分层分类培训。全年共举办各类培训班 38355 期，培训员工 223 万人次，组织 11 万余人参加岗位资格考试。管理人员领导力执行力、专业人员业务素质、技能人员操作水平在培训中得到明显提升，“农行大讲堂”、中年员工示范培训、大学生“村官”培训等特色培训项目形成品牌。实施“e 学 e 训”在线学习项目，网络学院累计访问量突破 1000 万人次。以培训学院、香港培训中心、网络学院为主体，以建设“农银大学”为目标，打造内部学习培训载体和平台。

建设银行不断加大培训资源投入，大规模开展员工培训。既注重全面，坚持全员培训、整体推进，又突出重点、分类分级，对管理人员进行领导能力提升培训、对专业人员进行专业资格认证培训、对一线员工进行持证上岗培训。2012 年，共举办境内外各类培训 43220 期，培训 230.2 万人次。

中国银行在人才培养开发和队伍建设方面，进一步完善分层分类的“阶梯式”课程体系，加强各层级经营管理人才的培养开发，加强重点专业人才队伍建设，实施国际金融管理人才培养“金领项目”、海外业务骨干“英才项目”及多元化人才培养“拓展项目”等重点人才培养项目。全年共举办各类培训班 58844 期，培训员工 2167487 人次。

交通银行已建立具有自身特色的教育培训管理体系，突出抓好培训质量，开展分层分类的员工教育培训，促进员工职业生涯发展。2012 年，公司根据战略转型的目标任务，紧紧围绕“两化一行”发展战略和“二次改革”要求，突出抓好高管人员、专业紧缺人才和客户经理培训，统筹推进各类干部员工培训，创新培训体制机制，开发整合各类培训资源，大力提升教育培训工作科学化水平，为全行创新驱动和转型发展提供了有力的智力支持和人才保证。

2. 其他全国性商业银行的培训情况

中小型股份制商业银行同样重视人才培养与发展，将培训课程与本公司战略相结合，有针对性地打造公司核心竞争力，取得了明显效果。以民生银行和招商银行为例来进行说明。

民生银行高度重视员工培训工作，通过构建“战略发展”与“人才发展”双线培训体系实现：统一战略转型思想、传递变革工具和方法，强化培训与个人职业发展的关系，提升团队能力、融合团队思想。“战略发展线”核心目标在于通过发展组织能力支持战略转型，通过培训解决战略执行与业务发展中的专题问题。“人才发展线”核心目标在于强化培训与个人职业发展的关系，提升管理人员领导力，培养专业化、专门化及技术序列人才队伍。通过培训加快提高员工的素质和能力，提升人力资本价值，有力地支持全行的业务发展。2012 年公司共举办各类培训 208525 人次，面授培训时间 192 万个小时，网络培训 96 万个小时。

招商银行根据发展战略和教育培训发展规划，制订年度培训计划，据此开展各项培训工作，为本公司人才的培训、培养提供保证，为员工专业能力提升、职业成长提供支持。2012 年，公司组织开展金鹰计划、领航计划、乐学计划等重点培训项目，认真抓好知识管理、教材开发、兼职教师队伍培养和博士后工作站建设，共举办一级培训 200 余期，培训员工约 30 万人次。

（三）激励措施

科学合理的激励机制是激发职员的热情和潜质的有效手段。首先，要给员工提供多种发展通道，在专业和管理条线设置员工职业发展路径，为员工理清发展思路；其次，明确公司内部岗位说明书和胜任力模型，完善薪酬评估机制，为员工配备与其岗位和绩效相符的薪酬；同时，设置以企业战略目标为导向的绩效考核体系，合理衡量员工能力和工作量，将员工的绩效目标与企业的绩效目标紧密结合。

1. 高管薪酬激励机制

银行关键管理人员的薪酬福利主要分为两部分，一是薪酬及其他短期职工福利；二是职工退休福利。近年来，银行引入跨国公司现金经验，给予高层管理人员适当的股权等长期激励。

除部分商业银行未公布高管的薪酬外，已得到的数据（未作增补）显示，共有 5 家银行在年报中披露高管薪酬支出增加，其中增加最多的是兴业银行，增长幅度为 40. 63%。值得注意的是，民生银行高管薪酬总额远远高于其他各行，达到 1. 32 亿元。大型商业银行的高管薪酬总额集中在 1500 万元到 3000 万元之间。共有 6 家银行在 2012 年度削减了高管薪酬，其中中信银行削减幅度最大，达到 43. 35%，工商银行、渤海银行紧随其后。

值得注意的是，由于该指标——关键管理人员的 2012 年最终薪酬仍在确认过程中，通常将会在下一个会计年度发布公告披露。表 13 中 2011 年税前合计薪酬不包括年度最终薪酬清算金额，而公布的 2011 年数据则为已经最终确认的全部年度薪酬数额。

表 13　银行关键管理人员薪金福利及变动情况

单位：万元，%

银行名称	2012 年总额	2011 年总额	2012 年增长幅度
工商银行	1665	2642	-36. 98
中国银行	NA	1800	NA
建设银行	2535	2547	-0. 47
农业银行	1075	896	19. 98
交通银行	NA	1000	NA
中信银行	2680	4731	-43. 35
兴业银行	4500	3200	40. 63
光大银行	NA	1278	NA
招商银行	NA	4576	NA
华夏银行	2579	2790	-7. 56
平安银行	7876	5677	38. 74
民生银行	13200	12200	8. 20
广发银行	2600	2500	4. 00
浙商银行	2836	3056	-7. 20
渤海银行	1481	2134	-30. 60

2. 员工薪酬福利机制

现在各行都非常重视员工薪酬福利机制的设计，员工费用只是其中一个基本部分，除此之外银行还是采用多种激励机制。

工商银行以落实人才兴行战略为引领，推进了人力资源管理理念、制度和实践创新，加快了从人员大行向人才强行的转变。以“满意在工行”为主题，多措并举提升服务质量和效率。积极推动集团薪酬管理体系建设，加强国际化人才培养储备。公司的薪酬管理坚持与公司治理要求相统一、与银行竞争力及可持续发展相兼顾、与经营业绩相适应、长短期激励相协调的原则，兼顾薪酬的内部公平性与外部竞争力，同时要求有利于公司战略目标的实施并支持不同阶段业务发展需求，实现对人才尤其是关键人才的吸引和保留。

建设银行旨在构建集约化、规范化、科学化的全面薪酬体系，发挥薪酬管理对全行战略发展的重要支持功能。依据公司章程，公司涉及员工薪酬管理的重要分配制度或重大事项须提请董事会提名与薪酬委员会审定。涉及薪酬分配的重大议案还须经股东大会表决通过，或报国家主管部门履行批准备案程序。根据国家相关政策，银行董事、监事及高级管理人员年度薪酬标准须国家主管部门审核批准，并实行绩效奖金延期支付。秉持内部公平性与外部竞争性相平衡、岗位责任与风险贡献相对称原则，薪酬分配向创造价值、前台一线岗位及基层员工倾斜，着力提升员工薪酬满意度，更好地体现他们在本行的价值。对员工绩效奖金的分配，重点激励符合本行风险框架体系与长期财务指标的行为，力求薪酬如实反映业绩。此外，建行还制定了相关办法对因违规失职行为受到纪律处分或其他处理的员工薪酬进行扣减。

农业银行不断创新和完善薪酬福利管理政策与机制，建立了全行统一的岗位薪酬体系。严格执行国家相关法律法规，积极实施基本养老保险、基本医疗保险、失业保险、工伤保险、生育保险和住房公积金制度，维护员工的合法权益。同时，持续推进企业年金方案落地工作。另外，还建立全行范围的补充医疗保险制度。

中国银行在人力资源配置及管理机制建设方面，持续优化人员结构，坚持基层实践导向，加强基层网点和业务一线人员配置，促进人才在集团内合理流动；坚持以效益为中心，完善集团一体化绩效管理体系，优化“工效挂钩”人事费用配置机制，加大激励约束力度，促进集团经营目标的实现；坚持实施“以岗定薪，按绩取酬”员工薪酬管理机制，在岗位分类、评估和绩效管理的基础上，根据岗位职责、员工胜任能力和绩效表现合理支付员工薪酬。

光大银行根据市场竞争的需要，公司建立了“效率优先、兼顾公平”的全行统一的薪酬体系，员工的薪酬由基本保障工资、岗级工资、绩效工资和福利四部分组成。在兼顾公平的基础上，为了突出业绩导向，公司薪酬充分向一线员工和业务人员倾斜。

华夏银行紧紧围绕全行发展战略和工作任务，不断加强薪酬管理，调整优化薪酬结构，完善绩效考核政策，加强资本成本考核，提高资源使用效率，规范和完善奖金留存制度，加强风险管控，增强薪酬激励和约束作用。

民生银行 2012 年度薪酬政策的主导思想是：紧密围绕全行战略转型要求和经营管理核心要务，充分发挥薪酬资源对提升战略绩效要求、强化资本约束、优化业务结构、提高银行核心竞争力的导向作用，强化投入产出与价值经营理念。同时，进一步完善员工福利保障，探索和创新福利管理机制，打造全方位、多层次、即期与长期相结合的综合福利保障体系，充分发挥福利政策的保障和激励作用。

招商银行的薪酬政策以促进企业战略导向、提高组织单元绩效、约束经营管理风险为目标，与企业的经营目标、文化理念、价值观相一致，坚持“为岗位价值付薪、为业绩表现付薪”的付薪原则，将薪酬分配与企业效益和个人业绩相关联，同时在分配中充分体现风险约束。公司通过董事会、总行、分支机构三个层级进行薪酬管理：董事会对公司薪酬总额及高管薪酬进行管理；总行按照董事会的要求对各机构的薪酬总额进行分配和原则管理；各机构按照总行要求对员工的工资进行管理。

（四）研发能力

传统企业理论关注人才数量和人才结构，忽略了人才质量，尤其是研究能力。但是随着银行竞争的加剧，新产品和新服务日益成为银行竞争的武器，各家商业银行将研究能力提到了人才战略高度。国际一流大银行都将高素质人才配置在银行的研究或调查部门，如果银行对宏观经济、产业发展、企业竞争力的研究比较多，就可以使银行减少因经济周期性变化或者产业调整带来的风险，从而确保银行经营的平稳性和贷款的安全性。在我国，银行业的研究实力普遍比证券业低，主要的原因是投入的人才和资金相对其他行业较少。

大体来讲，近年来各家银行的研究能力有了不同程度的提高，其中大型银行对研究能力更加看重，投入经费也较多，取得的成果也较多。特别是交行、工行和中行，在市场上有较大的影响力。而股份制商业银行虽然也增加了一定的投入，但许多银行还停留在被动状态。相对而言，是其对研究工作重视不够或条件有限无法大规模投入。

五　信息科技

在金融全球化趋势不断扩展和深化的今天，中国银行业面临的内部和外部竞争也更加激烈。作为商业银行核心竞争力的重要支撑力量，信息技术对银行各方面建设的影响日益凸显。第一，各家银行新系统和平台的开发与应用离不开信息技术；第二，信息技术水平的高低直接影响银行产品与服务创新的能力；第三，信息技术的应用可以使银行风险管理方法更加科学化。2012 年各家商业银行高度重视信息技术建设，投入巨额经费并配备更多的专业研发人员，并在各方面取得了瞩目的成绩。

（一）IT 系统建设情况

目前我国几乎所有全国性商业银行都将信息技术部门作为最核心的部门之一，各行在信息技术相关领域的经费投入已经占到银行运营成本的 20% 以上，银行信息技术部门也在积极提升自身的信息技术服务能力以不断满足银行业务发展的需要。中国银行业以业务战略转型为契机，其信息技术建设也在扎实推进，力图尽快实现集业务创新与扩展、渠道开发与整合、决策分析与风险控制，以及行内大数据交流与共享于一体的综合信息平台系统。除此之外，不少银行的信息技术部门正积极制定本行的信息技术发展战略，力图为银行未来几年的信息技术发展指明方向。

1. 银行科技发展奖获奖情况

近年来，为适应中国银行业改革和发展的需要，各银行机构普遍加强了信息科学技术的应用和创新，优秀科技创新成果不断涌现，申报银行科技发展奖的单位和项目数量逐年上升。2012 年申报项目集中体现了各单位在集成创新、引进吸收再创新、架构优化整合及流程再造方面取得的突出成果。获奖项目所涉及的业务领域更为广阔，涉及银行业务运营集中及流程再造、产品创新支持、数据仓库及数据管控体系、风险管控及业务连续性、政策导向下的三农/惠民工程及中小企业服务创新、电子商务、供应链金融、移动互联/物联网/云计算新技术应用等领域。这显示出近年来我国银行业在信息化建设和应用方面取得了新的突破，创新性和引领性明显增强。

2012 年 12 月中旬，中国人民银行公布 2012 年度银行科技发展奖获奖项目。2012 年评奖评审工作经材料初审、专家独立评分、各评审专业小组初评、评审委员会审议、评审领导小组评定、公示等流程，在人民银行、政策性银行、商业银行、中国银联、中国印钞造币总公司等单位申报的项目中，最终确定 137 个项目获奖。

信息技术建设需要雄厚的资金支持和专业人才储备，大型银行在资金、技术和人才等方面都具有十分明显的优势，因此所获奖项相对更多。全国性商业银行中入榜获奖的有 15 家银行，比 2011 年增加了 3 家。5 家大型银行均获得了 6 项以上的奖项，其中：中国银行合计 14 项奖项蝉联榜首，但没有获得一等奖；工商银行、农业银行和建设银行均获得 9 项奖项，分列第 2 位、3 位、4 位，且工商银行和农业银行分别获得 2 项和 1 项一等奖，成为 15 家商业银行中获得一等奖的两家银行；交通银行表现稍逊于去年，合计获奖 6 项，总排名第 7 位。另有 10 家股份制商业银行上榜，其中光大银行和招商银行表现抢眼，光大银行以合计 8 项奖项排名第 5 位，而招商银行第一次上榜就以合计 6 项奖项排名第六，两家银行排名均超过交通银行，只落后于传统四大行，且它们都获得了 3 项二等奖，与其他股份制商业银行相比成绩突出。与 2011 年相比，新上榜银行有 3 家，分别是招商银行、广发银行、浙商银行。各商业银行获得银行科技发展奖项情况如表 14 所示。

表 14　2012 年全国性商业银行获得银行科技发展奖情况

单位：项

序号	银行	特等奖项数	一等奖项数	二等奖项数	三等奖项数	合计
1	中国银行	0	0	7	7	14
2	工商银行	0	2	7	0	9
3	农业银行	0	1	4	4	9
4	建设银行	0	0	5	4	9
5	光大银行	0	0	3	5	8
6	招商银行	0	0	3	3	6
7	交通银行	0	0	1	5	6
8	中信银行	0	0	0	5	5
9	浦发银行	0	0	0	4	4
10	华夏银行	0	0	2	1	3
11	兴业银行	0	0	1	1	2
12	民生银行	0	0	1	0	1
13	平安银行	0	0	1	0	1
14	浙商银行	0	0	1	0	1
15	广发银行	0	0	0	1	1

资料来源：http：//www. pbc. gov. cn/publish/main/527/2012/20121213105823583905727/20121213105823583905727_ html。

2. 大型商业银行的 IT 系统建设

大型银行在资金、技术和人才等方面实力雄厚，因此，大型银行在 IT 系统建设方面投入了大量资源。2012 年，几家大型银行都将大力推进本行的新一代核心系统建设作为重中之重。

工行银行持续推进“科技引领”战略，坚持自主研发原则持续推进应用创新，在客户服务、经营管理、风险管理等领域推出多个基础服务平台和产品。优化完善供应链金融、住房公积金、资金存管、现金管理等对公业务平台功能。发挥科技创新和设备整合优势，大力推广网点排队引导、业务预填预约等系统功能建设，提升客户服务效率和质量。持续完善并全面推广基于价值会计的管理（MOVA）平台，积极推进金融资产服务相关系统建设。投产新版网讯系统、手机移动办公系统和统一通信平台。按照新资本协议实施要求，全面构建覆盖全集团风险管理和资本管理的技术体系，金融市场交易事前风险控制体系建设取得突破性成果。加大对境外机构科技支持力度，成立科技服务中心（香港）。境外机构业务综合处理系统（FOVA）覆盖 36 家境外机构。全面开展综合化领域应用系统规划与研发，为提升其综合竞争力提供重要平台。2012 年，工行获得国家知识产权局专利授权 61 项，拥有专利数量达 224 项。

建设银行重点推进“新一代核心系统”建设，并优化现有系统以满足业务发展要求。“新一代核心系统”建设是对建行当前应用系统的一次全面重构，2012 年建行完成了覆盖六大业务价值链的能力需求实现方案编制，完成由流程模型、数据模型、产品模型、用户体验模型构成的企业级建模主体工作，编制了一期项目应用及应用组件开发需求。采用业界先进的面向服务架构体系（SOA），搭建起覆盖七层应用架构的 12 个应用平台，“新一代核心系统”即基于这 12 个平台进行开发。从 2012 年 10 月开始，“新一代核心系统”建设进入实施阶段，启动了企业现金管理、家庭现金管理、金融市场、托管、代收代付、非现场审计等 13 个项目。

中国银行在信息科技蓝图项目成功实现境内投产的基础上，持续优化新核心银行系统——“中国银行核心银行系统”的功能。以提升客户体验为核心目标，重点提升现有信息系统的功能完整性、操作便利性、处理时效性和风险控制有效性。优化信息科技基础架构和生产运维体系，提升信息系统安全运行水平和全球服务能力。

农业银行继续推进新一代核心银行系统（BoEing）建设，并努力将其打造成为支持该行未来 10 年发展的基础技术平台和业务平台。2012 年农行完成了 BoEing 系统一期的投产工作，基础技术平台、公共基础应用和基金、国债、私人银行等业务产品在全行范围一次性切换上线，配套外围系统的改造也相应完成。

交通银行继 2006 年完成数据大集中工程后，自 2010 年启动以建设新一代业务系统为目标的“531”工程。交行希望加快打造集团一体化的业务系统和信息系统，使之成为业务发展的支撑、风险控制的基础、创新转型的平台。目前工程已在澳门分行、台北分行及离岸业务系统投产上线，境内业务需求整合工作进展顺利，为今后打造以客户为中心、境内外一体化、管理信息集中的集团信息系统架构奠定了良好的基础。

3. 其他全国性商业银行的 IT 系统建设

其他全国性商业银行银行虽然在科技投入和人才储备方面与大型银行有较大差距，但由于这类银行规模小、起点高，所以其信息技术系统建设的成绩也不乏亮点，特别是它们利用新型系统来重点支持电子银行业务的发展，有效地扩大了银行的业务需求。随着银行的业务向网络渠道转移，业务开展的渠道畅通了，大小银行间的这种优势对比和差距已经在减弱。实际上，加快电子银行业务发展已经成为商业银行的共同选择。

兴业银行坚持“科技兴行”战略，持续加大科技建设投入，提升科技支持能力。兴业银行核心生产系统建设在业内处于先进水平，是国内少数具备核心系统自主研发能力和自主知识产权的银行之一，也是国内目前唯一一家对外输出核心系统技术的银行。2012 年兴业银行继续推动银银平台业务发展，打造整合同业金融服务资源的平台，目前连接网点已超过 2 万个，报告期内累计结算金额超过 1 万亿元。

招商银行自成立之初即确立“科技兴行”的发展战略，以持续的科技创新为金融创新提供强有力支持，并致力于构建“安全可靠、高效运营、绿色经济、可持续发展”的信息系统，并成为国内银行中首家融合信息安全管理和 IT 服务管理并一次性通过 ISO 27001 和 ISO 20000 双体系认证的银行。

华夏银行依托互联网技术创新小企业金融业务模式，运用自主研发的“资金支付管理系统”，在同业率先推出“平台金融”业务模式，为平台客户及体系内的小企业提供在线融资、现金管理、资金监管等全方位、全流程服务。

（二）信息科技在商业银行业务各领域中的应用

1. 信息技术引领产品深化与服务创新，优化业务流程

随着信息技术的飞速发展，各商业银行都将信息技术作为引领业务创新与发展的动力，银行业务活动中电子银行的比重越来越高，与互联网、手机、电话等渠道相联系的新型业务层出不穷，传统业务也通过信息技术加以创新改造，优化了业务流程，带给客户更加方便快捷的体验。

工商银行以雄厚的信息技术实力为支撑，深入推进产品和服务创新。创新推出 Android 网上银行、移动生活客户端、短信银行智能应答等电子银行产品。境外机构推出 iPhone 手机银行、工银电子密码器、电话银行等产品和服务。持续优化业务流程，实现客户办理多笔业务时一次输密认证、一次签单确认和相关交易联动处理。

建设银行优化现有系统，支持业务发展。实现工商验资通、美元基金代销、ATM 无卡取款等功能；建立客户行为库、支持个人客户数据分析及挖掘，实现准确的客户行为识别，支持精准营销。

中国银行充分运用信息技术成果，大力推进智慧银行建设，努力为客户提供随时、随地、随心的金融服务。智慧银行着力改善客户体验，提升客户服务的智能化水平，适应客户差异化需求，形成核心竞争能力。中国银行推进智慧银行实现三方面的创新：一是实现一点接入、全程响应的渠道服务。旨在大力提升电子渠道服务能力，推动物理渠道转型，加快新兴渠道建设，加强渠道间的整合协同。二是建设协同互动、高效便捷的全球公司客户服务平台。旨在通过移动互联、智能终端等新技术的融合运用，集成公司金融客户、行业、产品、渠道等多维度信息和决策资源。三是构建反应灵敏、富有弹性的创新机制。

农业银行实施了电子银行基础环境扩容和客户信息重构工程，正式发布手机银行客户端，成功投产金穗惠商卡和全球现金管理平台。拓展“惠农卡”金融服务功能，大力发展转账电话、智能支付终端。

招商银行通过不断创新的网上银行、远程银行作为对物理渠道的有效补充，并积极探索移动金融发展，依托“水泥 + 鼠标 + 拇指”移动互联网时代的业务发展模式，在国内首创移动金融生活门户概念，提出了“移动金融生活一站式开放平台”的手机银行设计理念，推出了全终端模式和 SIM 卡模式的手机钱包，手机银行和 iPad 银行下载量均居行业前列。

光大银行成立了科技创新实验室，发挥科技创新的驱动作用，促进服务模式改变和业务创新。通过金融 IC 卡、小微金融、现金管理、第三方支付及市场交易资金监管、人民银行二代支付系统以及财务分析系统等项目的建设，支持了重点业务的发展。

广发银行大力打造全天候、全方位 IT 智能服务，通过新建和优化各业务系统，支持各条线的业务创新，实现产品竞争力的全面提升。在个人业务方面，提供多种理财产品、个人贷款产品线的功能支持，并完成金融 IC 卡发卡和交易相关的系统建设。在信用卡业务方面，实现信用卡的手机移动支付、实时积分、实时发卡、单一货币结算等业务功能。在金融市场业务方面，建立实物品牌金销售管理系统，支持打造广发黄金业务的品牌。在资产托管业务方面，新增 QDII、股指期货、保险资产等托管业务品种的支持功能，并自主研发托付通系统平台，为相关业务的拓展打下了基础。

2. 风险管理业务在信息技术的支持下继续发展

在世界经济复苏乏力、中国经济增速趋于放缓和金融全球化的大背景下，中国银行业提高了对各类风险防控的重视度。无论是操作性风险、流动性风险和市场风险的检测与评估，还是风险计量模型开发和监管系统的完善，信息技术在商业银行风险管理中都发挥了重要作用。

工商银行持续完善信用风险管理系统功能和应用范围，全面强化信用风险管理：完善资产管理系统在信贷风险控制、产品服务创新和业务流程优化方面的功能，推进全球信贷管理系统（GCMS）的境外推广应用；投产个人客户综合授信系统，实现信用卡授信审批流程和授信限额的系统控制，持续优化信用卡风险实时监控系统，提升系统对风险的自动识别及硬控制水平。加快推进全球市场风险管理系统（GMRM）向海外延伸，市场风险系统计量与监控范围已覆盖全部境外分行，并逐步扩展至境外子公司。跟进人民银行二代支付系统开发进程，完善支付系统流动性管理模块功能，为流动性管理工作夯实基础。

中国银行继续推进集团市场风险内部模型法 IT 实施系统（IMA）的升级工作，进一步提高集团市场风险管理水平。完善操作风险管理系统，运用操作风险与控制评估工具对业务流程中的潜在风险及控制情况进行年度评估，并对重大操作风险事件、重大的系统或流程变化以及新产品、新业务等开展触发式评估。此外，中国银行还开发了中国银行新资本协议风险加权资产计算引擎及报告系统、中国银行应用系统投产风险管理项目和中国银行美洲地区分行信息安全实时控制系统，使得该行的风险管理水平全面提高。

建设银行完成优化零售评分卡申请及行为模型等功能，完善全面风险管理体系。在保持对 27 个对公客户信用评级模型运行维护和持续监测的同时，有针对性地完成批发零售业、新成立小企业等客户评级的优化工作，开发小微企业申请和行为评分卡、信用卡业务反欺诈管理评分卡等技术工具，9 张信用卡及个贷评分卡的优化上线有力地支持了自动审批和批量监测。

招商银行开发了先进的风险量化模型工具及风险管理系统，确保信用风险管理流程的有效实施。进一步加强了流动性风险管理系统建设，2012 年流动性系统二期上线，该系统将为招行内部自动计量压力测试、静动态流动性缺口报表，以及绝大部分核心监测指标，大大提高了流动性风险计量水平和计量频度。

2012 年，中信银行零售评级系统在全行开始试运行，开发了信用卡客户信用服务管理平台。零售信贷业务实现了评级系统审批和人工审批双轨运行。新资本协议加权风险资产计量系统上线试运行。市场风险管理系统上线试运行，初步实现了风险价值（VaR）等指标的计量功能。操作风险管理系统已经完成上线、试运行阶段的各项工作，并启动了首批 20 家分行系统推广。

（三）IT 系统的安全性与应急处置

1. IT 系统事故发生次数减少且危害性不大

与往年相比，2012 年度银行信息安全事故发生次数减少，并且没有出现社会影响恶劣的不良案例。这得益于各行加强信息技术管理方面作出的不懈努力。不过，仍然有一些局部的银行 IT 事故发生，对其服务客户带来了不便。IT 事故主要是 ATM 出现故障或银行系统发生异常，见诸报端的包括但不限于以下事例：

2012 年 2 月 21 日，建设银行、农业银行的 ATM 发现安全漏洞，被黑客利用来侵入银行内网，套取用户资料和金钱等。此次出现漏洞的两家银行 ATM 均是基于 Windows XP 的，虽然出问题的 ATM 机屏蔽了 Windows 操作系统的快捷键、组合键、鼠标右键，并保持自身程序始终置于前段和全屏，但是在“网银登录”页面使用 USB key 时可以绕过限制系统去访问 Windows 系统磁盘及运行文件。

2012年2月7日有客户反映在中国光大银行芜湖银湖路支行自动存取款机上存款900元，却发生吞钱不入账故障，拨打服务电话后称“10天后处理”，2月8日，该网友又到柜台请求尽快给办理。2月25日下午17:30该网友去取钱又发生划账2000元不出钱现象。事情发生后，光大银行芜湖分行工作人员与客户当面解释，取得客户理解，并分别于2月10日和2月28日，将相关存款据实处理于客户账户内。

2012年6月16日有客户在香洲柠溪一家农业银行的ATM机上先后共存入现金1万元，但当他查询账户余额时却看到只显示1000元。该客户赶紧打农业银行的24小时客服热线，但一直未能接通人工服务。次日该客户拨通了农业银行的客服热线，农行方面表示应是系统故障所致，经核实之后该客户确实存入了1万元，告知客户会尽快如实修改其账户余额信息。

2012年8月19日交通银行南京卫桥支行出现系统故障，所有业务瘫痪，有一名顾客取款2000元，没有取到钱，但账面显示扣除了2000元。虽然故障在短时间内被修复，但依然导致一些客户的业务办理受到一定影响。

2012年9月，郑州市的广发银行某客户公司账户上突然多出1700多万元，次日上午该客户手机上又多出近400条资金转出的短信提醒，提示客户银行已把钱一笔一笔地转走。短信显示，被转出的两笔最大数额分别是5728232.19元、1090750.00元，与两笔超过百万元的进账数额相同，但未查到另外一笔1147910.00元的转出记录。该客户认为广发银行事先没有任何通知就将钱随意转账，会危及企业账户的安全。广发总行办公室工作人员随后解释，此事为总行最近新系统上线调试所造成的个案。为保证客户资金安全，他们迅速采取措施，没有造成任何账户的资金损失，并表示“给客户带来的不必要麻烦，我行深表歉意，今后将在系统管理和客户服务方面进一步提升”。

2012年9月，大连和南京的某些客户在使用浦发银行的ATM机时，均遇到了系统故障，屏幕出现“按访问扫描消息”的对话框，对话框的内容显示“木马或病毒已删除”字样。事件发生后，南京分行通过重装相关ATM设备的系统，彻底解决了问题。大连分行联系厂商进行跟踪处理，并暂时将该设备停用。浦发银行进一步表示，为保证客户交易数据的安全，该行一直采用专业的防病毒软件在交易非繁忙时段定期自动对各台自助设备进行扫描，保障自助设备的安全性。此外，总行科技管理部门也对故障现象进行了分析，并启动软件优化调整工作，计划会对相关软件进行重新部署，避免弹出的提示窗口对客户的使用造成干扰，改善客户的使用体验。

2. 信息技术安全管理与制度建设得到巩固

2012 年，银监会设立银行业信息科技监管部，积极开展标准制定推广和信息系统研发工作，着力加强银行业信息科技风险监管，持续完善银行业信息科技监管制度和标准体系。这促进了银行业金融机构信息化建设和信息科技风险管控工作的协调、有序、健康发展。2012 年全国性商业银行基本未出现信息技术安全方面的恶性事件。

建设银行大力保障安全生产运行，确保安全运行目标责任落实到人；严格投产与变更管理，应用版本投产和基础设施变更工作均创历史最好水平；推行“大运行”运维模式，实现运行值班集约化、标准化和规范化，工作效率显著提升；加大电子银行渠道风险防控力度，提升信息系统风险控制能力。核心银行业务系统等重要系统的可用率均达到 99.99% 以上。

农业银行继续加强信息科技基础架构的整合与优化：顺利完成上海、北京两个数据中心主机平台硬件扩容和微码升级，主机系统性能进一步提升；启动新一代开放平台集中监控系统推广工程，建立总分行两级监控平台，降低系统运行风险，提高系统预警能力；顺利完成新一代网络架构规划落地实施工程，进一步提高了农行网络的规范化、标准化水平。农行还制订了信息化建设 2012 ~ 2015 年发展规划，紧密结合全行战略目标，分专题拟定和完善信息化建设规划。稳步推进总行信息技术管理部、软件开发中心 ISO 27001 贯标项目，提升 IT 精细化管理水平。完成全行信息安全检查和信息系统安全等级保护测评及定级工作，提升风险防控水平。

中信银行持续推进全行一体化运维管理，启动了 ISO 20000 标准认证咨询；通过推广统一的运维技术平台，强化内控、应急管理和定期应急演练，运维能力和管理水平持续提升；组织实施了信息安全自查整改和信息系统安全等级保护测评，开展了敏感信息保护和重点领域信息安全防护。

民生银行 2012 年完成了全行科技管控模式改革，实现了科技垂直管理，有利于全行科技信息资源的统一管理和有效分配，风险管理委员会向科技开发部派驻了风险总监，协助与监督信息科技风险管理工作；研究制定科技长期发展目标，规划了三年科技发展主要方向和目标；新核心系统成功上线，一家分行试运行，随后将全面投产，以全面提升民生银行的科技核心竞争力和信息科技管理水平；推进“两地三中心”建设目标，努力增强连续性风险防范能力。进一步完善信息科技风险管理体系建设，开展制度梳理工作，增强系统的监控和监测，落实各项风险管理措施，确保生产系统安全运行全年零事故。

光大银行持续建设和优化全面风险管理、全面质量管理和全面架构管理体系，顺利通过CMMI 3级评估，推进IT服务管理体系的落地实施，提升科技管理水平；深化数据治理，重点推进数据标准、数据质量、元数据管理，促进数据服务模式转变；各生产系统运行平稳，系统可用率稳步提升，连续两年实现安全运营；开展信息科技风险管理和数据治理机制的理论研究，获银行业信息科技风险管理研究成果奖。

兴业银行科技运维管理始终保持高水平，最早建成主数据中心、同城灾备、异地灾备三位一体的灾备体系，是国内首批符合国际公认灾难备份5级标准及中国人民银行灾难备份规定要求的银行，关键信息系统可用性、金卡系统交易成功率等关键指标多年来稳居同业前列。

华夏银行继续积极运用先进技术手段，以科技治理、建设、运维、风险和安全、综合管理、系统应急预案为重点，强化并完善信息科技风险防控体系；持续强化信息科技风险的日常监测，全面实施信息系统安全等级保护，信息科技风险抵御能力进一步增强，业务持续运营的基础进一步夯实。

广发银行通过落实以下措施，有效防范和控制信息风险：第一，制定科技信息安全管理政策，建立起涵盖生产运维、开发测试、信息安全、综合管理等方面的信息科技规章制度；第二，顺利通过ISO 27001信息安全管理体系认证，通过项目实施，建立起较完善的信息安全管理体系，实施全面的信息安全风险评估，开展多种形式的员工信息安全意识倡导；第三，深入开展内控安全检查工作，在全辖范围内发起了拉网式信息安全风险自查活动；第四，持续实施信息系统安全等级保护，按照国家信息系统安全等级保护管理要求，完成了61个信息系统安全定级，实施了8个重要信息系统的整改及验收测评，开展了 10 个信息系统的差距评测，确保其信息系统符合国家等级保护安全标准的要求；第五，成功开展灾难恢复演练和重要系统切换应急演练，同时开展了重要信息系统实战切换演练，进一步提升应急响应人员应对突发事件的能力；第六，建立完善全行灾难备份系统，建立了包括核心银行系统、信用卡核心系统、网上银行系统、柜面终端系统、黄金交易管理系统、现金管理系统等 27 个信息系统的灾难备份系统，覆盖核心业务、支付结算及主要渠道类业务，满足业务连续性需要；第七，严格信息科技外包风险管理，制定信息科技外包管理办法，确定了信息科技重要外包服务应急预案并开展演练，进一步提升信息科技外包风险的管控能力。

（四）商业银行 IT 建设所面临的挑战

我国大多数全国性商业银行目前已基本建立了较为完整的银行信息技术体系：大多数银行制定了符合自身发展的信息技术发展战略；开发支持全行业务的新一代综合信息平台系统，并促进产品服务的创新和管理的不断完善；初步实现了数据大集中并建立现代化的数据中心；建立了一套标准的信息化管理制度体系；加紧信息技术人才的储备与培养。虽然已经取得了飞速的发展，但我国银行业的信息技术建设依然面临许多挑战。

第一，各家商业银行信息技术建设虽然体系较为完整，但尚不完善。从系统开发与优化来看，虽然各行纷纷推出综合平台系统，使行内各部门之间能够紧密联系，但各银行之间、银行与客户之间依然存在割裂的现象，需要建立能够在全行业内通行的整体框架，充分整合和利用行业需求。同时，平台系统还需要考虑到我国区域差异化并兼顾不同市场的差异化需求，包括东、中、西部的地域差异，城市业务和“三农”业务的差异，公司业务与小微业务的差异等。从数据采集来看，各行对数据的统计口径往往存在差异，且采集的数据质量良莠不齐，需要建立行业统一的标准。从基础设施建设和人才储备来看，各家银行现在非常重视信息技术人才的储备与培养，但对于银行，特别是中小型股份制商业银行来说，IT 建设投入大、周期长，如何在可承受的范围内不断吸收人才并不断推动改进与创新，对各家银行来说都是一个不小的挑战。

第二，信息系统持续运营的挑战。虽然近年来银行业很少发生破坏性的

IT 系统事故，然而由于操作失误、程序漏洞等造成的小事故却层出不穷。银行庞大的交易量和数据量以及不断开发的创新产品都使信息系统变得更加复杂，更加难以维护。与此同时，同业间激烈的竞争和更加严格的监管标准也对银行信息系统持续运营的能力提出了更高的要求。

第三，银行面临的信息技术风险日益加深。随着银行对信息技术的应用越来越广泛和深入，银行所承担的信息技术风险也越来越大。信息技术风险涉及面宽，操作失误、外部钓鱼欺诈、设备损坏甚至是意外事件都可能造成风险爆发，而银行的各项创新业务也会带来新的风险点。因此，需要各银行以提高自主研发能力为核心进行全面的信息技术风险管理体系建设。

六　产品与服务

（一）创新能力

银行的业务具有高度同质化的特征，差异化的产品和服务才能给银行带来比较竞争优势。因此在产品开发上能够突出特色和坚持创新的银行无疑将在同业中具有更强的竞争力。2012 年各家商业银行都在根据客户需求和市场变化，加快产品创新和服务改进，实现基础业务的转型升级和新兴业务的快速发展。大型银行希望保持全方位的优势地位，因此各项创新业务的表现都可圈可点；而中型股份制商业银行则试图在特色业务上取得领先，如招商银行的信用卡业务和民生银行的小微企业贷款业务。

工商银行坚持以创新为动力促进业务发展，深入推进产品和服务创新。截至 2012 年末，工行新增产品 921 个，同比增加了 28.4%，产品总数达 4163 个。在金融资产服务领域的产品创新有账户原油、外汇买卖双向交易、账户贵金属转换等。为了促进信贷结构的调整，工行推出了电子供应链商品质押融资、小企业账户卡循环贷款、个人助业贷款等创新产品。创新推出账户管家、整汇零取等支付结算类产品和 Android 网上银行、移动生活客户端、短信银行智能应答等电子银行产品。境外机构推出了 iPhone 手机银行、工银电子密码器、电话银行等产品和服务。此外，工行还深化推进重点客户和重点区域专属产品的创新，并对业务流程进行了进一步优化。

建设银行重点推进“新一代核心系统”建设，完成了由流程模型、数据模型、产品模型、用户体验模型构成的企业级建模主体工作并进入实施阶段，启动了企业现金管理、家庭现金管理、金融市场、托管、代收代付、非现场审计等13 个项目。2012 年，建设银行完成流程优化项目 378 项，完成产品创新 348 项。

中国银行也在多个领域开展产品创新。2012 年金融市场化改革进程显著加快，中行充分发挥自身优势，大力发展结售汇、代客交易、人民币衍生产品等新业务；在国际结算及贸易融资业务领域的传统优势业务方面，研发进口代收保付、进口银保保理等产品，适应客户差异化需求；推出货利达、销易达及涵盖多项保理产品的应收账款保理池融资，丰富供应链产品体系；开发银企直连项目，提供高效便捷的线上贸易融资服务；启动全球供应链金融试点，为企业全球化经营提供一站式服务；研发推出大宗商品融资项下背对背信用证、进口双保理等服务方案。在小企业融资方面，创新推出“中关村模式”，通过“投保贷”、知识产权质押贷款等为科技型小企业提供金融支持。在投资银行业务方面，推出“投融通”“私募通”等产品，为客户提供直接融资及结构化融资服务。在银行卡业务方面，针对年轻客户提供芯片“闪付”等差异化服务；研发推广虚拟卡，简化网上支付流程，降低网上交易风险。在金融市场业务方面，推出“人民币保证金双向宝”和“中银平稳收益理财计划”系列产品等。

交通银行在航运行业中首推“航付通”产品，帮助航运企业实现收付结算电子化。中小企业业务方面，交行针对科技小企业创新推出知识产权金融服务产品“智融通”，针对商贸流通型小微企业创新推出“税融通”“商圈集群贷”产品。围绕产业链核心企业和上下游链属企业金融服务需求，交行创新推出“一家分行做全国”产业链业务拓展模式，以一家主办分行为主，带动全国网络，服务一个核心企业产业链上下游。交行在个人金融业务领域的创新包括：推出“天添利 E 款—日享版”“稳添利”“沃德添利—悦享版”“薪享系列代发客户专享”等创新理财产品；推出“好享贷”信用卡分期付款产品，开发推出了商汇卡、熊猫金币卡等新借记卡产品。在电子银行领域中率先推出远程智能柜员机“ITM”服务。

招商银行继续在信用卡业务的创新上保持优势。2012 年创新推出“手机钱包”、新版“掌上生活”手机客户端、移动申请终端、新媒体沟通等移动服务体验，积极推出美国运通黑金卡、银联白金卡、新浪微博达人卡等信用卡产品，使信用卡整体业务呈现良好的发展态势。此外，招行还继续开展中小企业融资产品体系的创新，推出“抵押贷”“配套贷”“AUM 信用贷”“POS 贷”“小额信用贷”“供销流量贷”六大标准化产品，以及小微专属金融服务工具“生意一卡通”，全方位满足客户各种融资需求。

中信银行的创新业务包括：贸易融资业务领域推出了“指定议付”“再议付”“福费廷—转让”“汇票保付”“红条款信用证融资”等新融资品种；供应链金融业务领域推出了仓单池质押融资、预付款加应收账款融资、现货质押加应收账款融资等创新业务模式；小企业金融领域推出法人房产按揭贷款、小额标准抵押贷款、小额信用贷款、种子基金等新产品；信用卡领域创新推出“I 白金卡”等产品，并引入了汽车道路救援、CPP 优选环球失卡支援、高尔夫权益、固生堂健康套餐等创新增值产品。

光大银行全面开展业务和管理模式的创新：创新小微企业服务模式，整合利用电子渠道开展小微业务审批和中后台管理；成立科技创新实验室和产品创新实验室，突出科技对创新的支撑作用；打造“网络里的光大银行”，新推出“光大网上营业厅”“理财夜市”“阳光 e 缴费”等网上金融服务功能；研究在线供应链金融平台建设，陆续推出“1 + N 供应商融资模式保理”“商通赢”等新产品。

民生银行为拓展新兴市场业务，创新商业模式，加大石材、海洋渔业、茶叶等特色业务的发展力度，推进业务转型。此外，民生银行还加快现金管理产品和系统建设步伐，成功研发并实现“结算通”、现金池、虚拟账户（新版）和法人账户透支（新版）等多个新产品系统上线。小微金融是民生银行近年来重点发展的特色业务，该行在 2012 年度开展了“七新耀小微”活动，以新流程、新产品、新形象等方式满足小微客户需求，还成立了中国民生银行小微企业城市商业合作社，用以搭建全国性的小微企业交流、共享和协作的平台。

兴业银行以投资银行、财富管理和资产管理业务创新为主要方向。在企业金融业务方面，该行推出了智能定期存款、私募债、国内信用证偿付、厂厂银、合同能源管理融资、排污权抵押授信、融资租赁保理等多项创新产品，产品体系不断丰富完善；在国内首推以项目未来收益权质押的合同能源管理融资业务和专项服务欠发达地区中小企业的节能减排融资项目。在金融市场业务方面，兴业银行成为上海黄金交易所银行间市场黄金询价业务的第一批参与者，开始参与银行间市场黄金询价交易。

华夏银行完善产品研发管理，推出“龙盈理财”“华夏龙网”等业务品牌，继续创新和推动供应链金融业务，相继研发了发票据池、银租通等 59 项公司业务创新产品。依托互联网技术创新小企业金融业务模式，该行运用自主研发的“资金支付管理系统”，在同业率先推出“平台金融”业务模式，为平台客户及体系内小企业提供在线融资、现金管理、资金监管等全方位、全流程服务。

广发银行的电子银行业务创新比较突出，个人网上银行、手机银行和自助银行都推出许多创新产品和服务。组建了环球交易服务部（GTS），成为国内首家全面整合贸易融资、资产托管和现金管理三大业务的中资银行。在个贷业务上，推出了“生意通”个人经营贷款产品及其子产品，扩展“自信一贷”个人无抵押消费贷款的业务范围。在金融市场客户交易服务方面，首次推出代客外汇期权、大宗商品衍生交易产品，开通黄金定投业务。

浙商银行重点围绕制约小微企业贷款的担保难问题，大力探索保证、信用项下的小企业贷款，开发了“放得快”“还贷通”“厂房租金贷与出租贷”“小企业政府采购贷”等小贷产品。

（二）品牌管理

近年来，银行业对品牌管理的重视程度越来越高。对产品与服务予以整合和创新，打造特色品牌，有助于银行核心竞争力的提升，并提高银行的社会知名度和认可度。相比而言，工农中建交等几家大型银行对各项业务方面的品牌建设都不遗余力，而股份制商业银行则重点打造特色业务，试图在本行的相对优势领域成为标杆品牌。

工商银行始终坚持“以客户为中心、服务创造价值”的经营宗旨，品牌内涵不断丰富，“您身边的银行，可信赖的银行”的品牌形象深入人心。工行以创建金融服务最佳银行和人民群众满意银行为目标，以创新为动力不断完善服务渠道和方式，不断改善客户体验。2012 年工行积极推动“满意在工行”

主题活动，通过加强新产品研发、拓展服务渠道、创新服务手段、优化业务流程、提高服务效率等措施，全面推动服务改进，积极打造中国第一零售银行、领先的公司与投资银行、优秀的机构业务银行、中国最佳结算与现金管理银行、中国最大的信用卡发卡行、中国最佳托管银行、国内一流的养老金管理与服务机构、中国最佳资产管理银行以及领先的科技平台。具体品牌包括结算与现金管理业务的“财智账户”、电子银行业务的“工银移动银行”等。

农业银行的三农金融产品品牌建设是其最大特色，2012 年农行完成了“金益农”八大子品牌发布，形成了包含 103 项三农特色产品、413 项城乡通用产品的三农金融产品体系。针对基础金融服务稀缺的乡镇，农行推出了“银讯通”产品，为农户提供小额存取款、转账以及“新农保”“新农合”缴费等基础金融服务。此外，农行下属各分行还结合当地实际，推出了农村青年创业青春惠贷、中国农谷惠农创业贷款、双联惠农贷等支持农村生产经营的信贷产品，创新推出农家乐经营贷款、烤烟订单农户信用贷款等一批具有特色的农业贷款产品。

交通银行差异化竞争的优势在于其富有特色的财富管理业务。“沃德财富”“蕴通财富”“交银理财”等核心品牌得到市场的广泛认同，中高端客户基础不断扩大，并荣获“最佳供应链融资”“中国最佳私人财富管理银行”“中国最佳现金管理银行”等奖项。“一个交行、一个客户”理念贯穿于交行的产品开发和服务全过程，有效地满足了客户多样化、个性化、创新性的财富管理需求。此外，交行就养老金托管业务打造了“交通银行，养老金最大管理银行”品牌，重点开发养老保险市场，形成全面覆盖城乡社会保障体系的养老金产品线。截至 2012 年末，交行养老金托管规模已突破 5000 亿元，成为中国最大的养老金管理银行。

招商银行较早确立了零售银行业务的领先地位，在产品、客户、渠道、品牌、服务、队伍等方面形成了体系化竞争优势，例如“一卡通”多功能借记卡、“一网通”综合网上银行服务、双币信用卡、“金葵花理财”等产品和服务品牌都广为人知，其利润贡献度、高端客户占比、电子银行柜面替代率、银行卡卡均余额等关键指标位居同业前列。招行还大力发展“两小”业务，继续完善中小企业融资产品体系，不断丰富中小企业融资品牌内涵和特色子产品。2012 年招行获得了境内外权威媒体评选的“亚太区十大零售标杆银行”

“中国最佳零售银行”“中国最佳私人银行”“中国最佳现金管理银行”等 130 余项奖项，其产品与服务品牌知名度继续扩大。

民生银行的基本定位是民营企业的银行、小微企业的银行和高端客户的银行。其中小微金融是该行在行业内最具竞争力的业务。截至 2012 年底，民生银行小微企业贷款余额达 3169.51 亿元，同比增加 36.33%，小微客户总数达到 99.23 万户，客户结构得到持续优化。2012 年，民生银行成立了中国民生银行小微企业城市商业合作社，搭建了全国性的小微企业交流、共享和协作的平台。此外，还全面启动了小微专业支行建设工作，对 50 家小微金融专业支行进行了授牌。2012 年民生银行获得了由《亚洲银行家》评选的“2012 年度中国最佳中小企业银行”奖、美国《环球金融》评选的“2012 年度‘最佳小企业贷款银行’”奖和监管机构授予的“北京银行业小微企业金融服务先进单位”等荣誉称号。

各家商业银行的品牌建设都是围绕自身的比较优势来开展，并且可以从各行对银行电子系统以及电子银行的重视看到银行品牌建设中越来越多地运用了信息技术。但目前我国银行业还存在信息技术专业人员稀缺、开发能力不足、产品同质化较为普遍的现象。如何通过信息技术实现差异化的核心品牌开发是各家银行亟须解决的问题。

（三）渠道建设

分销网络是银行销售产品与提供服务的最重要渠道，因此拥有分布广泛的物理网点和快捷可靠的电子银行平台的银行在市场竞争中更具竞争力。各家商业银行对渠道建设非常重视，且渠道建设更加突出了电子银行的作用。目前大型银行和中小型银行之间的最大差别在于网点建设和区域经营的限制。随着银行的业务向网络渠道转移，银行间的物理网点优势对比和差距在逐渐减弱，加快电子银行业务的发展已经成为银行的共同选择。

从各商业银行公布的年报数据来看，大型银行的物理网点要远多于中型股份制商业银行。其中农行机构网点达 23472 个，遥遥领先于其他银行，并且农行在我国许多偏远地区是区域内唯一的银行营业网点，其物理网点的优势非常巨大。排名第二的是工商银行，其境内机构总数为 17125 个；建设银行和中国银行境内机构总数分别为 14121 个、10521 个，分列第 3 位、4 位。虽然中国银行与其他三大银行的境内机构数相比有较大差距，但其优势在于规模较为庞大的海外机构和国际业务，2012 年中国银行海外机构有 613 家，比工商银行境外机构数多约 60%，而其他银行在境外机构的建设上还处于刚刚起步的阶段。交通银行境内机构数为 2701 家，是五大行中最少的，并且与其他大型银行间存在明显的差距。股份制商业银行中，招商银行以 955 家网点蝉联榜首，其次是中信银行（885 家）、浦发银行（823 家）、光大银行（775 家）、兴业银行（717 家）、民生银行（702 家）、广发银行（607 家）、华夏银行（475 家）、平安银行（450 家）。恒丰银行、浙商银行和渤海银行的境内机构较少。虽然大型银行新增物理网点的绝对数高于股份制商业银行，但股份制商业银行物理网点增速要高于大型银行。5 家大型银行 2012 年机构总数同比只增加了不到 4%，而股份制商业银行大多超过了 10%，其中民生银行机构数增加了 19%，中信银行增加了 14.5%（见图 11）。

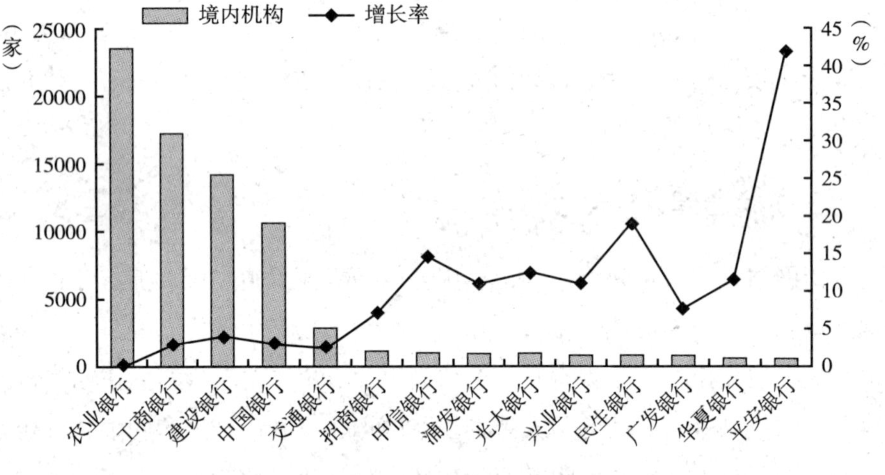

图 11　全国性商业银行营业机构总数

近年来，各家商业银行大力发展网上银行、手机银行、自助银行等电子渠道服务体系，不断创新产品并优化服务流程，电子渠道对传统渠道的替代能力持续增强。各家商业银行电子银行分流率基本都超过 60%，且半数以上的商业银行已经超过 70%，如工商银行电子银行分流率为 75.1%，交通银行为 73.17%，中信银行为 73.01%。从自助银行数量来说，2012 年工商银行排名第一（17437 个），同比增加了 3665 个，建设银行排名第二（13814 个），同比增加 2400 余个；中小银行中，浦发银行和招商银行最多，分别为 3527 个和 2174 个。从现金类自助设备来看，农业银行和工商银行超过 7 万台，建设银行和中国银行近 6 万台，交通银行超过 2 万台；中小银行中，招商银行有近 9000 台，而其他银行如中信、光大、民生、浦发等都超过了 5 千台；各行现金类自助设备的增长速度也很快，如 2012 年中国银行同比增加 14000 台左右，增长率为 30% 左右，建设银行同比增加 11323 台，增长率为 25%，浦发银行同比增加 859 台，增长率为 17%（见图 12）。

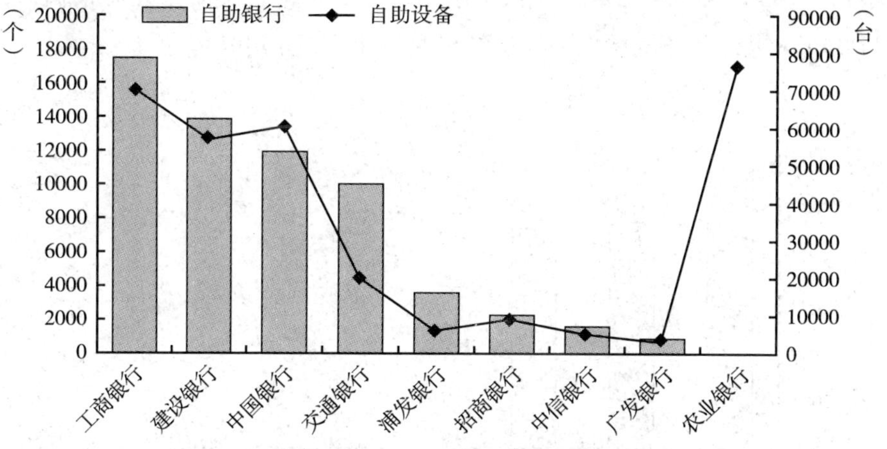

图 12　全国性商业银行自助银行和自助设备数量

现阶段电子银行已经不仅仅作为银行替代柜面服务、减轻柜台压力的工具，而是成为银行重要的产品与服务创新点，并为营销提供支持的互联网银行平台。2012 年工商银行电子银行交易额同比增长 17.2%；中国银行电子银行交易金额达到 91 万亿元，同比增长 32.9%；交通银行电子银行交易金额突破人民币 50 万亿元；光大银行电子渠道交易金额达 17 万亿元。从网上银行的规模来看，建设银行个人网上银行客户达到 11926 万户，同比增长 41.07%，企业网上银行客户 213 万户，增长 54.10%。农业银行个人网银注册客户达 8837 万户，全年个人网银交易金额达 72.64 万亿元；企业网银注册客户达到 190.01 万户，全年企业网银交易金额达 54.26 万亿元；中信银行个人网银客户达756.65万户，同比增长32.58%，公司网银客户数12.77万户，同比增长30.62%，个人网银交易金额3.37万亿元，同比增加48.46%；公司网银交易金额达21.28万亿元，同比增加22.20%；招商银行零售网上银行累计交易金额达15.20万亿元，同比增长7.06%，网上企业银行累计交易金额达24.65万亿元，同比增长31.75%；民生银行个人网银客户累计480.58万户，年交易金额5.7万亿元，同比增长71.52%，企业网银客户累计24.49万户，年交易金额13.06万亿元，同比增长53.13%；兴业银行企业及同业网银累计交易金额21.95万亿元，同比增长31.38%，个人网银累计交易金额3.82万亿元，同比增长10.17%。可以看到，不仅中小银行的电子银行交易量发展很快，大型银行的电子银行业务发展也同样迅猛（见图13和图14）。

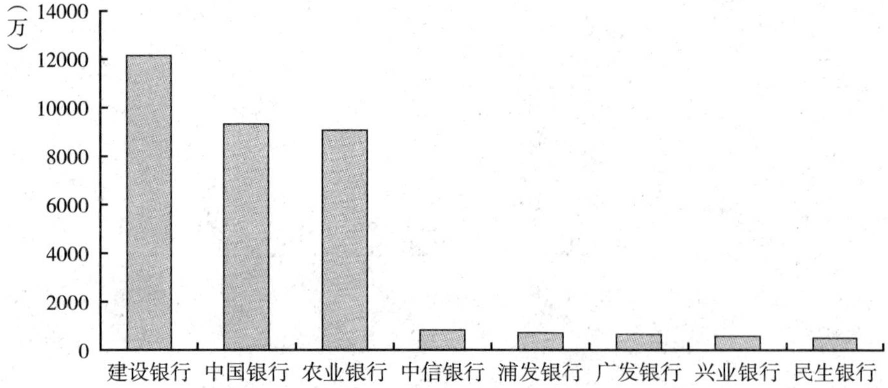

图13　部分全国性商业银行网上银行客户总数

图14　部分全国性商业银行手机银行客户总数

七　市场影响力

2012 年各家商业银行在市场影响力方面的基本格局没有发生剧烈变化，特别是大型银行的地位不可撼动，但是中小股份制商业银行之间的竞争依然非常激烈。

（一）规模分析

1. 资产规模

工商银行的资产规模依然位于首位，2012 年底总资产为 17.54 万亿元，并保持了对建行、农行和中行的较大优势。建设银行、农业银行和中国银行的总资产分别为 13.97 万亿元、13.24 万亿元、12.68 万亿元，分列第 2 ~ 4 位。交通银行总资产为 5.27 万亿元，在 5 家大型银行中排名最末，但和其他股份制商业银行相比其优势地位依然难以撼动。截至 2012 年底，股份制商业银行中有 4 家银行资产超过 3 万亿元，根据资产由高到低分别为招商银行（3.41 万亿元）、兴业银行（3.25 万亿元）、民生银行（3.21 万亿元）和浦发银行（3.15 万亿元）；2 家银行资产超过 2 亿元，分别是中信银行（2.96 万亿元）和光大银行（2.28 万亿元）。

从资产增速来看，5 家大型银行实现了比较平稳的增长。其中 4 家银行增速在 13% 左右，只有中国银行的增速低于 10%，其增长率为 7.19%。股份制商业银行资产增长速度远高于 5 家大型银行，说明这些中小型银行 2012 年度保持了一贯的高速扩张趋势。其中渤海银行资产增速超过 50%，民生银行和恒丰银行增速超过 40%，兴业银行、光大银行和浙商银行增速超过 30%。中信银行资产规模比 2011 年增长了 7.02%，在全国性商业银行中增长最慢，这是受 2012 年度我国实体经济不振的影响，中信银行的对公业务占其总业务比重较大，因此增速受到影响（见图 15）。

2. 存款规模

截至 2012 年底，全国金融机构人民币存款额达到 91.76 万亿元，其中

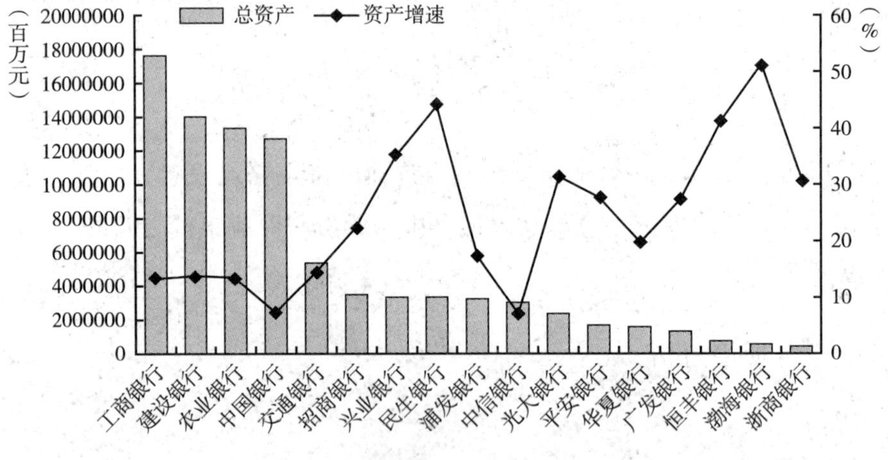

图 15　2012 年全国性商业银行的资产规模

全国性商业银行存款总额达到 64.54 万亿元，占金融机构存款总额的 70.34%。工商银行的存款总量排名第一，存款总额为 13.64 万亿元，占金融机构存款总额的 15%，并保持了对建行、农行和中行的较大优势。建设银行、农业银行、中国银行的存款总额分别为 11.34 万亿元、10.86 万亿元和 9.17 万亿元，均占金融机构存款总额的 10% 以上，牢牢地把持前四的位置。交通银行存款总额为 3.73 万亿元，占金融机构存款总额的 4%。各家股份制商业银行占金融机构存款总额的比重均在 3% 以下，有 3 家银行存款总额超过 2 万亿元，分别是招商银行（2.53 万亿元）、中信银行（2.26 万亿元）和浦发银行（2.13 万亿元）；民生银行、兴业银行等 5 家商业银行存款总额超过 1 亿元，其中民生银行和兴业银行存款总额均已接近 2 万亿元。

从存款增速来看，5 家大型银行依然保持稳健的增长态势，其中 4 家银行增速在 11% ~13% 之间，只有中国银行增速明显低于同业水平，仅为 4.04%。股份制商业银行存款增长速度普遍高于 5 家大型银行，但大多数股份制银行只比大型银行增速高不到 5 个百分点，只有兴业银行（34.79%）和平安银行（20.01%）增速较为突出。还未上市的几家商业银行表现抢眼，其中恒丰银行存款增速超过 50%，渤海银行存款增速超过 30%，浙商银行增速超过 20%（见图 16 和图 17）。

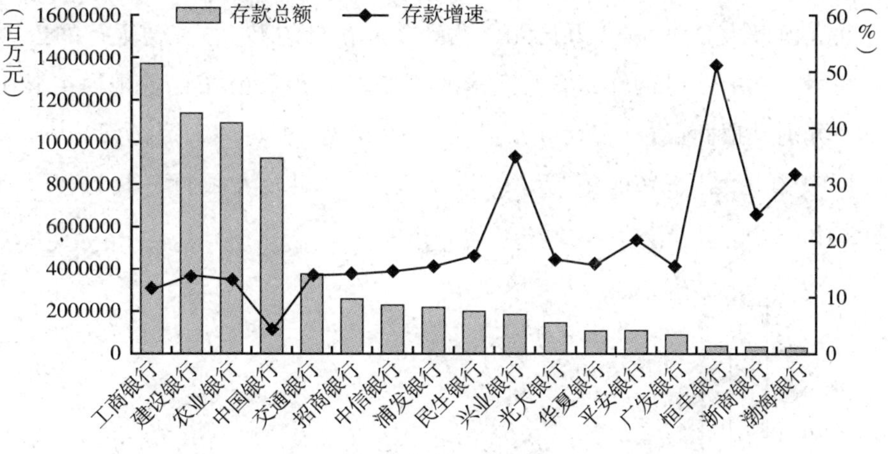

图 16　2012 年全国性商业银行存款总额和存款增速

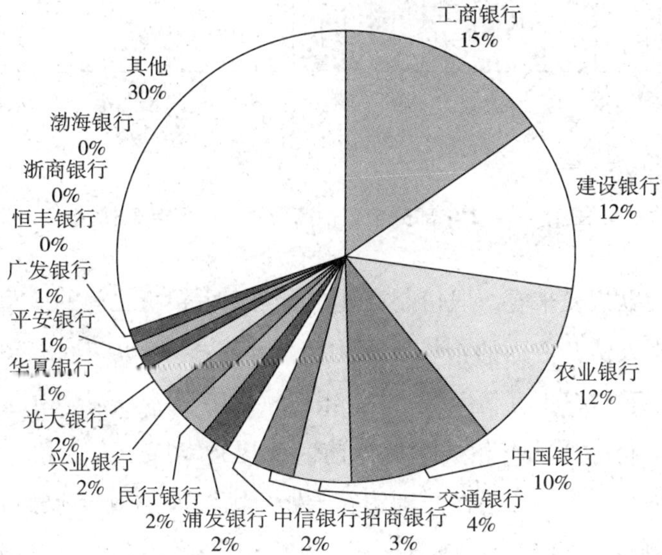

图 17　2012 年金融机构存款份额

从公司存款规模来看，工商银行（6.91 万亿元）、建设银行（6.07 万亿元）、中国银行（4.81 万亿元）、农业银行（3.98 万亿元）四大行的公司存款规模分列前四，且排名相邻的两家之间的差距都在 1 万亿元左右，交通银行排名第五，公司存款规模为2.52万亿元。股份制商业银行中，中信银行公司存款规模最大，为1.84万亿元，达到工商银行的1/4，交通银行的近3/4，成绩斐然。除中信银行外，另有5家股份制商业银行公司存款规模突破1万亿元，分别是招商银行（1.61万亿元）、民生银行（1.52万亿元）、浦发银行（1.39万亿元）、兴业银行（1.27万亿元）和光大银行（1.11万亿元）（见图18）。

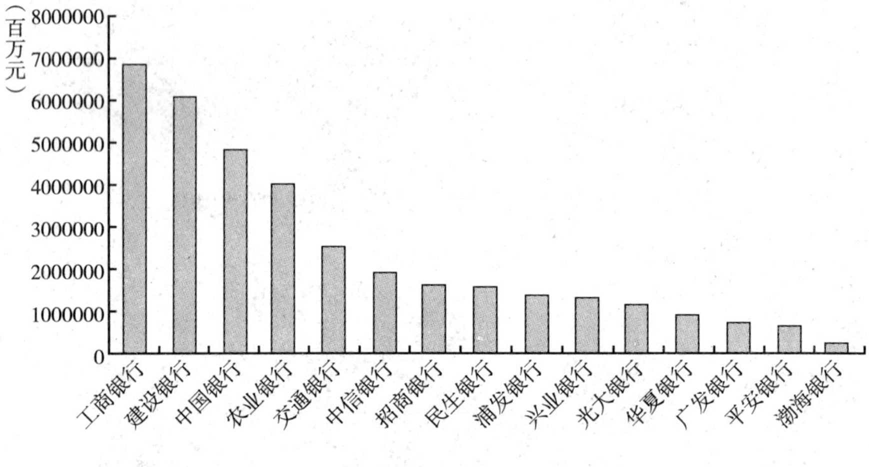

图18　2012年部分全国性商业银行公司存款规模

从个人存款规模来看，股份制商业银行与四大银行之间的差距比较大，说明四大行在个人储蓄方面的市场影响力仍然不可撼动。工商银行（6.55万亿元）、农业银行（6.04万亿元）、建设银行（5.07万亿元）、中国银行（4.08万亿元）四大行的个人存款规模分列前四，交通银行个人存款规模为1.2万亿元，排名第五，但与之后的招商银行差距不大。股份制商业银行中，招商银行个人存款规模最大，为0.93万亿元。浦发银行个人存款规模达到0.75万亿元，在股份制银行中仅次于招商银行。其他银行的个人存款规模与上述几家银行相比差距较大（见图19）。

3. 贷款规模

2012年底全国金融机构人民币贷款金额为62.99万亿元，其中全国性商业银行贷款总额达到43.71万亿元，占金融机构贷款总额的69%。除中国银

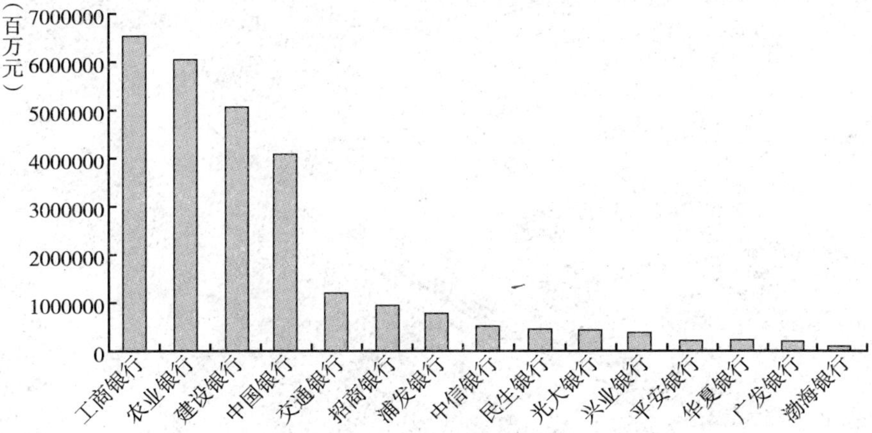

图 19　2012 年部分全国性商业银行个人存款规模

行与农业银行、平安银行与华夏银行、浙商银行与恒丰银行之间排名相互调换外，各行的贷款规模排名与存款排名相同。工商银行的贷款总额排名第一，为 8.8 万亿元，占金融机构贷款总额的 14%。建设银行、中国银行、农业银行的贷款总额分别为 7.51 万亿元、6.71 万亿元和 6.43 万亿元，分别占金融机构贷款总额的 12%、11% 和 10%（见图 20 和图 21）。交通银行贷款总额为 2.95 万亿元，占金融机构贷款总额的 5%。各家股份制商业银行占金融机构贷款总额的比重均在 3% 以下，其中有 6 家商业银行贷款总额超过 1 万亿元，分别是招商银行（1.9 万亿元）、中信银行（1.66 万亿元）、浦发银行（1.54 万亿元）、民生银行（1.38 万亿元）、兴业银行（1.23 万亿元）和光大银行（1.02 万亿元）（见图 21）。

从贷款增速来看，除中国银行外，其他四家大型银行保持稳健的增长态势，并且增长速度非常接近，其中建设银行增速最高（15.64%），工商银行增速最低（13.03%）。中国银行增速明显低于同业水平，仅为 8.17%，中国银行也是全国性商业银行中唯一增速在 10% 以下的银行。股份制商业银行中有几家银行贷款增速超过 20%，分别是渤海银行（25.71%）、兴业银行（25.01%）和浙商银行（22.37%）。其他股份制商业银行的贷款增速基本保持在 15% 以上，稍高于大型银行的增速（见图 21）。

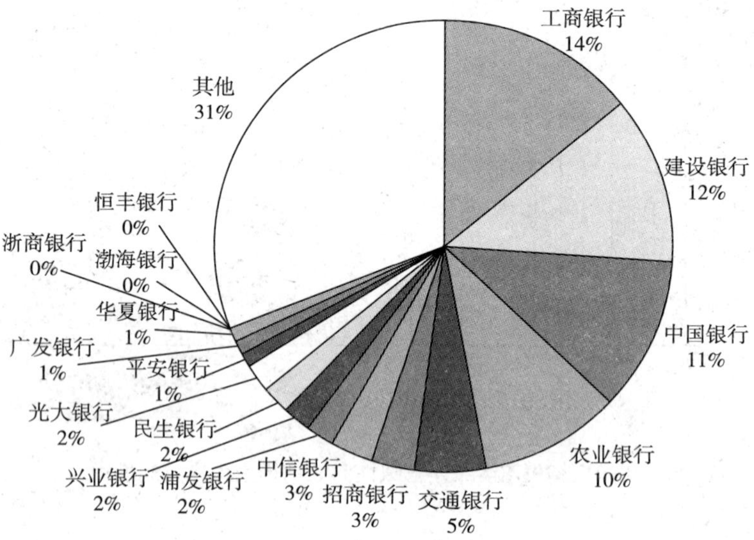

图 20　2012 年金融机构贷款份额

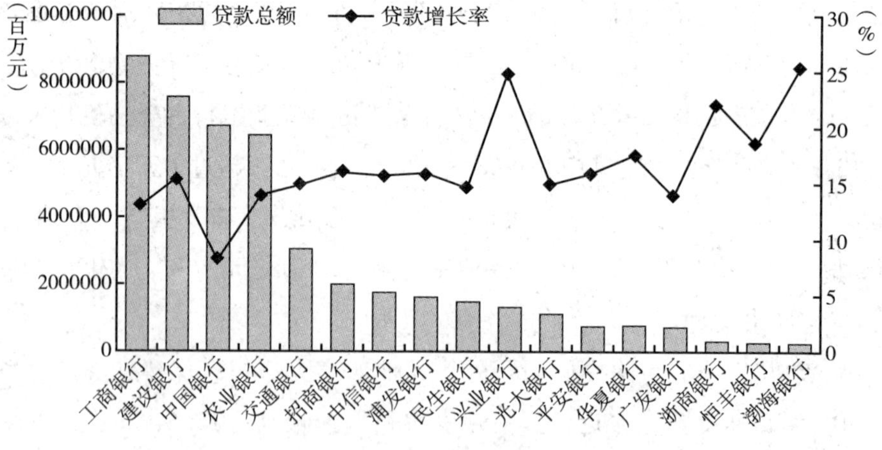

图 21　2012 年全国性商业银行贷款总额及增长率

从公司类贷款规模来看，工商银行以较大的优势领先于其他银行，其公司贷款规模高达 6.33 万亿元，比排名第二的建设银行多 1.37 万亿元。其他四家大型银行——建设银行（4.96 万亿元）、中国银行（4.81 万亿元）、农业银行

(4.43 万亿元)、交通银行（2.35 万亿元）的公司贷款规模分列第 2 ~ 5 位，且建行、中行、农行之间的差距很小。股份制商业银行的公司贷款规模与大型银行相比有很大差距。只有 3 家银行公司贷款规模突破 1 万亿元，分别是中信银行（1.25 万亿元）、浦发银行（1.18 万亿元）和招商银行（1.15 万亿元）(见图 22)。

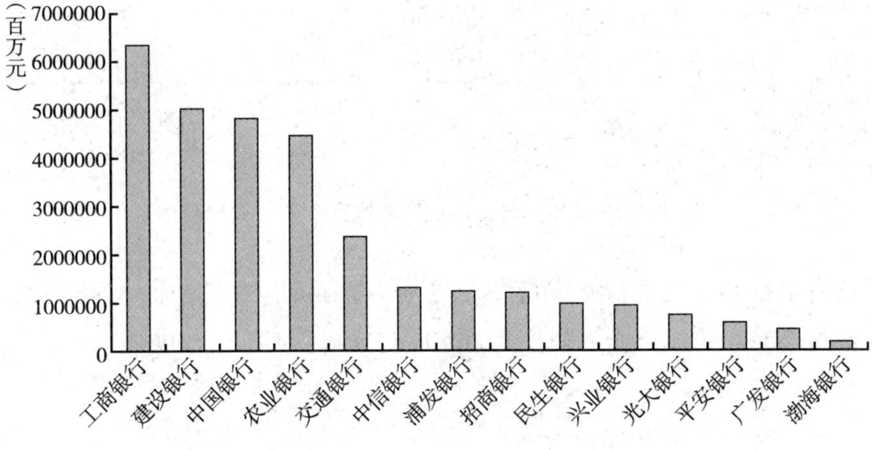

图 22　2012 年部分全国性商业银行公司类贷款规模

从个人贷款规模来看，工商银行（2.29 万亿元）、建设银行（2.02 万亿元）、中国银行（1.88 万亿元）、农业银行（1.71 万亿元）四大行分列前四，并且个贷规模超过 1 万亿元的只有这 4 家银行。最值得注意的是招商银行（0.69 万亿元）以 850 亿元的优势超过交通银行（0.60 万亿元），成为除四大行外个贷规模最大的商业银行。其他股份制商业银行中有 4 家个贷规模超过 3000 亿元，分别是民生银行（0.47 万亿元）、中信银行（0.33 万亿元）、光大银行（0.31 万亿元）和浦发银行（0.30 万亿元）(见图 23)。

从票据贴现规模来看，工商银行（1840 亿元）和中国银行（1667 亿元）两家银行超过 1500 亿元，与其他银行相比优势明显。建设银行和农业银行票据贴现规模也超过 1000 亿元，分别达到 1376 亿元和 1076 亿元。除明显领先的四大行外，以中信银行的票据贴现规模最大，数额达到 750 亿

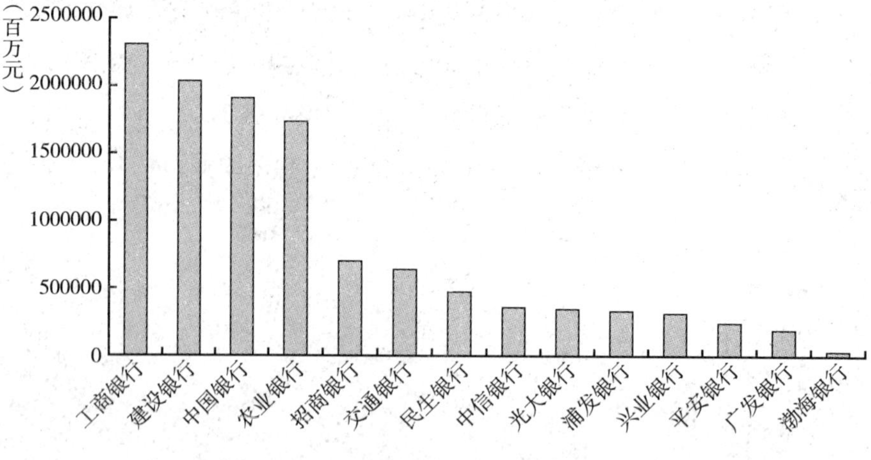

图 23　2012 年部分全国性商业银行个人贷款规模

元。招商银行和交通银行基本持平，均为 648 亿元。在其他商业银行中，除浦发银行（551 亿元）业务规模超过 500 亿元外，均低于 300 亿元，存在明显的差距（见图 24）。

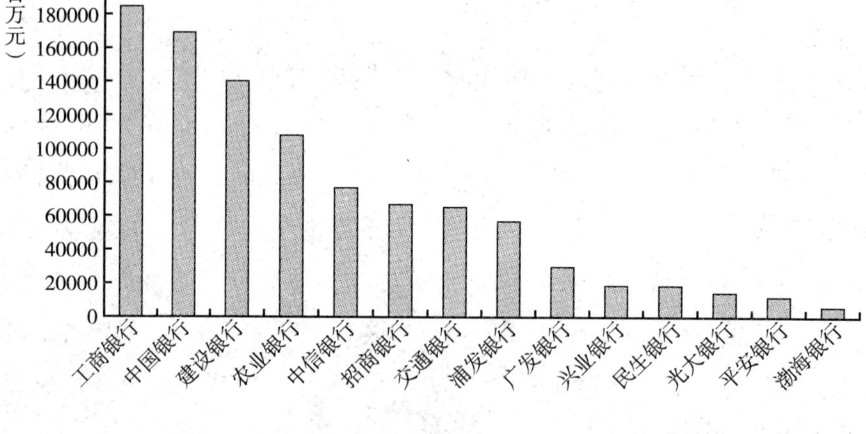

图 24　2012 年部分全国性商业银行票据贴现规模

4. 网点数量

银行营业网点数量的多少直接影响到银行覆盖客户的能力和社会认知度的高低。在营业网点的建设方面，大型银行总行——二级分行——二级支行和营业部的组织结构远比股份制银行复杂，并且在地域上广泛分布于乡镇一级，与股份制商业银行相比具有不可比拟的优势。在大型银行中，农业银行机构网点达 23472 个，远超其他银行，并且农行营业部广泛分布于金融业尚不发达的中西部地区和基层乡镇。工商银行、建设银行和中国银行境内机构总数分别为 17125 个、14121 个、10521 个，分列第 2 ~ 4 位。虽然中国银行与其他三大银行的境内机构数相比有较大差距，但其优势在于规模较为庞大的海外机构和国际业务，并且是我国唯一一家入选全球系统重要性银行的银行，因此其在国际市场上的影响力是其他国内银行所不具备的。2012 年中国银行海外机构有 613 家，比工商银行境外机构数多约 60%，而其他银行在境外机构的建设上还处于刚刚起步的阶段。交通银行境内机构数为 2701 家，与其他大型银行间存在明显的差距，但依然是其他股份制商业银行网点数的数倍。在股份制商业银行中，招商银行以 955 家网点蝉联榜首，其次是中信银行（885 家）、浦发银行（823 家）、光大银行（775 家）、兴业银行（717 家）、民生银行（702 家）、广发银行（607 家）、华夏银行（475 家）、平安银行（450 家）。恒丰银行、浙商银行和渤海银行受制于银行规模较小，因此目前机构还不多。

虽然大型银行营业网点的绝对数和新增数都高于股份制商业银行，但股份制商业银行营业网点的增速要高于大型银行。5 家大型银行 2012 年机构总数与 2011 年相比只增加了不到 4%，农业银行由于精简机构的改革甚至没有变化。而股份制商业银行网点增速大多超过了 10%，其中平安银行机构数同比增加了 41.96%，民生银行增加了 19%，中信银行增加了 14.5%。只有招商银行和广发银行增长率低于 10%。

从银行网均存款来看，股份制银行业绩好于大型银行。不过，由于两者的组织结构和经营状况不同，因此彼此间不具有很强的可比性。股份制银行网均存款额均超过 14 亿元，其中民生银行、招商银行、浦发银行、中信银行、浙商银行和兴业银行网均存款额超过 25 亿元。大型银行中的交通银行和中国银行网均为 10 亿元以上（见图 25）。银行网均贷款大体情况与网均存款类似（见图 26）。

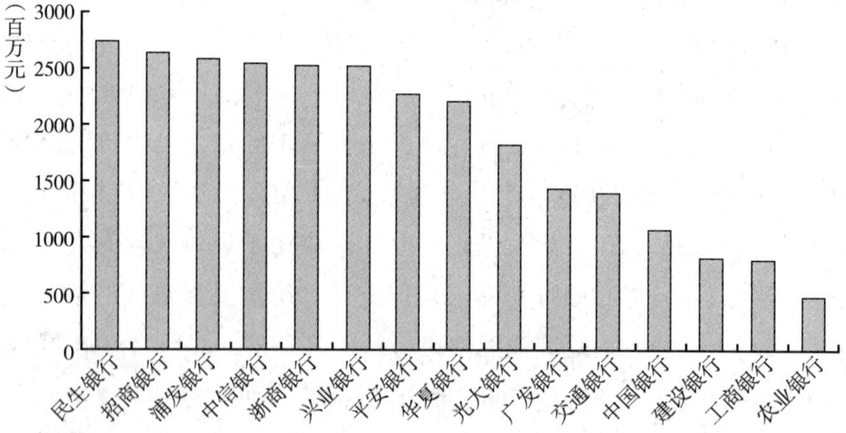

图 25　2012 年部分全国性商业银行网均存款规模

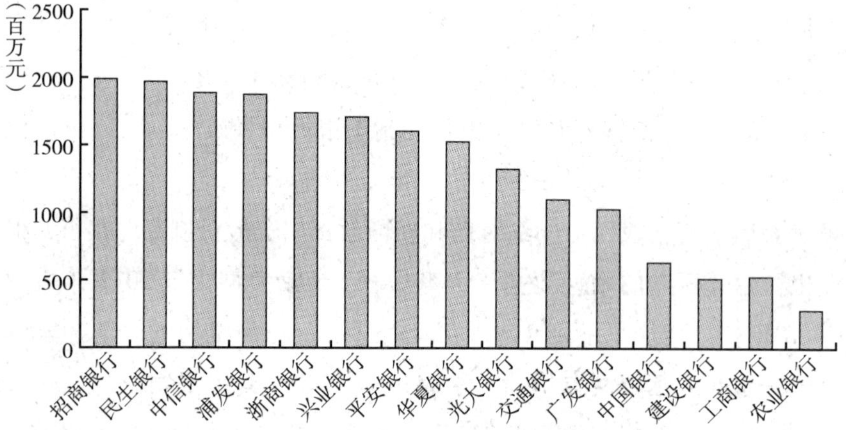

图 26　2012 年部分全国性商业银行网均贷款规模

（二）战略性业务

1. 信用卡业务

信用卡当前已经成为消费者普遍使用的消费金融工具，信用卡业务也成为各家银行开拓个人金融业务时重点争夺的市场。为了抢占市场份额，各家银行不断进行信用卡产品创新，并努力提升服务品质，如与商家合作对特定信用卡持卡人提供优惠的方式已经非常普遍。下面是对在 2012 年年报中公布了信用卡业务数据的各家商业银行的分析。

从发卡量来看，工商银行的优势无可争议。截至 2012 年底，工商银行信用卡发卡总量已经达到 7713 万张，比排名第二的招商银行多 3229 万张，是其发卡量的 1.72 倍。虽然工商银行 2012 年发卡量同比只增长了 9.17%，但鉴于其信用卡庞大的总规模，其新增卡绝对数依然在行业内保持领先水平。招商银行的信用卡业务向来是其根本的竞争优势之一，2012 年该行信用卡发卡量同比增长了 13.2%，达到 4484 万张，继续占据信用卡业务的第二把交椅。建设银行排名第三，发卡量为 4032 万张，同比增长了 25.02%，缩小了和招商银行的差距。农业银行 2012 年发卡量达到 3244 万张，紧随中国银行（3622 万张）之后，成为第 5 家信用卡发卡量超过 3000 万张的银行。此外，信用卡发卡量高于 2000 万张的有两家银行，分别是交通银行（2703 万张）和广发银行（2293 万张）；高于 1000 万张的有中信银行、民生银行等 5 家银行。从信用卡增速来看，除工商银行外，其他商业银行都实现了 10% 以上的增长，3/4 的商业银行增长率在 20% 以上。其中华夏银行增长率为 55%，浦发银行增长率为 44%，光大银行增长率也超过 30%。值得一提的是建设银行也取得了 25% 的快速增长，其作为已经具有巨大信用卡存量的银行来说，取得这样的成绩殊为不易（见图 27）。

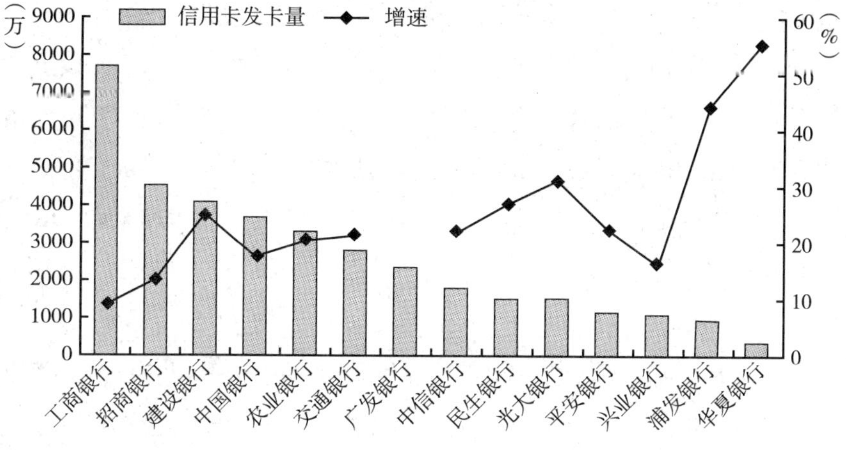

图 27　2012 年部分全国性商业银行信用卡总量及增速

2012年各家商业银行信用卡消费额都出现了大幅度增长，如光大银行信用卡消费额同比提高了159%，其他几家股份制商业银行如民生银行、中信银行和平安银行也都实现了60%以上的增长速度。工商银行和农业银行增速相对较慢，但也超过了30%。特别是工商银行2012年度信用卡消费总额达13026亿元，成为第一家消费额超过1万亿元的银行。消费额超过5000亿元的有其他4家大型银行和招商银行（见图28）。

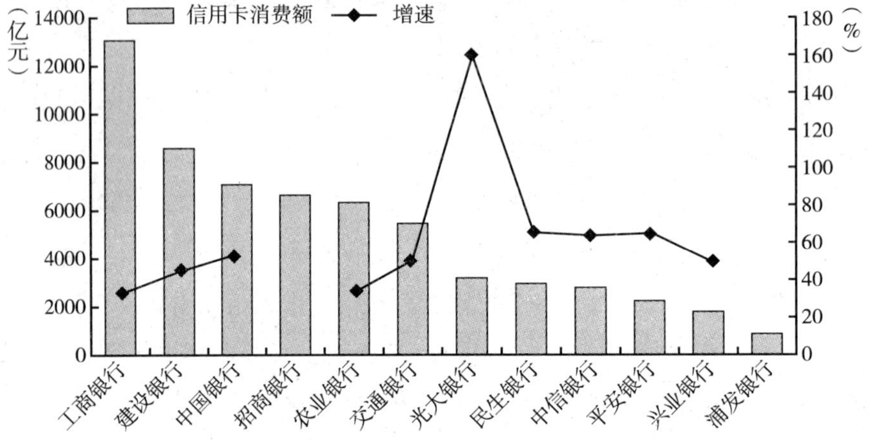

图28　2012年部分全国性商业银行信用卡消费额及增速

从卡均消费额来说，大多数商业银行的表现十分接近，公布数据的12家银行中有10家卡均消费在15000元以上，7家卡均消费在19000元以上。其中建设银行（21125元）以微弱的优势位居榜首，光大银行（21035元）紧随其后。招商银行的信用卡业务是其优势竞争力所在，但其卡均消费却不高，只有14656元。浦发银行卡均消费水平一直较低，2012年度为9170元，增长并不明显（见图29）。

2. 个人理财

由于近年来我国实际通胀率较高及广大居民的投资意识和理财需求不断提高，因此银行开展理财业务的规模也在呈爆炸式上升，银行也都将个人理财销售作为零售银行业务的重中之重。而我国现阶段金融市场的快速发展也为理财产品提供了丰富的投资渠道，银行理财业务的发展前景非常广阔。

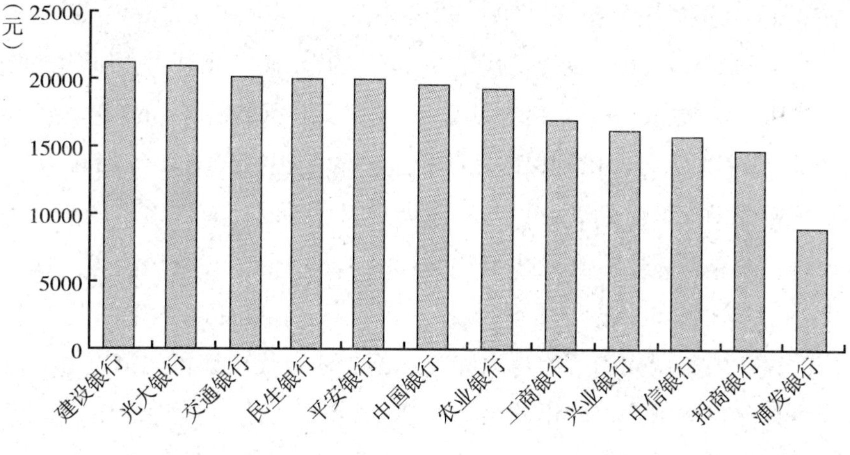

图 29　2012 年部分全国性商业银行信用卡卡均消费

2012 年在年报中公布销售个人理财金额的商业银行并不多，只有工商银行、农业银行、光大银行和民生银行等 8 家银行。从已公布的数据来看，大型银行的个人理财销售规模远远高于股份制银行。工商银行和农业银行的销售规模差距很小，分别为 37632 亿元和 36558 亿元，是其他银行的 2 倍以上。光大银行、民生银行和平安银行的销售金额均超过 10000 亿元，其中光大银行达到 13600 亿元，而其他两行则刚刚突破 1 万亿元大关。兴业银行、华夏银行和广发银行的个人理财销售规模还比较小（见图 30）。

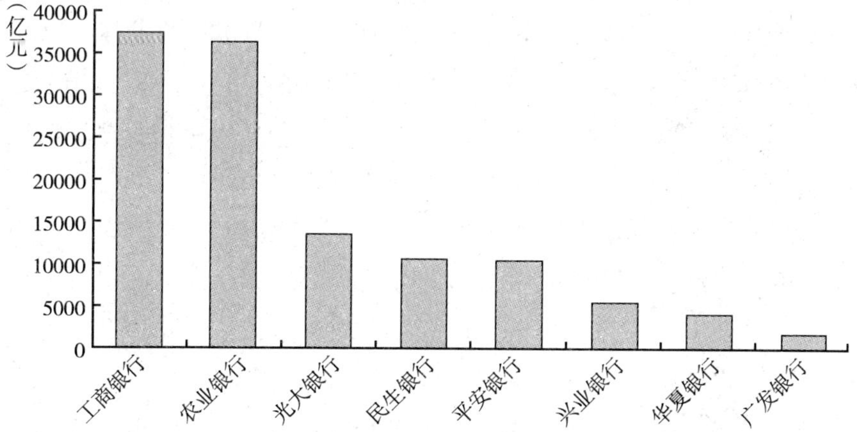

图 30　2012 年部分全国性商业银行个人理财规模

在2012年年报中公布代销基金和代理保险的银行也比较少，从年报的数据来看，工商银行和招商银行在代销基金和代理保险两项业务上所占市场份额较高。其中工商银行2012年代销基金7614亿元，代理保险860亿元；招商银行代销基金3415亿元，代理保险443亿元。农业银行代销基金2344亿元。

不过，我们应该看到商业银行在发展理财业务时还有许多不规范之处，如一些银行在业务开展中存在规避贷款管理、未及时隔离投资风险等问题。特别是2012年11月底发生的华夏银行"飞单"事件，使银行内部机构和从业人员中广泛存在的违规代销行为得以曝光，不少银行代理销售的第三方产品的业务流程也都存在漏洞。因此银监会才在2013年3月下发《中国银监会关于规范商业银行理财业务投资运作有关问题的通知》以规范银行行为。各家商业银行在发展理财业务时应该注意遵守国家法律法规并防范风险。

3. 国际结算和贸易融资

国际结算和贸易融资也是银行竞争的重点业务，因为该业务能够为银行提供高回报、低风险的收入来源。特别是近年来我国银行业正大力发展中间业务，拓展其他收入来源，因此国际结算和贸易融资业务也得到了各商业银行的高度重视。

国际结算业务是中国银行的传统优势，该行2012年国际结算业务平稳上升，增长率为14.66%，国际结算业务总额高达27800亿美元，是排名第二的工商银行的1.44倍，是排名第三的建设银行的2.68倍。工商银行国际结算业务量仅次于中国银行，并且在2012年实现了该业务的快速增长，达到19252亿美元，增长率为25.8%。相比而言，其他3家大型银行的国际结算业务差距较大，建设银行、农业银行和交通银行分别为10378亿美元、6713亿美元和4601亿美元，不过建设银行和交通银行2012年度该业务增长速度较快，分别达到23.25%和27.84%。在股份制商业银行中，招商银行、中信银行和浦发银行的国际结算业务规模比较突出，2012年分别达到3316亿美元、2396亿美元和2352亿美元，其中浦发银行增速较快为29.4%，但招商银行和中信银行的增长率均在10%以下。另外，国际结算业务增速最快的是平安银行和华夏银行，增长率都超过30%（见图31）。

在2012年年报中，公布贸易融资业务具体数额的银行较少。从已公布的数据来看，各行都取得了不错的增长业绩。大型银行处于主导地位，工商银行

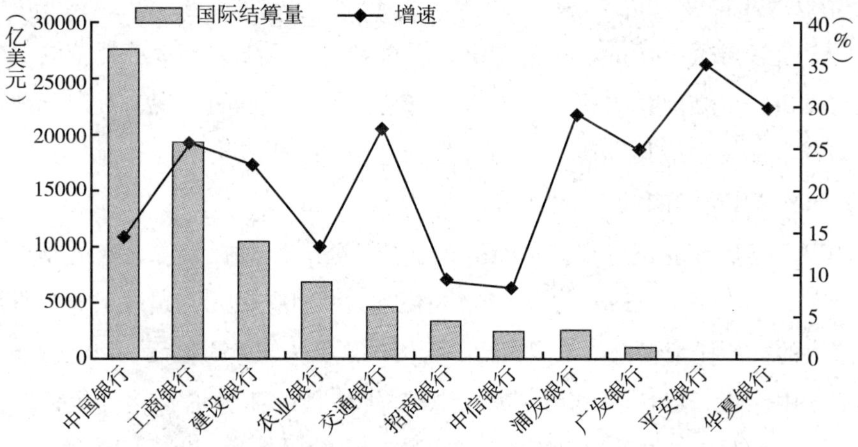

图 31　2012 年部分全国性商业银行国际结算业务规模及增速

注：平安银行、华夏银行国际结算额数据暂缺。

和农业银行的贸易融资规模最大，分别达到 1461 亿美元和 1639 亿美元，并且工商银行的增长率超过 50%，农业银行也超过 30%。中国银行贸易融资规模为 927 亿美元，2013 年很可能突破 1000 亿美元大关。其他银行贸易融资规模较小，但是发展速度非常迅猛，潜力巨大。如民生银行和中信银行虽然融资规模只有 200 亿美元左右，但 2012 年的增长率都将近 60%，而浦发银行更是取得了超过 80% 的增长，融资规模也达到近 300 亿美元的水平（见图 32）。

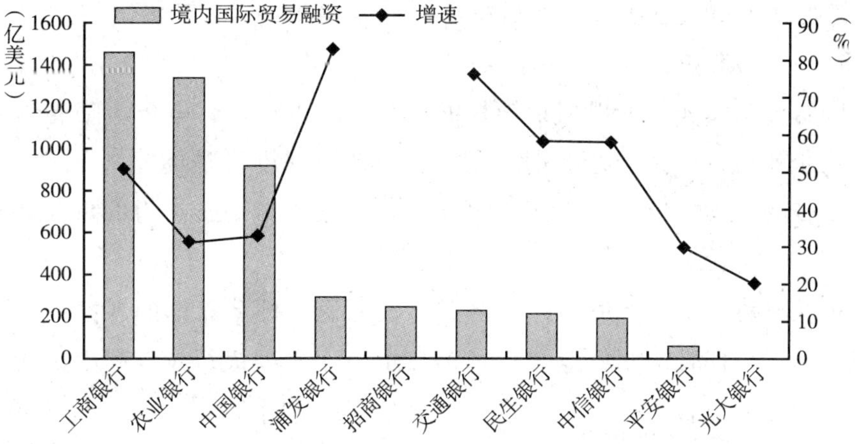

图 32　2012 年部分全国性商业银行贸易融资规模及增速

注：光大银行国际结算额数据暂缺，民生银行、中信银行、平安银行为保理业务数据。

4. 资产托管

随着直接融资市场的改革和财富管理市场的不断扩大，资产托管的地位和作用愈发重要。当前我国资本市场面临着从数量向质量的转变，资产管理将成为未来资本市场中最具发展潜力的行业之一，继续拓展资产托管业务有助于银行的业务结构调整和利润率的提高。

2012 年各家商业银行都在不断扩大基金托管、保险托管等业务的规模。中国银行 2012 年增速达 33%，托管资产规模超过 40000 亿元，超过工商银行成为我国最大的资产托管银行。工商银行托管资产规模为 39553 亿元，以极微弱的差距落后于中国银行，这主要是受累于 2012 年该行的业务增长速度较低，仅为 12%，这也是十几年来工商银行在资产托管业务领域首次丢掉同业榜首的位置。农业银行和建设银行分别取得了 43% 和 31% 的较快增长速度，截至 2012 年末两行托管资产规模分别为 29738 亿元和 27000 亿元。股份制商业银行资产托管的规模虽然不及大型银行，但发展速度可以用急速上升来形容，已经公布数据的几家银行资产托管规模同比几乎增加了 1 倍以上。兴业银行近年来在资产托管业务上成绩突出，2012 年该行取得了高达 161% 的增长率，资产托管规模达到 16283 亿元，超过交通银行成为仅次于四大银行的资产托管行（见图 33）。几家股份制商业银行虽然托管规模不及兴业银行，但其发展速度更快，其中平安银行 2012 年该业务实现了近 3 倍的提升，浦发银行也增加了近 2 倍。可见资产托管是各家银行开拓业务收入的重点领域，今后在该领域的竞争将日益白热化。

5. 境内短期融资债及中期票据承销

短期融资债和中期票据承销是银行重要的投资银行业务。随着越来越多的企业和银行选择通过短期融资债和中期票据进行融资，债券承销不仅成为银行的一项重要收入来源，也成为衡量银行市场影响力的重要标准之一。

从承销的短期融资债和中期票据支数来说，排名靠前的各家商业银行差距很小，并且股份制商业银行承销数量不比大型银行少。其中兴业银行承销 187 支，排名第一。建设银行、中信银行和中国银行分别以承销 183 支、181 支、167 支的成绩名列第 2 ~ 4 位。工商银行（147 支）、招商银行（146 支）、农业银行（145 支）和民生银行（144 支）之间只有 1 支的差

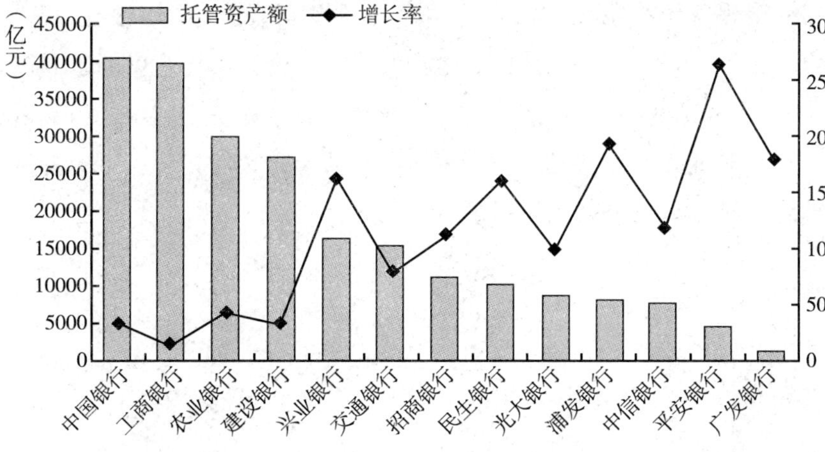

图 33　2012 年部分全国性商业银行资产托管业务规模及增速

距。光大银行虽然比较少，但承销了 133 支债券，是兴业银行该指标的 71%（见图 34）。

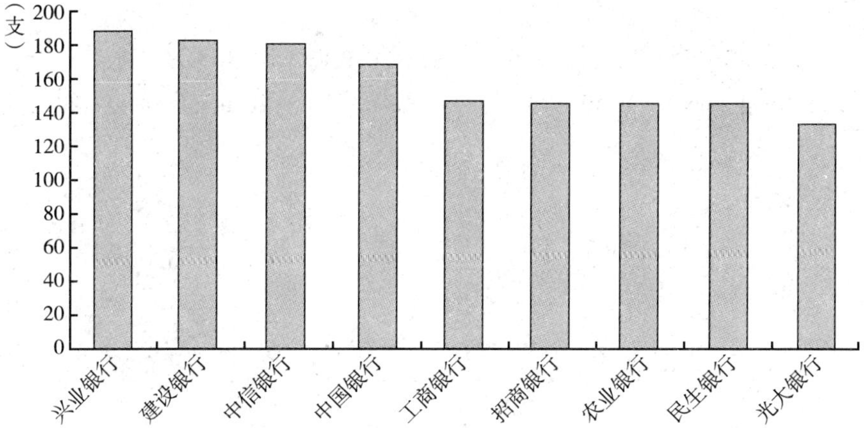

图 34　2012 年部分全国性商业银行短期融资债券及中票承销支数

资料来源：http：//static. reuters. com/resources/media/editorial/20130108/2012. pdf。

结合各行承销的短期融资债和中期票据发行金额可以看出，虽然股份制商业银行承销债券支数不低于大型银行，但是其每次承销的规模还是不及大型银行。四大行按承销短期融资债和中期票据的金额划分，以较大优势排名前四，具体为建设银行（2822 亿元）、工商银行（2789 亿元）、中国银行（2391 亿元）和农业银行（2058 亿元），排名榜首的建设银行和位居次席的工商银行间的差距非常微小。股份制商业银行中，虽然光大银行承销支数少，但其承销金额最高，为 1514 亿元。兴业银行以 1500 亿元的规模紧随其后。民生银行在榜上排名最末，但其承销金额也超过了 1000 亿元（见图 35）。

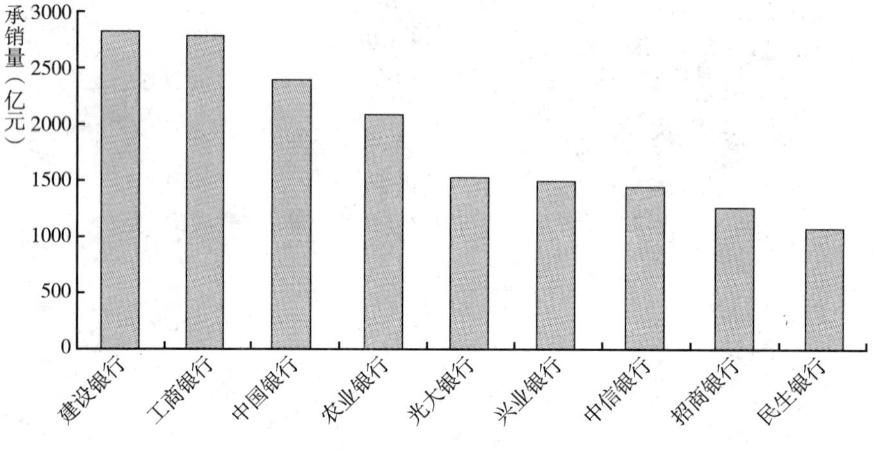

图 35　2012 年部分全国性商业银行短期融资债券及中票发行金额

资料来源：http：//static. reuters. com/resources/media/editorial/20130108/2012. pdf。

B.4

2012 年中国城市商业银行竞争力评价*

2012 年国际经济金融形势复杂严峻，国内经济增长总体稳定，中国银行业规模平稳增长，资产质量和流动性状况保持稳定，资本实力和风险抵御能力有所增强。但部分地区的个别银行资产质量较 2011 年有所恶化，城商行不良贷款余额和不良贷款率双双增加。同时，银行业经营环境和监管政策正在发生一系列重要变化，利率市场化、金融脱媒、互联网与信用中介过程的结合等因素使中国银行业竞争日趋加剧，城商行需要通过转型来应对外在环境变化的冲击和利用其中的机遇。

一　城商行财务状况

城商行是国内城市信用社改革的产物。2012 年 4 月 6 日浙江省象山县绿叶城市信用社成功改组为宁波东海银行，标志着城市信用社改制工作基本完成，城商行组建也基本告一段落。2012 年，城商行“一增一减”：“一增”是宁波东海银行组建成立；“一减”是深圳发展银行将原平安银行吸收合并，并于 2012 年 8 月 2 日正式更名为“平安银行股份有限公司”（本报告中取自中国银监会 2012 年年报和银监会网站的数据未作可比口径调整）。根据银监会年报，截至 2012 年底，我国共有城市商业银行 144 家，与 2011 年底持平。

2012 年，城商行资产负债规模及其在全部银行业金融机构中的占比延续了持续增长的趋势；不良贷款余额和不良贷款率较 2011 年实现“双升”，拨备覆盖率、资本金充足性和流动性比率平均值均高于商业银行平均水平，存贷

---

* 本部分由欧明刚、张坤执笔。

比和贷款集中度亦高于行业平均水平；盈利水平较2011年有所下降，但盈利能力与2011年基本持平；成本控制能力有所提升，但地区差异较大；收入结构仍然以利息收入为主。

（一）资产负债情况

2012年城市商业银行规模继续扩张，尽管增速低于2011年，但仍然高于全部银行业金融机构的平均速度。2012年底，银行业金融机构资产总额达到133.6万亿元，较年初增长17.9%，负债总额为125.0万亿元，较年初增长17.8%。城商行整体扩张速度快于银行业整体规模增长速度。银监会2012年报数据显示，截至2012年底，城商行资产总额突破10万亿元，达到12.35万亿元，同比增长23.6%，增速同比减少3.49个百分点；负债总额同样超过10万亿元，达到11.54万亿元，同比增长23.8%，增速同比减少2.65个百分点；所有者权益总额为8075亿元，同比增长21.59%，增速低于2011年的37.7%（见图1、图2和图3）。城商行各项存款和贷款同样保持较高增长速度。2012年底，城商行存款总额超过8万亿元，贷款总额约5万亿元。

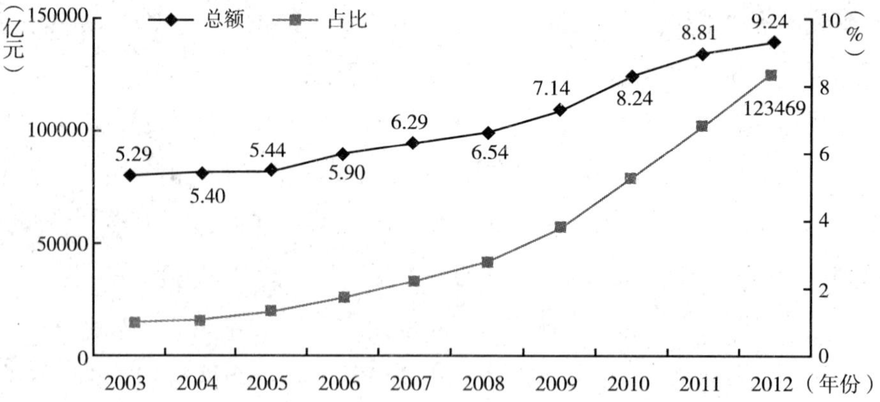

图1　2003~2012年城市商业银行资产总额及其占全部银行业金融机构资产总额的比重

资料来源：银监会2012年年报。

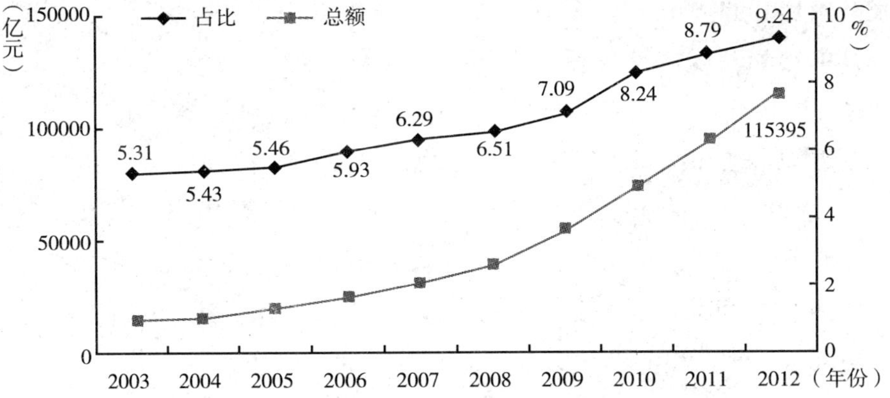

图 2　2003～2012 年城市商业银行负债总额及其占全部银行业金融机构负债总额的比重

资料来源：银监会 2012 年年报。

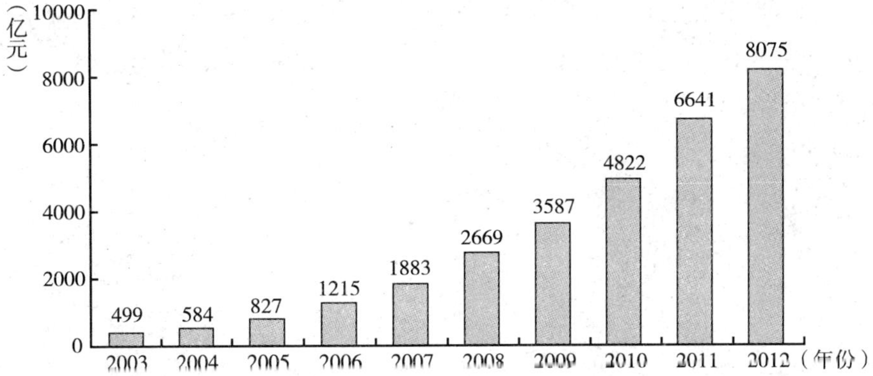

图 3　2003～2012 年城市商业银行所有者权益总和

资料来源：银监会 2012 年年报。

城商行在银行业中的地位持续提升，但仍远低于大型商业银行和股份制商业银行。2012 年，城商行资产总额和负债总额在全部银行业金融机构资产总额和负债总额中的比例延续了 2003 年以来的持续增长趋势。2012 年底，城商行资产总额在全部银行业金融机构资产总额中的比重由 2011 年的 8.81% 增长至 9.24%，但仍远低于大型商业银行和股份制商业银行的 44.9% 和 15.6%；负债总额占比由 2011 年的 8.79% 增至 9.24%，但远低于大型商业银行和股份制商业银行的44.9%和17.8%（见图1和图2）。

从单个银行看，2012年底资产规模超过1000亿元的城商行达到36家，同比增加9家。其中在2012年，资产总额首次突破1000亿元的城商行是10家，但原平安银行被原深圳发展银行吸收合并。存款规模超过1000亿元的城商行为20家，同比增加4家。在资产、负债、存款、贷款四个单项指标中，北京银行、上海银行和江苏银行仍然位列前三，它们也是仅有的3家资产规模超过5000亿元的城商行。其中，规模最大的北京银行2012年底资产总额突破1万亿元，达到1.12万亿元。

（二）贷款质量

受经济增长放缓以及国际经济低迷等因素的影响，2012年城商行不良贷款余额和不良贷款率出现了“双升”。2012年城商行不良贷款余额延续了2011年二季度以来的增长态势，于2012年三季度末达到最高的424亿元，较2011年二季度末最低时增长了30.1%（见图4）。2012年四季度，城商行不良贷款余额较三季度末减少5亿元，但2013年一季度不良贷款余额再次出现较大增长。

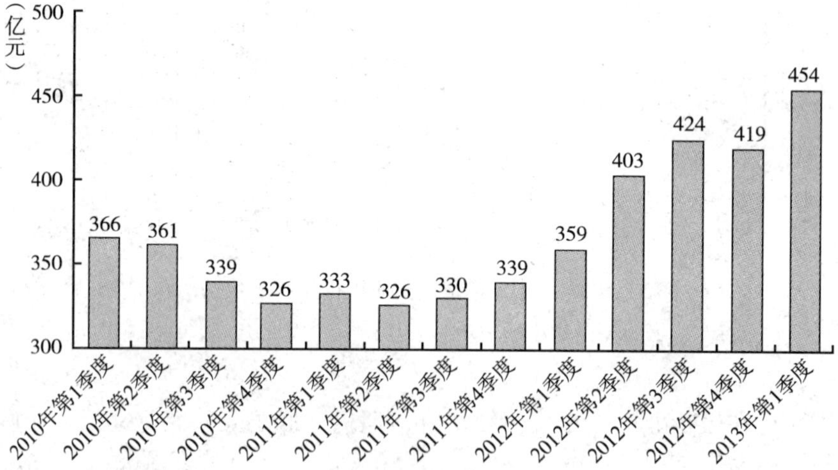

图4　2010年至2013年一季度末城商行不良贷款余额走势

资料来源：银监会统计信息。

不良贷款率较2012年初略有增长，但仍低于商业银行平均不良贷款率。2012年底城商行平均不良贷款率由2011年底的0.8%增至0.81%。与2011年底相比，2012 年一季度城商行不良贷款率减少 0. 2 个百分点，但随后的二季度和三季度，不良贷款率连续增长至年内最大的 0. 85%。与其他类型的商业银行相比，2012 年城商行不良贷款率低于商业银行平均水平的 0. 95% 和大型商业银行的 0. 99%，高于股份制商业银行的 0. 72% 和外资银行的 0. 52%（见图 5）。

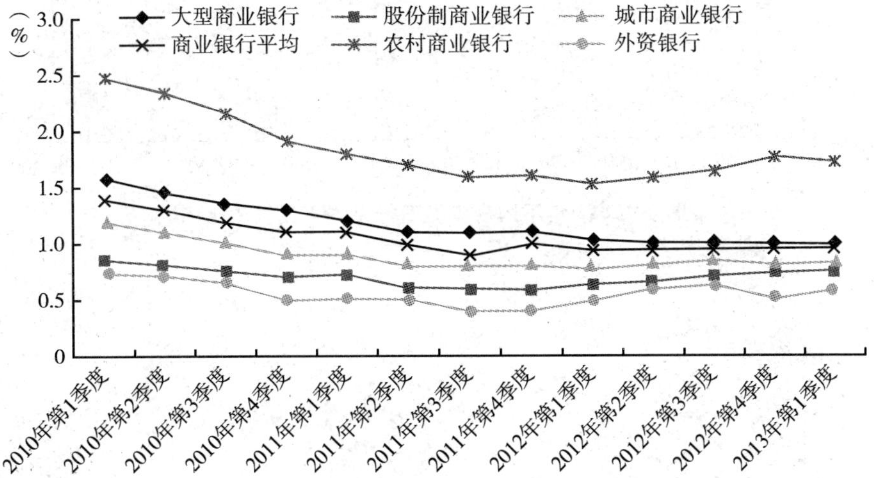

图 5　2010 年至 2013 年一季度各类银行不良贷款率走势

资料来源：银监会统计信息。

不同规模城商行的不良贷款率均值互有差异。资产规模处于 1000 亿元到 4999 亿元之间的城商行不良贷款率平均值为 0. 79%；处于 100 亿元到 499 亿元之间的城商行不良贷款率平均值为 0. 80%；资产规模处于 500 亿元到 999 亿元之间的城商行不良贷款率平均值是 0. 89%；资产规模大于 5000 亿元的 3 家城商行的不良贷款率平均值为 0. 81%（见图 6）。

从不同地区情况看，东部地区城商行受经济增长放缓和国际经济低迷的影响更大，东部地区城商行不良贷款率平均值高于中部地区和西部地区。2012 年，东部、中部和西部地区城商行不良贷款率均值依次减小，分别是 0. 89%、0. 84% 和 0. 71%（见图 7）。东部地区和西部地区城商行不良贷款率平均值相差 1. 8 个百分点。

（三）风险抵偿能力

从整体上看，城商行信贷风险抵御能力仍然保持在较高水平。贷款损失准

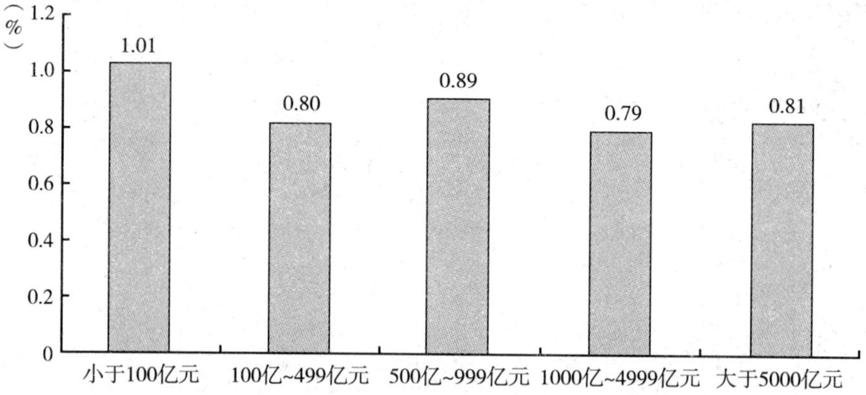

图6　2012 年不同规模城商行平均不良贷款比率

资料来源：《银行家》数据库。

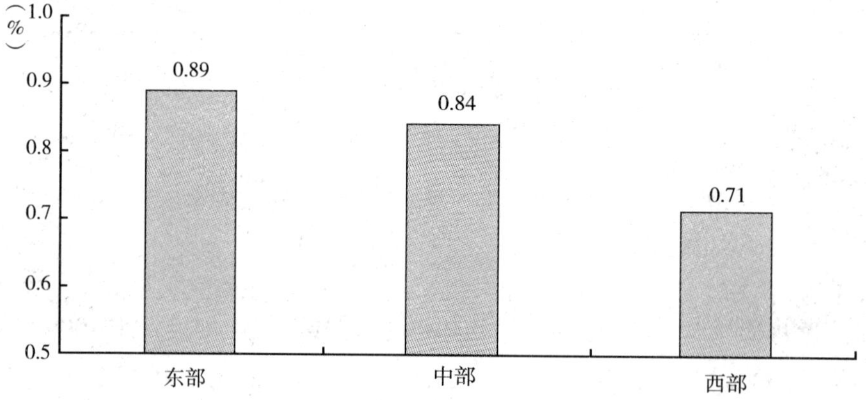

图7　2012 年东部、中部和西部地区城商行不良贷款率均值

资料来源：《银行家》数据库。

备金是商业银行吸收信贷损失的基础，其充足性通过拨备覆盖率来衡量。2012 年底，城商行贷款损失准备金余额合计约 1400 亿元，不良贷款余额为 418.7 亿元，整体拨备覆盖率超过 300%，大于同期商业银行的 295.5%、A 股 16 家上市银行的 292.2% 和 5 家大型商业银行的 282.8%。

2012 年城商行拨备覆盖率平均值超过 500%，高于大型商业银行的 276.0% 和 A 股 16 家上市银行的 315.9%。从不同规模城商行平均拨备覆盖率看，平均拨备覆盖率最高的是资产规模处于 100 亿元到 499 亿元之间的城商行，为

585.8%，其次是资产规模处于 500 亿元到 999 亿元之间的为 563.9%（见图 8）。资产规模处于 1000 亿元到 4999 亿元之间的城商行拨备覆盖率均值为 361.7%，高于资产规模大于 5000 亿元的 3 家城商行拨备覆盖率的均值（见图 8）。

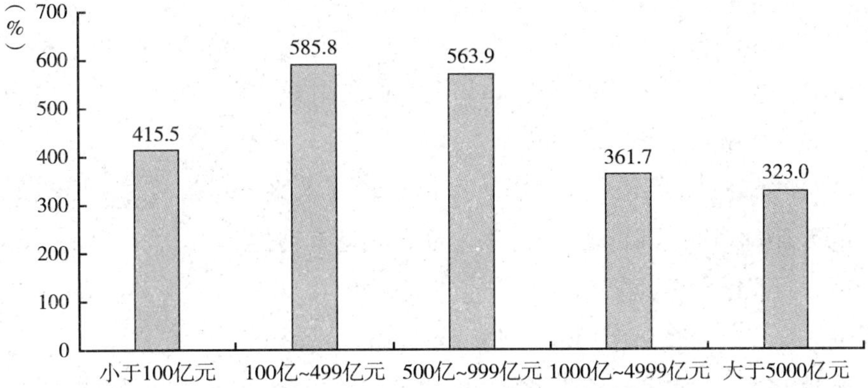

图 8　2012 年不同规模城商行平均拨备覆盖率

资料来源：《银行家》数据库。

从分地区情况看，东部、中部、西部地区城商行拨备覆盖率差异较大，三个地区城商行拨备覆盖率均值之间的大小对比关系与三个地区之间的不良贷款率均值恰好相反。东部、中部和西部地区城商行拨备覆盖率均值依次增加，分别是 382.6%、432.0% 和 763.0%（见图 9）。东部地区和西部地区之间相差近 1 倍。

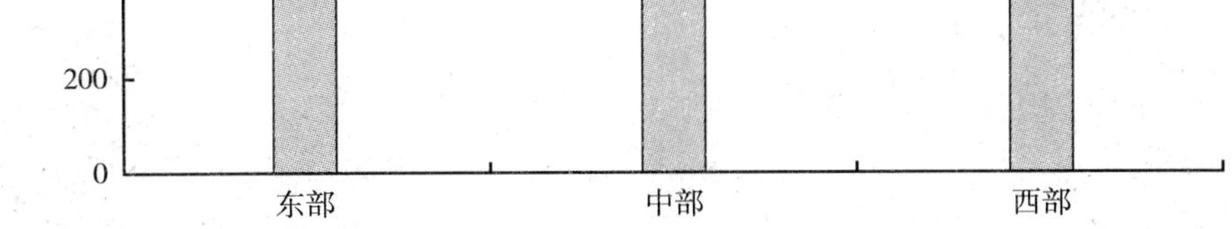

图 9　2012 年东部、中部和西部地区城商行拨备覆盖率均值

资料来源：《银行家》数据库。

（四）资本充足性

资本金是商业银行用于吸收非预期损失而分配和计提的。近年来，国际社会对于资本金的质量、透明度、一致性和资本要求进行了重新的审查和修订。从整体上看，资本金吸收损失的能力更强了，而且资本要求的增加意味着银行业能够吸收更大规模的负面非预期冲击。对于国内城商行而言，它们补充资本金的渠道是有限的，资本工具创新方面也还存在较大空间。

2012 年城商行资本充足性仍然保持在较高水平，尽管较 2011 年稍有降低。截至 2012 年底，我国城商行平均资本充足率均值为 15.0%，同比略有下降，高于商业银行整体的加权平均资本充足率 13.3% 和 5 家大型商业银行的 13.7%；核心资本充足率均值为 13.1%，同比下降 0.6 个百分点，高于商业银行全体加权平均核心资本充足率 10.6% 和大型商业银行的 10.7%（见图 10）。

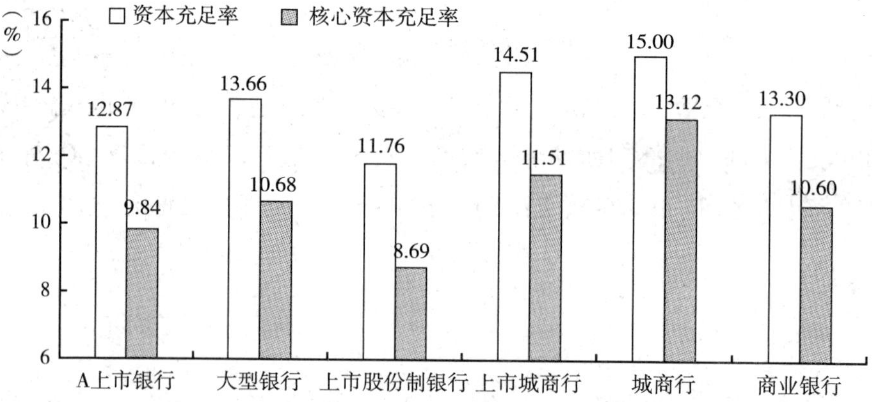

图 10　2012 年不同类别银行资本充足率和核心资本充充足率

资料来源：《银行家》数据库。

从资本结构看，城商行资本管理对于核心资本的依赖度比较高，核心资本与附属资本结构具有进一步优化调整的空间，而且上市与否对于资本结构具有重要影响。图 10 显示，城商行核心资本充足率比较高，仅低于资本充足率 1.8 个百分点，小于全部商业银行的资本充足率与核心资本充足率之差，后者是 2.7 个百分点。此外，A 股 16 家上市银行资本充足率均值高于核心资本充足率均值超过 3 个百分点，而且资本充足率和核心资本充足率均低于行业平均水平。上市城商行资本充足率与核心资本充足率的均值之差为 3 个百分点，远大于城商行平均水平。

城商行在附属资本工具的使用和管理方面较为落后。大部分城商行附属资本主要由贷款损失一般准备的可计提部分和长期次级债构成。2005 年初至 2012 年底，累计共有 64 家城商行（包括原平安银行）发行了次级债，而且长期次级债的大规模发行主要发生在最近 4 年，其中 2012 年共有 17 家城商行发行次级债，创历年来发行次级债的城商行数量最高。大规模集中发行次级债的主要目标是补充资本金，满足监管资本要求，优化资本结构。

在近年来的重组和发展过程中，城商行所有者权益总额整体上呈现持续增长的趋势。从数据来看，2011 年城商行所有者权益与资产总额之比达到历史高点的 6.7%，2012 年降至 6.5%，与 2008 年水平保持一致。2012 年，城商行权益与资产比低于大型商业银行的 6.6%，但高于股份制商业银行的 5.5%（见图 11）。

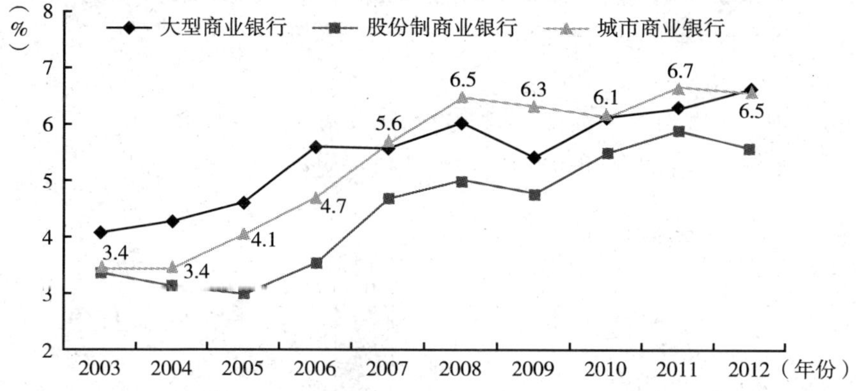

图 11　2003～2012 年三类银行权益与资产比变化趋势

资料来源：银监会年报。

从不同规模城商行情况看，银行资产规模越小，资本充足性越高（见图 12）。其中，资产规模大于 5000 亿元的 3 家城商行资本充足率和核心资本充足率的均值均较小，分别为 12.74% 和 9.53%，资本充足率均值低于资产规模处于 1000 亿元到 4999 亿元之间的城商行资本充足率均值 1 个百分点，核心资本充足率均值低于后者超过 2 个百分点。资产规模处于 500 亿元到 999 亿元之间的城商行资本充足率均值略低于资产规模处于 1000 亿元到 4999 亿元之间的城商行，但前者的核心资本充足率均值略高于后者。资产规模处于 100 亿元到 499 亿元之间的城商行资本充足率与核心资本充足率的均值分别是 15.88% 和 14.20%，均显著高于资产规模更大的三类城商行。

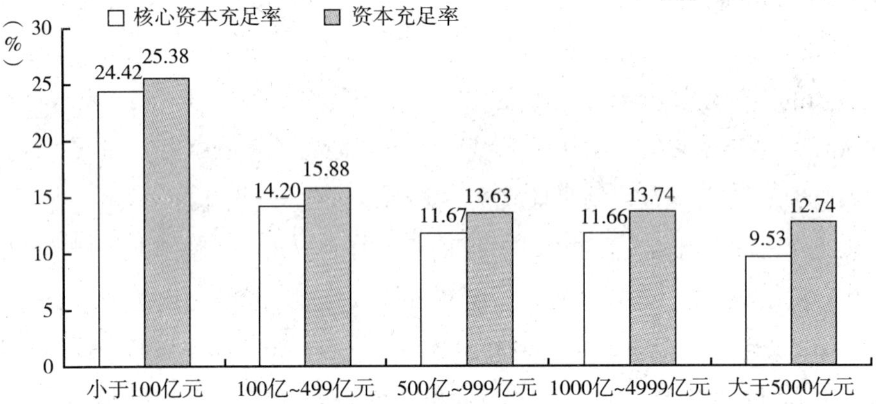

图 12　2012 年不同规模城商行资本充足率和核心资本充足率均值

资料来源：《银行家》数据库。

从分地区情况看，中部地区城商行资本充足率和核心资本充足率的均值均较高，东部地区的这两个指标都排在第三位（见图 13）。

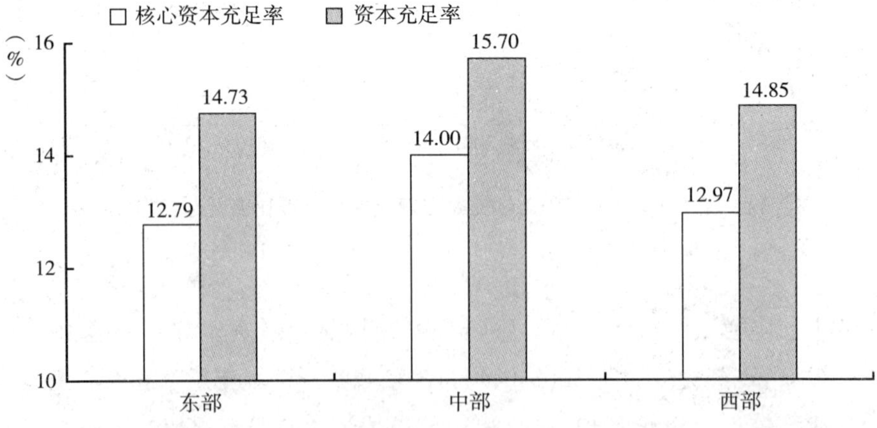

图 13　2012 年东部、中部、西部地区城商行资本充足率和核心资本充足率均值

资料来源：《银行家》数据库。

（五）流动性状况

1. 流动性比例

流动性比例是商业银行偿还短期债务能力的衡量。根据我国的商业银行法，国内商业银行需要保持最低 25% 的流动性资产余额与流动性负债余额比例。2008 ~ 2012 年，我国商业银行整体流动性比例一直保持在 40% 以上，近三年流动性比率连续增加，2012 年底达到 45. 8% （见图 14）。

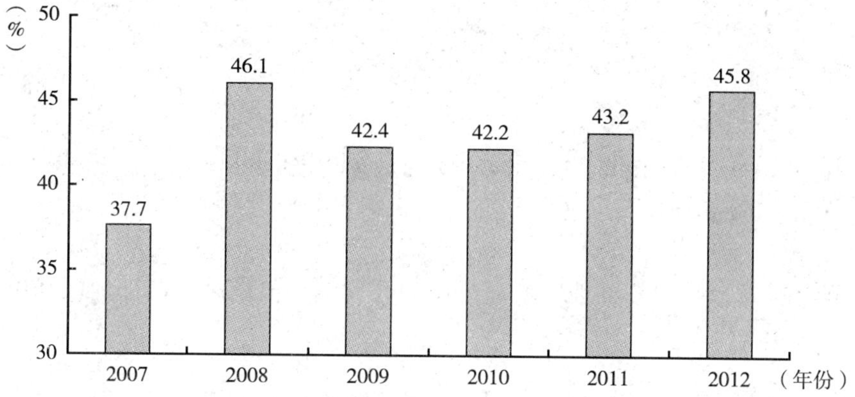

图 14　2007 ~ 2012 年商业银行流动性比例

资料来源：银监会 2012 年报。

从数据来看，2012 年城商行流动性状况仍然保持在较好水平。2012 年底，城商行流动性比例平均值为 53. 8% ，略低于 2011 年水平，高于商业银行整体平均水平和大型商业银行的 44. 3% （见图 14 和图 15）。

从不同规模的城商行来看，资产规模较大的城商行保持较低的流动性比例。其中，资产规模大于 5000 亿元的 3 家城商行流动性比例均值略高于 40% ，为 40. 7% ，在五个不同资产规模类别的城商行中属最低（见图 15）。资产规模处于 1000 亿元到 4999 亿元之间、处于 500 亿元到 999 亿元之间、处于 100 亿元到 499 亿元之间的城商行流动性比例均值依次增加，分别为 48. 1% 、54. 4% 和 57. 7% （见图 15）。

从分地区情况看，东部、中部和西部地区城商行流动性比例均值基本持

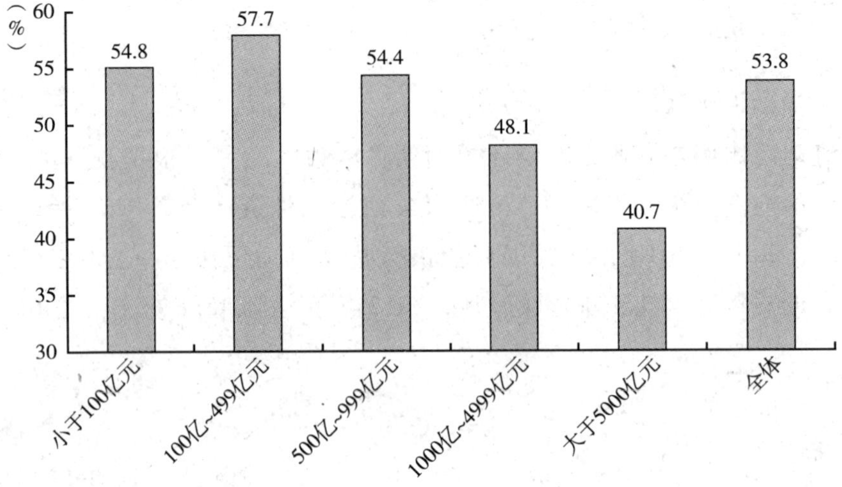

图 15　2012 年不同规模城商行流动性比例

资料来源：《银行家》数据库。

平，略有差异，其中东部地区城商行流动性比例均值稍高于西部地区和中部地区（见图 16）。

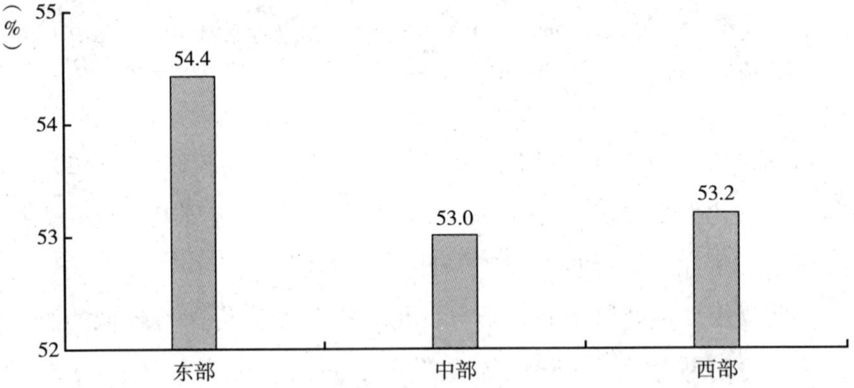

图 16　2012 年东部、中部、西部地区城商行流动性比例

资料来源：《银行家》数据库。

2. 存贷比

存贷比亦称“贷存比”，是银行贷款余额与存款余额之比。自 1994 年实行资产负债比例管理制度以来，国内银行业一直都存在存贷比管制，该指标主要被用作监控商业银行安全性、流动性、效益性的重要指标之一。2003 年修订的商业银行法保留了存贷比指标，并明确规定商业银行存贷比不得高于 75%。在 2010 年中国银监会对大型银行实施的“腕骨”（CARPALs）监管体系的七大类 13 项指标中，存贷比作为流动性指标之一得以保存，并根据各行具体情况具体设定。

在近两三年之前，国内银行业实际存贷比与 75% 的红线距离较远，该指标并未成为业务发展的限制。然而近两三年来，银行业存款竞争不断加剧，存款余额的波动性有所增加，同时贷款增长仍然保持较高的速度，存贷比控制的影响逐步显现。每到考核时点，银行都需要采取各种手段来吸收存款，一些银行也因存贷比较高受到监管部门的提示。存贷比指标的废、留或放宽遂成为银行业一个重要的课题。

2012 年城商行存贷比仍然保持在较低水平。2012 年底，我国城商行存贷比均值为 58.0%，同比略有下降，低于同期大型商业银行的 66.9%。其中，资产规模大于 5000 亿元的 3 家城商行存贷比均值最高，为 68.8%，资产规模处于 1000 亿元到 4999 亿元之间、处于 500 亿元到 999 亿元之间、处于 100 亿元到 499 亿元之间的城商行存贷比均值依次增加，分别为 55.9%、56.1% 和 59.3%（见图 17）。

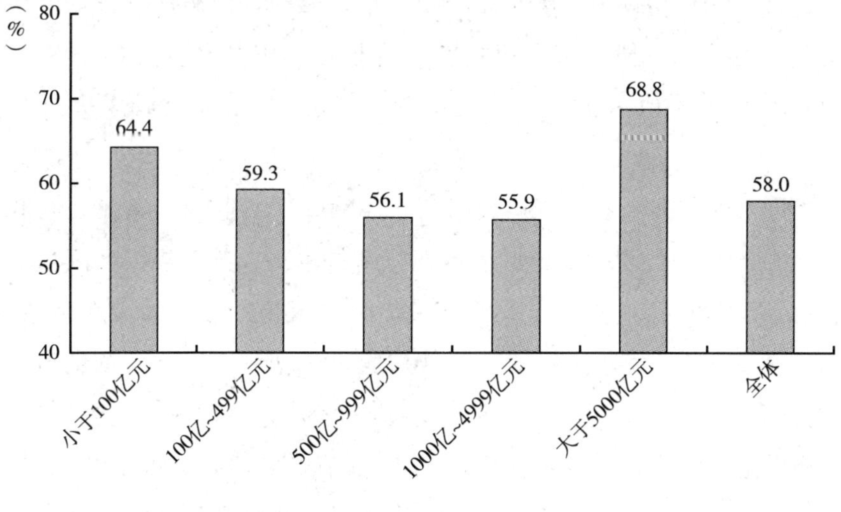

图 17　2012 年不同规模城商行存贷比

资料来源：《银行家》数据库。

从分地区情况看，东部地区城商行存贷比较高。2012 年东部地区、中部地区和西部地区城商行存贷比均值依次下降，分别为 61.1%、57.1% 和 53.6%，东部地区和西部地区相差 7.5 个百分点（见图 18）。

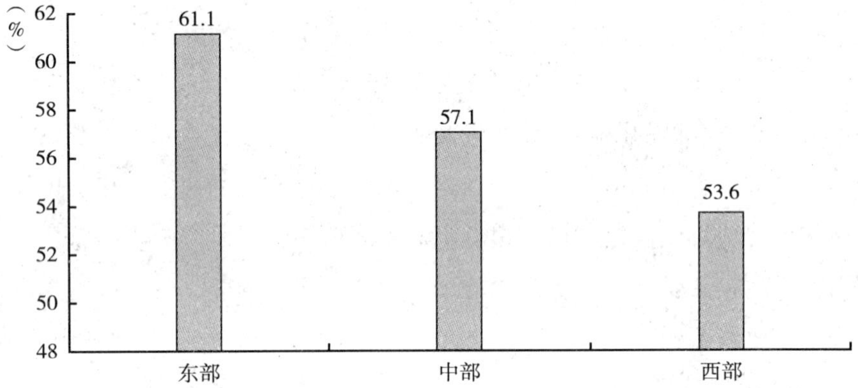

图 18　2012 年东部、中部、西部地区城商行存贷比

资料来源：《银行家》数据库。

3. 负债存款比

负债存款比描述银行的融资结构，该比例越高，说明银行融资对于存款的依赖程度越高。一般来讲，存款是较为稳定的资金来源。2012 年底，城商行负债存款比均值为 79.9%，比 2011 年底的 82.5% 下降了 2.6 个百分点。

从不同规模区间来看，资产规模处于 1000 亿元到 4999 亿元之间和大于 5000 亿元的城商行负债存款比低于城商行平均水平，其他规模区间城商行负债存款比高于平均水平（见图 19）。其中，资产规模处于 1000 亿元到 4999 亿元之间的城商行负债存款比最低，但 2012 年只有处于该规模区间的城商行负债存款比同比有所增长。

从不同地区情况看，东部地区城商行负债存款比最高，西部地区最低，且低于城商行平均水平（见图 20）。2012 年东部、中部和西部地区城商行负债存款比同比都有所下降，降幅最大的是东部地区。

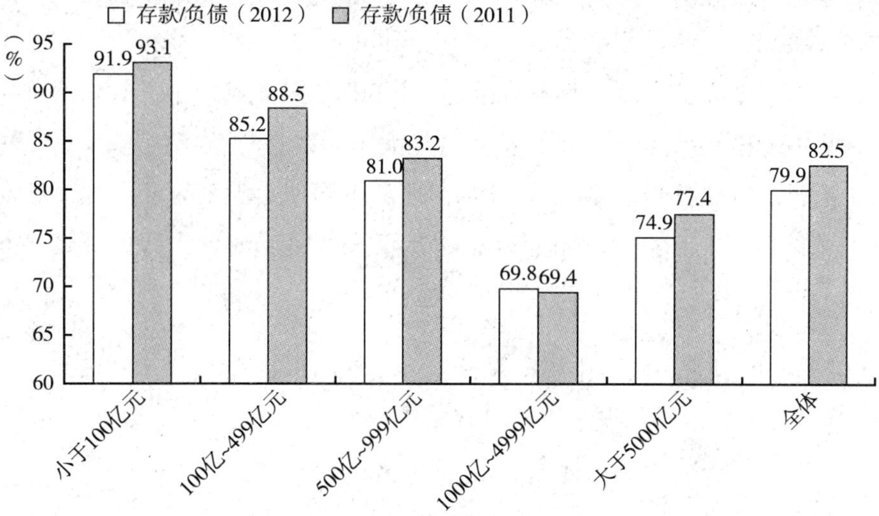

图 19 2011 年和 2012 年不同规模城商行存款负债比

资料来源：《银行家》数据库。

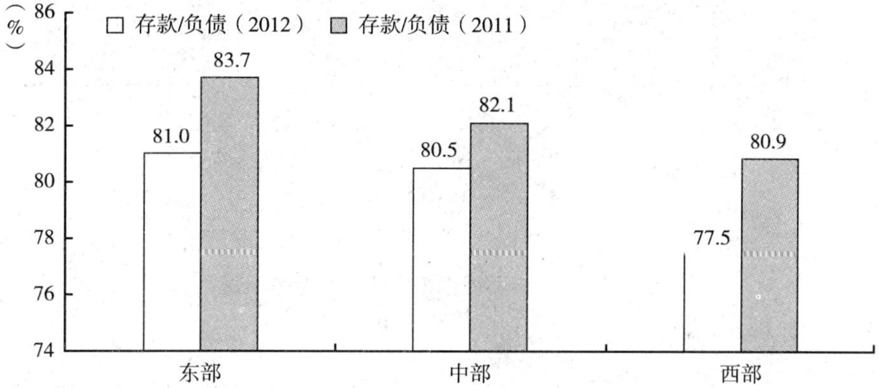

图 20 2011 年和 2012 年东部、中部和西部地区城商行存款负债比

资料来源：《银行家》数据库。

（六）贷款集中度

贷款过于集中不利于分散个别客户、行业性和地区性风险。贷款集中度一般通过最大单一客户贷款集中度和最大十家客户贷款集中度两个指标来衡量。

我国商业银行法规定，对同一借款人的贷款余额与商业银行资本余额的比例不得超过10%。

贷款集中度高是城商行普遍面临的一个问题，特别是对地方政府融资平台的贷款集中度比较高。2012 年，城商行最大单一客户贷款比例均值为 6.2%，最大十家客户贷款比例均值为 41.1%，远高于同期大型商业银行的 5.3% 和 24.8%（见图 21）。在一些城商行的最大十家贷款客户中，大部分都是地方政府融资平台。

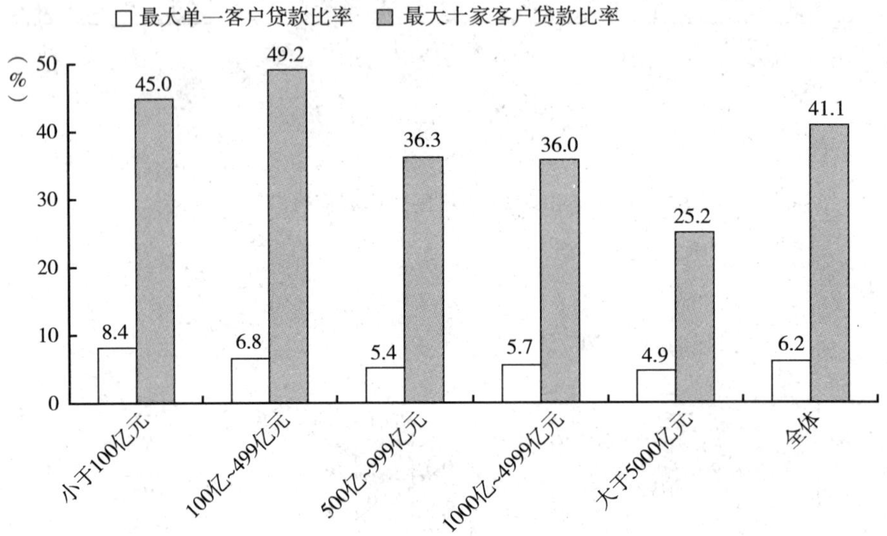

图 21　2012 年不同规模城商行贷款集中度

资料来源：《银行家》数据库。

从不同规模城商行贷款集中度看，资产规模较大的城商行贷款集中度较低。资产规模超过 5000 亿元的 3 家城商行最大单一客户贷款比例平均值是 4.9%，最大十家客户贷款集中度均值是 25.2%，大大低于全体城商行平均水平。资产规模处于 500 亿元到 999 亿元之间的城商行最大单一客户贷款比例均值是 5.4%，低于资产规模处于 1000 亿元到 4999 亿元之间的城商行的 5.7%，但前者最大十家客户贷款比例均值为 36.3%，略高于后者的 36.0%（见图 21）。此外，资产规模处于 100 亿元到 499 亿元之间的城商行的最大单一客户贷款比例和最大十家客户贷款比例的均值都高于全体城商行平均水平（见图21）。

从分地区情况看，中部地区城商行最大单一客户贷款比例均值最大，为6.4%，高于东部地区的6.2%和西部地区的5.9%（见图22）。西部地区城商行最大十家客户贷款比例均值最高，为44.6%，其次是东部地区的40.6%和中部地区的38.8%。

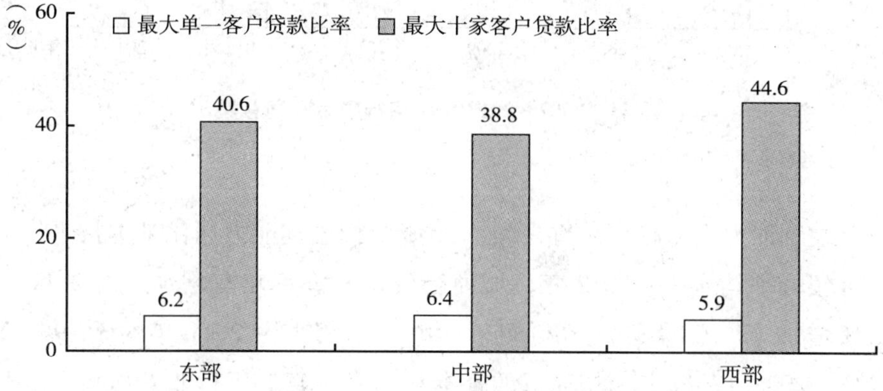

图22　2012 年东部、中部和西部地区城商行贷款集中度

资料来源：《银行家》数据库。

（七）盈利状况

1. 盈利水平和盈利能力

受经济环境及一些地区和行业因素的影响，2012 年银行业盈利水平同比有所下降。2012 年城商行利润总额持续增长，尽管增速仍高于行业平均水平，但增幅同比有所下降。2012 年城商行实现税后利润共计 1368 亿元，同比增长26.5%，增速高于全部银行业金融机构的20.7%和全部商业银行的19.0%，但增长率低于2011 年的40.4%（见图23）。2012 年，城商行利润总额在全部银行业金融机构利润总额中的比重由2011 年的8.6%增加至9.0%，在全部商业银行利润总额中的比重由2011 年的10.4%增至2012 年的11.0%。

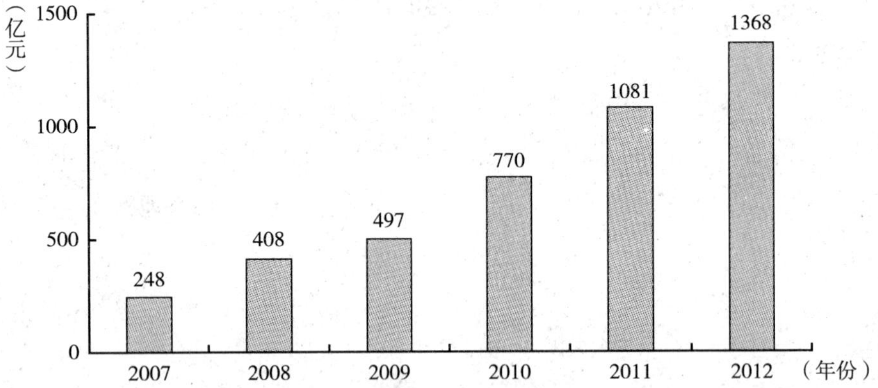

图 23　2007～2012 年城商行税后利润总额

资料来源：银监会 2011 年年报。

从盈利能力变化趋势来看，2012 年城商行盈利能力同比基本持平，但低于商业银行平均水平。2012 年，城商行资产利润率略有增加，由 2011 年的 1.21% 增加至 1.22%，资本利润率则略有下降，由 2011 年的 18.9% 降至 18.6%。2007～2012 年，城商行的资本利润率一直低于行业平均水平以及大型商业银行和股份制商业银行；城商行的资产利润率尽管有所增加，但近两年也低于行业平均水平和大型商业银行（见图 24 和图 25）。

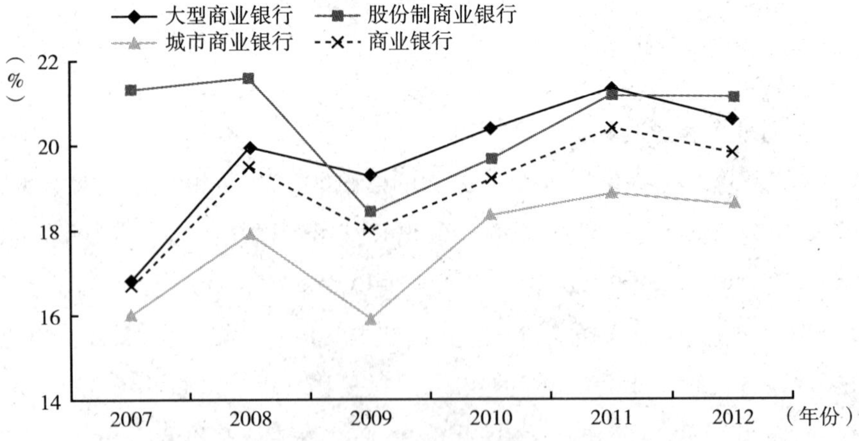

图 24　2007～2012 年三类银行资本利润率变化趋势

资料来源：银监会 2012 年年报。

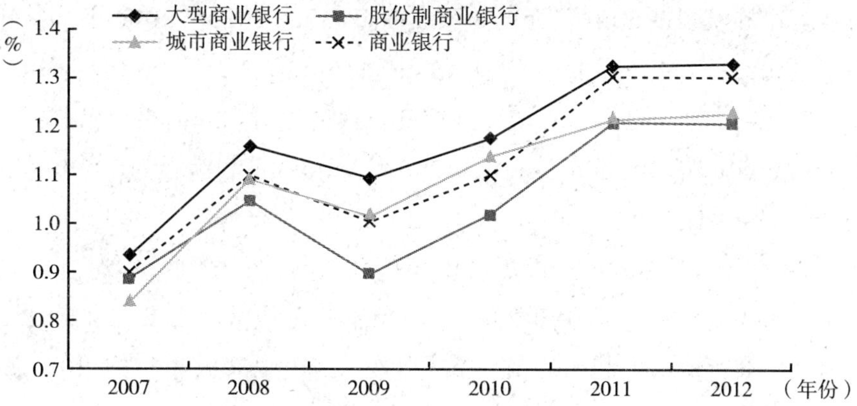

图 25　2007～2012 年三类银行资产利润率变化趋势

资料来源：银监会 2012 年年报。

图 26 中的数据显示，从 2012 年不同规模城商行盈利能力的表现看，资产规模处于 100 亿元到 499 亿元的城商行的资产利润率和资本利润率分别是 1.57% 和 20.53%，高于其他规模区间的城商行和城商行平均水平。资产规模处于 500 亿元到 999 亿元之间、处于 1000 亿元到 4999 亿元之间和大于 5000 亿元的 3 家城商行的资本利润率依次增大，资产利润率则依次减小。其中，资产规模处于 100 亿元到 499 亿元之间和大于 5000 亿元的城商行的资本利润率均值高于城商行平均水平。

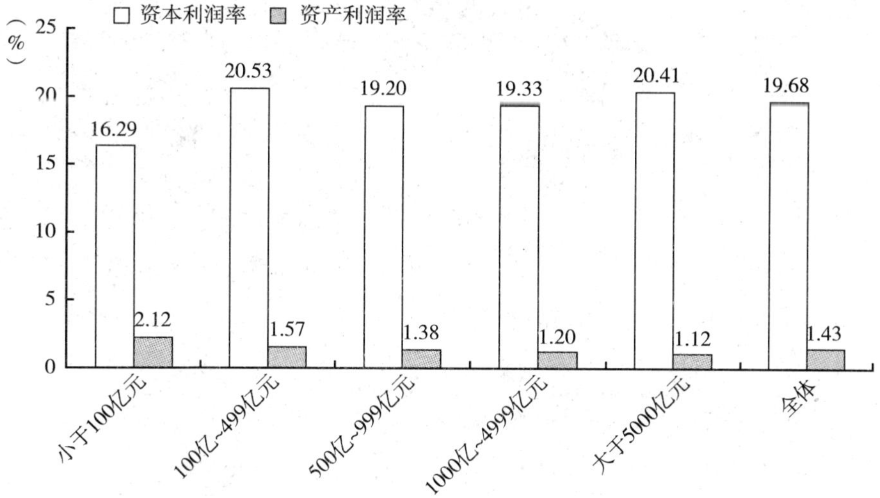

图 26　2012 年不同规模城商行资本利润率和资产利润率

资料来源：《银行家》数据库。

从资产规模超过5000亿元的3家城商行来看，2012年3家银行净利润合计262亿元，占144家城商行净利润的19.2%。2012年，北京银行实现税后利润总额达到116.7亿元，占全部城市商业银行税后利润的8.5%，同比下降近1个百分点。2012年江苏银行的资产利润率和资本利润率列3家银行之首，分别为1.21%和22.7%。

图27显示，从分地区情况看，中部地区城商行资产利润率均值最大，为1.62%，西部地区和中部地区城商行资产利润率均值依次为1.52%和1.29%。西部地区城商行资本利润率均值为22.34%，高于中部地区的21.10%和东部地区的17.48%。

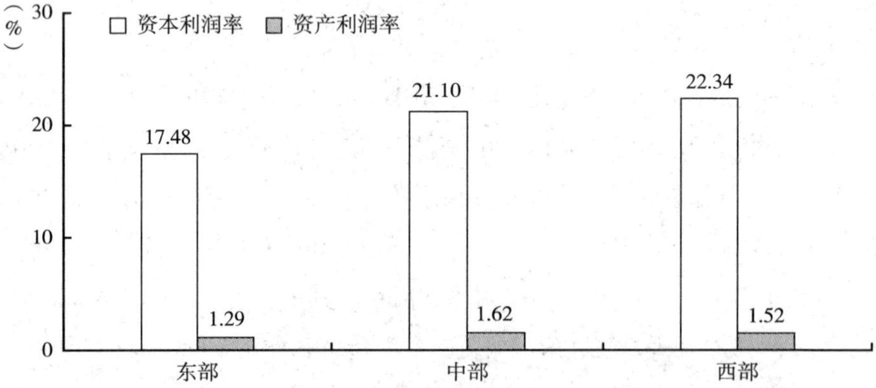

图27　2012年东部、中部和西部地区城商行资本利润率和资产利润率

资料来源：《银行家》数据库。

2. 成本控制

成本收入比是银行成本控制能力的一个重要衡量指标，它揭示了银行为每一单位的营业收入支出的成本。成本收入比越低，说明银行单位营业收入的成本支出越低，银行的获利能力越强。

近年来，城商行的成本控制能力有所提升，但进一步提升的空间仍然存在。2012年，城商行成本收入比均值为32.8%，同比下降1.2个百分点，但高于同期5家大型商业银行的31.3%。

图28中的数据显示，从不同规模的城商行情况看，2012年资产规模大于5000亿元的3家城商行成本收入比均值最低，为30.8%，低于全部城商行和

大型商业银行的平均水平。成本收入比均值最高的是资产规模处于 1000 亿元到 4999 亿元之间的城商行，达到 33.7%，比资产规模大于 5000 亿元的 3 家城商行高出将近 3 个百分点。资产规模处于 500 亿元到 999 亿元之间的城商行成本收入比均值为 31.9%，低于全部城商行平均水平，资产规模处于 100 亿元到 499 亿元之间的城商行成本收入比为 32.8%，与全部城商行平均水平持平。城商行成本收入比与资产规模之间并不存在线性关系。这可能与处于不同资产规模区间的城商行执行不同的发展战略有关，而资产规模处于同一区间的城商行需要做一些类似的活动和投入。

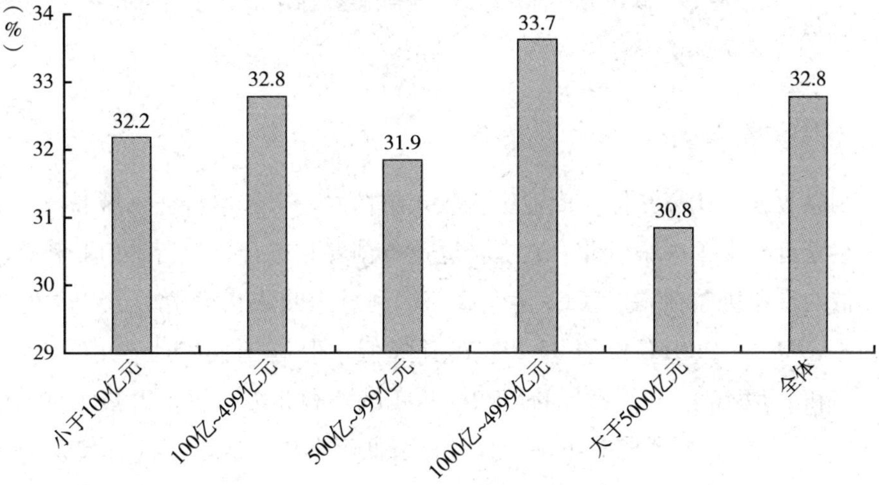

图 28　2012 年不同规模城商行成本收入比

资料来源：《银行家》数据库。

从分地区情况看，东部、中部和西部地区城商行成本收入比均值依次下降，最高的东部地区和最低的西部地区之间相差超过 5 个百分点（见图 29）。其中，东部地区城商行成本收入比为 35.1%，高于城商行平均水平，中部地区和西部地区城商行成本收入比分别是 31.1% 和 29.9%，低于城商行平均水平。地区之间成本收入比的差异可能反映了地区间银行业竞争程度的不同。换言之，东部地区银行业竞争激烈，东部地区城商行为获得与中部地区和西部地区等量收入需要在营销、网点和电子银行建设、系统维护和升级以及人员费用等方面支付更多的成本。

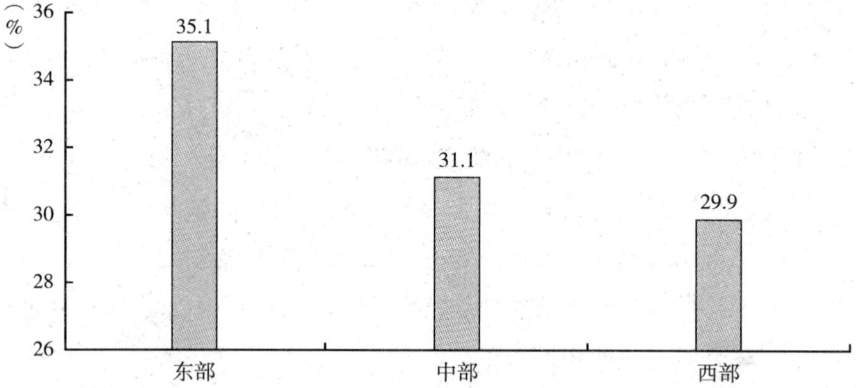

图 29　2012 年东部、中部、西部地区城商行成本收入比

资料来源：《银行家》数据库。

（八）收入结构

利息收入占比高是国内商业银行收入结构的一个普遍特征，城商行也是如此。尽管近年来国内银行业一直在推进业务创新和综合化经营，但非利息收入占比低的现象仍然存在。2012 年，城商行利息净收入占营业收入比重的平均值为 82.9%，比 2011 年的 85.2% 有所降低，但高于同期大型商业银行的 77.4% 和 A 股 16 家上市银行的 82.1%；手续费和佣金净收入占营业收入比重的均值为 4.2%，同比略有下降，并且显著低于大型商业银行的 18.2% 和 A 股 16 家上市银行的 14.9%（见图 30）。

从不同规模城商行收入结构看，资产规模大于 5000 亿元的 3 家城商行的利息收入占比及手续费和佣金收入占比的均值分别是 89.3% 和 8.7%，均高于处于其他资产规模区间的城商行和城商行平均水平。图 28 显示，资产规模越大，手续费和佣金收入占比越高，资产规模大于 1000 亿元的城商行的利息收入占比也高于资产规模低于 1000 亿元的城商行。

从分地区情况看，东部地区城商行利息收入及手续费和佣金收入占比均值高于中部地区和西部地区以及城商行平均水平，分别是 86.0% 和 4.3%。中部地区城商行利息收入占比均值略高于西部地区，二者均低于城商行平均水平，但西部地区城商行手续费和佣金收入占比均值与城商行平均水平保持一致，稍高于中部地区（见图 31）。

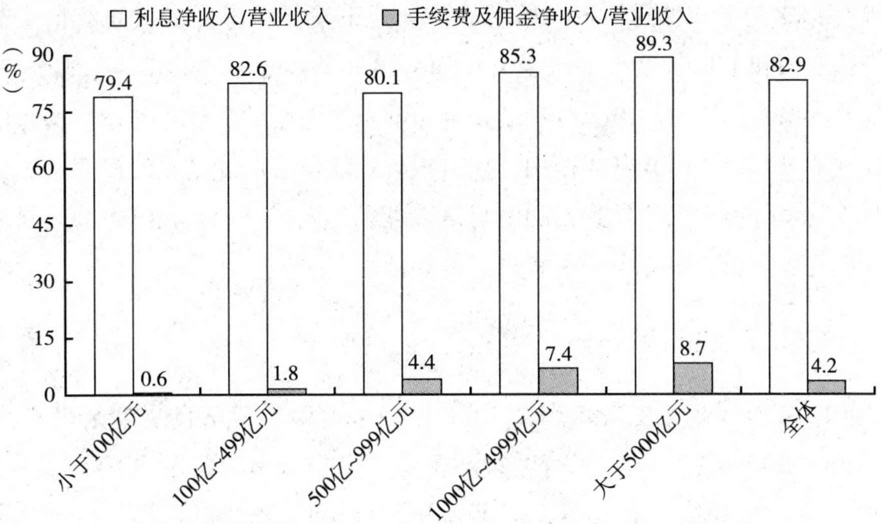

图30　2012年不同规模城商行收入结构

资料来源：《银行家》数据库。

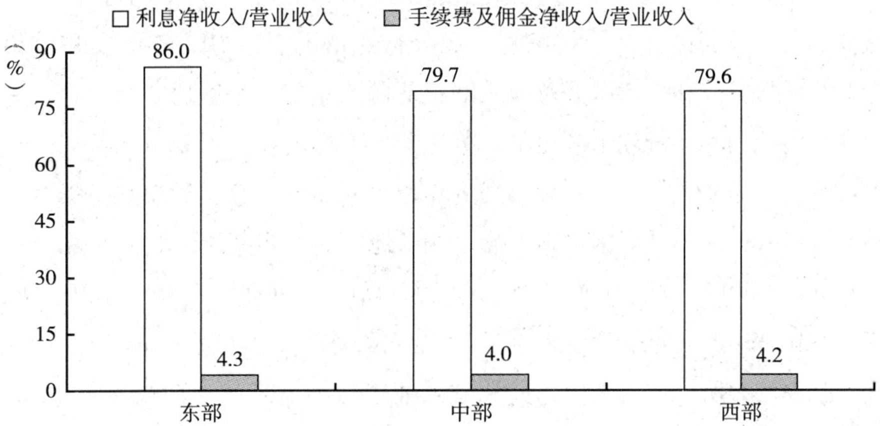

图31　2012年东部、中部和西部地区城商行收入结构

资料来源：《银行家》数据库。

二　城商行发展动向

尽管2012年国民经济运行总体平稳，GDP同比增长7.8%，但增速创

1999 年以来最低。外需不振、国内经济增速下滑导致不良贷款问题抬头，不良贷款余额和不良贷款率双双上升，而且地区差异显著。2012 年，监管部门仍未放行城商行跨省新设分行和公开上市。资本监管的强化、利率市场化以及互联网金融兴起等因素共同作用，使得银行业竞争有所加剧，价格竞争、免费策略等竞争行为大面积发生。随着财富管理和私人银行业务在国内的兴起，城商行也逐步认识到服务高净值客户的重要性。

（一）不良贷款双升

2012 年银行业不良贷款率比 2011 年稳中有降，但不良贷款余额有所增加。截至 2012 年底，国内银行业金融机构不良贷款率仍然保持下降趋势，从 2011 年的 1.78% 降至 1.56%，但不良贷款余额同比增加了 234 亿元，达到 1.07 万亿元；商业银行不良贷款率同比稍有减少，降至 0.95%，但不良贷款余额增加了 647 亿元，达到 4929 亿元。

尽管 2012 年商业银行整体资产质量仍然保持稳定，但是不同行业、不同地区差异加大。根据银监会年报信息，从分行业情况看，2012 年批发和零售业、制造业、科学研究和技术服务及地质勘查业的不良贷款率同比有所上升。其中，批发和零售业的不良贷款余额增加 507 亿元，不良贷款率由 2011 年的 1.16% 增至 1.61%，制造业的不良贷款余额增加 316.8 亿元，不良贷款率从 2011 年底的 1.54% 增至 1.60%。从分地区情况看，东部地区商业银行不良贷款率由 2011 年的 0.9% 增至 2012 年的 1.0%，中部地区和西部地区商业银行不良贷款率均有所下降（见图 32）。地处东部地区的上海、江苏、浙江、福建、山东五省商业银行不良贷款率均有所增加。其中，浙江省商业银行不良贷款率增幅最大，由 2011 年的 0.91% 增至 2012 年的 1.68%，不良贷款余额净增加 403 亿元。紧挨长三角地区的安徽和江西两省商业银行不良贷款率亦有所增加。

如前所述，2012 年城商行不良贷款余额和不良贷利率同比均有所增加。受经济环境向坏及地区性金融风波的影响，不良贷款率亦属东部地区特别是长三角地区最高。其中，福建省 3 家城商行不良贷款率均值为 1.28%，浙江省 11 家城商行不良贷款均值为 1.07%，江苏 3 家城商行不良贷款率均值为 0.90%，均高于东部地区城商行不良贷款率平均水平。

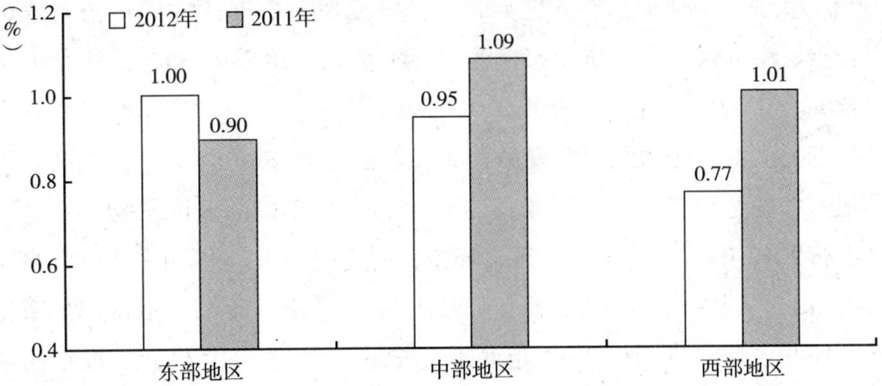

图32　2011年和2012年东部、中部、西部地区商业银行不良贷款率

资料来源：银监会2012年年报。

尽管城商行不良贷款率仍然保持在风险可控的水平上，但东部地区一些城商行不良贷款较2011年发生较大的变化。年报显示，浙江嘉兴银行2012年末贷款总额为200.96亿元，不良贷款余额为3.59亿万元，比年初增加2.03亿元，增幅为131.16%，不良贷款率达到1.78%，比年初上升0.88个百分点，拨备覆盖率减少至173.18%，同比下降152.41%。温州银行2012年底各项贷款余额449.71亿元（含贴现），不良贷款余额为6.07亿元，比年初增加2.45亿元，不良贷款率增至1.35%，比年初上升0.36个百分点，拨备覆盖率155.53%，比年初下降26.37个百分点。金华银行2012年不良贷款为2.60亿元，较年初增加0.82亿元，不良贷款率为1.23%，比年初增加0.24个百分点。浙江民泰银行2012年不良贷款额和不良贷款率均有所上升，不良贷款率从2011年的0.75%增至1.19%。浙江稠州商业银行2012年不良贷款余额为4.43亿元，较年初增加2.41亿元，不良率1.06%，较年初上升0.43个百分点，拨备覆盖率为236.39%，同比有所下降。浙江泰隆银行不良贷款率由2011年底的0.51%增加至2012年末的0.80%，不良贷款余额由2011年末的1.44亿元增至2012年底的2.82亿元。

3家上市城商行不良贷款余额和不良贷款率也是双双上升。2012年底，北京银行不良贷款余额为29.44亿元，较年初增加8.09亿元，不良贷款率为0.60%，较年初上升0.07个百分点。宁波银行截至2012年末不良贷款余额为

11.09亿元，比年初增加2.76亿元，不良贷款率为0.76%，比年初上升0.08个百分点。南京银行不良贷款余额为10.44亿元，比年初增加2.41亿元，不良贷款率为0.83%，比年初上升0.05个百分点。

临近长三角地区的江西和安徽两省城商行不良贷款也发生了“双升”现象。江西省城商行不良贷款率均值为0.95%，高于中部地区平均水平。江西南昌银行2012年不良贷款率达到1.56%，同比增加0.28个百分点，不良贷款余额由2011年末的4.33亿元增至6.41亿元。尽管徽商银行不良贷款率仍然保持在较低水平，但该行2012年底不良贷款余额为9.49亿元，较年初增加2.95亿元，不良贷款率为0.58%，同比提高0.1个百分点。

从具体银行来看，不良贷款的产生既有外部环境恶化的原因，也有自身的原因。就外部环境来看，2012年中国经济增速下滑，再加上地方金融生态环境恶化，东部部分地区特别是长三角地区和部分行业成为不良贷款问题爆发的“重灾区”。民间借贷风波以及“互保”“联保”等问题更加重了东部沿海地区中小微型企业违约风险的扩散。船舶、光伏、钢贸等困难行业不良贷款问题较为严重，制造业、建筑业、批发零售业、交通、仓储和邮政业等行业不良贷款亦有所恶化和显现。

从银行自身来讲，银行的业务战略、客户结构、贷款技术、风险偏好、风险控制能力以及贷后管理能力对于不良贷款管理具有重要意义，这些因素也可以促使银行发挥主观能动性。大部分城商行年报都将不良贷款问题的向坏发展归因于外部环境恶化。但这种看法值得商榷。以同样地处长三角地区的上海银行来讲，2012年上海银行不良贷款余额为32.64亿元，较年初减少0.15亿元，不良贷款率为0.84%，同比减少0.14个百分点，同时拨备覆盖率从2011年底的277.76%提高到285.58%，不良贷款仍然保持“双降”。

近年来，城商行在拓展中小微型企业业务方面表现出较大的积极性。这既是响应政府鼓励金融服务实体经济、支持中小微型企业发展的号召，也是主动调整自身发展战略的必然选择。中小型银行受到经营范围和资金实力的约束，无法为那些大规模企业特别是跨省经营企业提供充足的银行服务。然而，中小微型企业财务相对不透明、缺乏高质量的抵押品、对经济波动较为敏感，发展中小微型企业贷款对银行自身的风险评估和风险控制要求较高。即使是中小微型企业业务发展较为先进的民生银行，2012 年中小微型企业贷款不良率也出现了大幅度反弹，2012 年该行中小企业金融事业部贷款余额为 1260.76 亿元，同比增加 208.59 亿元，增幅为 19.82%，不良贷款率从 2011 年底的 0.69% 增加到 1.55%。随着金融脱媒和利率市场化的推进，大规模企业信贷市场竞争将进一步加剧，利润空间将进一步压缩。银行业特别是中小型银行，将进一步增加在中小微型企业信贷市场的发展力度。城商行可能不得不增加风险容忍度，不良贷款率可能会发生系统性的提高。

此外，房地产业、地方政府融资平台，以及水泥、炼钢、化纤、电解铝等产能过剩行业不良贷款率也有可能继续攀升。银行业压缩和控制房地产业、地方政府融资平台、产能过剩行业贷款，可能会给企业流动性带来较大压力，迫使部分企业降价销售，降低盈利能力和偿债能力。

（二）市场竞争加剧

近年来，我国银行业竞争日趋加剧。其原因是多方面的。银行业做大做强和居民财富管理需要多样化是导致竞争加剧的基础性因素。银行业以存贷款为主营业务，特别是对于城市商业银行，非存款负债在银行业融资结构中占比较低。银行业拓展业务、做大规模需要不断吸收存款。然而银行存款的收益率相对较低，随着居民理财意识的普遍提高和投资选择的日益丰富和多元，居民存款的意愿降低，存款增速很难一直保持在较高的水平，银行吸收存款的难度将持续增大，存款竞争的压力不断增强。同时，银行业存款余额的月度波动幅度也在不断增大。从数据看，2011 年以来各月存款余额变化形成了这样一个模式，即每季度第一个月存款总量减小，此后两个月则持续增加，每季度第三个月存款总量最大，而且波动性有不断增大的趋势。比如，2012 年 7 月，人民币存款余额减少 5006 亿元，8 月新增存款为正，达到 5044 亿元，9 月显著增长，新增存款高达 16500 亿元。对于城市商业银行而言，受制于网点、品牌、声誉等因素的限制，吸收存款的难度更大。

利率市场化程度的提高增加了银行业自主确定利率的空间，为银行业竞争创造了价格工具。中国的利率市场化进程始于 1986 年放开银行间同业拆借利率，之后经历了一系列具有重要意义的改革，如 1997 年放开银行间债券回购利率、2004 年贷款利率管下限存款利率管上限、2007 年建立上海银行间同业拆放利率（SHIBOR）、2008 年允许个人住房贷款利率下浮 30% 等。2012 年 6 月 8 日和 7 月 6 日，中国人民银行两次调整基准利率浮动区间，允许存款基准利率最高可上浮 10%，允许贷款利率最大可下浮 30%。随着存款竞争加剧，用足政策空间的压力越来越大。中小型银行相继将存款利率提高到上限，特别是城商行不得不同时上调各期限利率。在 5 家大型商业银行中，交通银行于 2013 年 2 月份率先开启了提高中长期利率的步伐，上调了相应期限存款利率。

利率市场化不仅会影响银行业存款业务，贷款业务领域的竞争亦会有所加剧。2013 年 7 月 19 日，中国人民银行发布通知，决定自 7 月 20 日起全面放开金融机构贷款利率管制，取消金融机构贷款利率 0.7 倍下限（个人住房贷款利率浮动区间不作调整）允许金融机构自主确定贷款利率水平。贷款利率市场化将会促进大客户贷款市场竞争空前加剧。大客户拥有较高的议价实力，包括城商行在内的中小银行受到的影响将更为显著，城商行的盈利能力可能会受到不利影响。

互联网与金融业之间的融合正在从银行业外部增加银行业竞争。具体而言，从三个方面冲击着中国银行业。一是第三方支付机构繁荣发展，“侵入”银行业支付结算业务领域。从传统上来说，银行业完全垄断支付结算活动，但银行业在满足人们大量的日常零散支付方面做得并不尽如人意。电子商务是第三方支付机构的土壤，随着 2004 年以来电子商务的发展和繁荣，国内第三方支付机构蓬勃发展。自 2011 年 5 月至 2013 年 7 月，人民银行累计发放第三方支付机构牌照 250 家，特许经营范围包括网络支付、预付卡支付、移动支付、数字电视支付等，还有一批机构正在提出申请或计划提出申请。根据中国支付清算协会 2013 年 6 月 27 日发布的《中国支付清算行业运行报告（2013）》，2012 年国内第三方支付市场规模已超过 10 万亿元，其中互联网支付业务 104.56 亿笔，金额 6.89 万亿元；移动支付业务 21.13 亿笔，金额 1811.94 亿元；支付机构成为传统收单市场的重要补充，处理收单业务 15.19 亿笔，金额 3.75 万亿元；119 家支付机构发行预付卡 3.92 亿张，金额 575.55 亿元。

早期，银行和第三方支付机构的利益是一致的。第三方支付机构主要发挥支付中介或渠道的功能，帮助购物者和持卡人实现银行卡在线支付。而且第三方支付机构备付金也是合作银行吸收存款的一个重要来源。然而，“快捷支付”的产生对此产生了颠覆性的冲击。在快捷支付模式中，不需要再跳转到银行服务界面，银行陷入消极的地位，被动处理来自第三方支付机构的借记报文，不再认证客户的身份，不再掌握客户的支付行为和信息。原来银行处于客户支付结算的前线，而现在则被隔离在支付过程之外，成了账户管理人。此外，第三方支付机构正在积极拓展支付结算范围，包括收付款、转账汇款、机票与火车票代购、煤气水电缴费、电话缴费，特别是代销基金、保险等金融产品，而且它们在移动支付领域也非常活跃。

二是第三方支付机构为客户提供账户余额增值服务，进一步增加这些账户对银行存款账户的替代。国内最大的第三方支付机构，支付宝公司一直在筹划为支付宝账户余额的沉淀资金提供增值服务。2012年5月11日，支付宝公司获得证监会颁发的基金支付结算资格，6月13日支付宝的余额增值服务正式推出，首期支持天弘基金管理有限公司的“增利宝”货币市场基金。这款货币市场基金由天弘基金为支付宝用户量身定制，其中天弘基金为唯一销售机构，支付宝则是唯一直销推广平台。支付宝用户的账户变成两个平行的账户，即现有的“支付宝”和“余额宝”，二者通过“转入”按钮对接。在用户把资金转入增值账户的过程中，支付宝和基金公司通过系统对接，为用户一站式完成基金开户、基金购买等过程，当用户将资金从增值账户转出，相当于可随时赎回货币基金。在客户购物支付体验中，客户可以选择上述两个账户之一进行支付。

我国的银行存款账户受利率管制，收益率较低。投资选择的多样化直接影响了银行存款账户的吸引力，银行业维护客户存款的压力不断增大。同时，银行业也在着力发展理财业务，为客户提供高收益的投资选择。特别是开放式理财业务，理财客户可以随时购买和赎回。然而，与支付宝的余额增值账户相比，银行存款账户和理财账户在客户在线购物支付方面显然处于更加不便利的地位。客户需要先赎回理财资金，将其转入存款账户，才能用于支付。而支付宝公司余额宝账户资金可以直接用于支付结算。公开数据显示，2013年6月13日到6月30日，余额宝服务上线刚过半月，累计用户数就达到251.56万，累计转入资金规模达到66.01亿元，累计用于消费的金额为12.04亿元。这足以证明，此类账户对于吸纳社会资金的巨大潜力。2013 年 7 月 1 日，支付宝宣布新版支付宝钱包客户端正式开通余额宝功能，用户通过手机就能实现便利的理财和消费。一旦第三方支付与货币市场基金的结合大面积铺开，或者有其他具有类似功能的账户出现，或者其账户的功能进一步完善，那么银行业存款将面临更大的分流压力。对于以中小客户为主的城市商业银行而言，这种压力将会更大。

三是大数据时代来临，网络贷款以小额贷款为起点，冲击银行业的贷款业务。信息技术进步使得大量的数据可以得到存储和分析，以用于客户信用评估，客户经济行为的透明度得到改善，交易成本则极大地降低了。互联网改变了人们之间的联系方式，弱化了地理上的距离对于人们之间社会关系的限制，促使小额贷款事业摆脱地域限制，并极大地改变了小额贷款业务的商业模式。互联网公司介入小额贷款业务领域的方式有多种。未来会有更多的创新性方式产生，并有可能逐步向大额贷款领业务域扩散。

从目前的情况看，小额贷款是受到互联网普及和发展影响最显著的领域。未来将会有更多的个人使用网络来发放贷款和借款，更多的中小微型企业会使用电子商务。大部分城商行以小额贷款为主，因此需要更加密切地关注互联网公司介入信用中介过程带来的影响。在个人对个人（P2P）网络贷款中，互联网公司提供的是一个 P2P 贷款交易平台或交易场所，它们的基础功能是对借款方进行信用评估和撮合交易。世界上首家 P2P 网络借贷交易平台是英国的 Zopa，成立于 2005 年 3 月。国内首家 P2P 网络借贷交易平台是“拍拍贷”，成立于 2007 年 8 月。有研究认为，P2P 网络借贷的产生预示着小额贷款事业的复兴。

电子商务平台公司与商业银行、小额贷款公司等贷款机构之间的合作是互联网公司介入信用中介过程的另一个重要方式。2007 年 6 月，建设银行与阿里巴巴合作推出新一代网络银行，试图将建设银行的资金和阿里巴巴在网络商户方面积累的数据优势结合起来。2011 年 4 月，双方合作终止了，主要原因可能是双方在信用风险管理理念和利益分配方面存在分歧，也可能是双方战略倾向发生变化。合作结束后，建设银行自己搭建了电子商务平台，即“善融商务”，于 2012 年 6 月开业，阿里巴巴则增加了在小额贷款业务方面的投入，于 2011 年 6 月设立“重庆市阿里巴巴小额贷款股份有限公司”。阿里巴巴金融的另一个贷款机构是“浙江阿里巴巴小额贷款股份有限公司”，成立于2010年6月。阿里巴巴金融通过两家小额贷款公司为阿里巴巴、淘宝网、天猫网等电子商务平台上的小微企业、个人创业者提供“小金额、短期限、随借随还”的纯信用贷款。

我国银行业已经切身感受到（移动）互联网对于信用中介过程和服务方式的影响。除了建设银行之外，交通银行同样于2012年推出网上商城“交博汇”，交通银行还于2012年推出了国内首台“远程智能柜员机（ITM）”。2013年4月20日，农业银行正式推出“E商管家”电子商务服务平台。2013年5月23日，招商银行与敦煌网正式发行“敦煌网生意一卡通”联名卡，持卡人可以根据其在敦煌网上的交易记录，获得最高150万元的贷款。2013年6月4日，中信银行与银联商务有限公司签署战略合作协议，共同推出POS网络商户贷款业务。当前，民生银行也在筹建自己的电子商务公司。在城商行方面，2012年，北京银行中关村分行与全球网公司签署战略合作协议，合作推出中小微型企业网络贷款模式，中小微型企业向北京银行申请贷款均可以通过此平台走完全部流程。此外，一些商业银行逐步开始借助网络发展小额贷款、消费贷款等不同类型的贷款，拓展移动金融服务，发展网络银行和手机银行，计划推出远程智能柜员机和建立网上商城。

互联网带来的并不完全是冲击。银行业与互联网公司之间的合作也存在很大空间。银行业需要充分认识到现代信息技术进步将会对银行业乃至整个金融业带来无法估量的影响，银行业的服务方式、服务模式、管理和流程改造都需要建立在现代信息技术的基础之上。特别是对于受到区域限制的城商行而言，使用互联网可以将自己的服务范围扩展到无限大的区域，突破了地域限制。

为了留住客户，部分中小银行实施让利政策，下调了一些收费标准，取消了部分收费项目。近年来，银行业迫于增加非利息收入的压力，开辟了很多的收费业务。比如，银行在发放贷款时额外收取费用，如财务顾问、咨询费、信用承诺费、担保费等。银行收费透明度较低，而且其中不乏一些违规收费行为。2012年1月20日，中国银监会发布《关于整治银行业金融机构不规范经营的通知》，决定对银行业不规范经营行为进行专项治理，纠正部分银行业金融机构发放贷款时附加不合理条件和收费管理不规范等问题，要求收费服务满足“合规收费、以质定价、公开透明、减费让利”四个原则。

银行业根据相关政策规定，对收费服务价目进行了全面的梳理检查和调整，一些银行相继打出免费策略。比如自2012年4月23日起，江苏长江商业银行取消了金融业务，涉及工本费、跨行汇款免手续费、银行承兑汇票查询费、签发手续费、银行卡和印鉴的挂失手续费、邮电费和电子汇划费等账户类与结算类业务及服务费用，针对小微企业实行“全免费”。

此外，2012年一些城商行推出银行卡“全球全免费”服务策略，受到广泛关注。随着刷卡消费越来越流行和普及，银行卡收费项目的复杂多样成为人们批判的对象。国家发改委和中国人民银行2012年表示要对银行卡刷卡手续费进行调整，中国人民银行于2012年11月19日下发《关于切实做好银行卡刷卡手续费标准调整实施工作的通知》，要求各单位为2013年2月25日起正式实施的新的银行卡刷卡手续费标准做好准备工作。城商行积极主动调整自己的银行卡刷卡手续费。比如，重庆三峡银行于2012年推出银行卡“全球全免费”策略，客户通过网银、柜面、ATM机办理银行相关业务，手续费全免。当前，桂林商业银行、广东华兴银行、华融湘江银行、成都银行、长安银行、长沙银行等多家城商行都实行了“全球取款免费”策略，只要是在带有银联标识的ATM机上取款均免收手续费。2013年1月，国家发改委发布《关于优化和调整银行卡刷卡手续费的通知》，规范银行业和相关机构银行卡刷卡手续费收取行为，下调了餐娱类、一般类、民生类、公益类刷卡消费手续费，其中餐娱类下调幅度最高，达到37.5%。未来，迫于竞争压力，很可能将有更多的发卡机构加入银行卡刷卡消费免收手续费的行列。

（三）掘金私人银行

2007年以来，面向高净值客户的私人银行业务日益繁荣。一是利率市场化、高收益投资选择的相继出现以及居民理财意识的增强降低了银行存款的吸引力，增强了存款竞争和银行吸收存款的成本。银行业希望通过发展私人银行业务来维护客户，将客户的存款保留在行内。二是传统存贷款业务的盈利能力受到市场约束，在依靠资本消耗和贷款发起的发展模式下银行业难以长期保持高速增长。银行业需要以发展财富管理业务为契机，降低业务发展对于资本金的依赖，推进综合化经营，优化业务结构，建立多元化的盈利模式，提高中间业务收入比重。三是从客户需求的角度看，改革开放 30 多年来居民财富积累使得财富管理或私人银行逐渐成为一个巨大的潜在市场，高净值客户财富保值、增值以及财富传承的需求不断涌现。

中国私人银行业务发展始于 2007 年。2007 年 3 月，中国银行与苏格兰皇家银行（RBS）合作推出中国银行私人银行业务。2007 年 3 月 28 日，作为中国第一批私人银行客户专属网点，中国银行私人银行部在北京朝阳和上海浦东正式开业。此后，越来越多的银行进入私人银行业务领域。截至目前，已有包括 5 家大型商业银行、8 家股份制商业银行、5 家城商行和 1 家农村商业银行在内的 19 家银行成立了私人银行部门。

城商行进入私人银行业务领域主要发生在 2012 年。北京银行、上海银行、吉林银行、杭州银行 4 家城商行均于 2012 年启动私人银行业务。包括于 2011 年开始开展财富管理和私人银行业务的青岛银行，截至目前，开展私人银行业务的城商行已达到 5 家。

北京银行于 2011 年正式启动私人银行业务，正式组建私人银行部则是在 2012 年 3 月 31 日。2012 年北京银行还相继成立中关村、深圳、杭州 3 家私人银行中心，形成了零售客户的三级管理与服务模式。设立私人银行部是北京银行实现零售业务战略布局的重要举措，也是北京银行零售业务战略转型道路上一个新的里程碑，北京银行在财富管理领域正式建立起“超越财富”“私人银行”两大财富管理品牌，以及“理财中心”“财富中心”“私人银行中心”三级财富管理体系。北京银行以“1 + 1 + N”服务模式，为客户提供全方位的私人银行服务。中关村私人银行中心成立之初，北京银行表示，其私人银行将重点服务初创期企业主、成长期企业主以及独立型高净值人士。2013 年 6 月 13 日北京银行正式发布私人银行专属借记卡，该卡是专为私人银行客户量身定制的，承载了“从私人到法人”多项高品质专享服务，具有全方位的借记卡交易功能，同时为注重私密的私人银行客户提供更高的安全保障，并具有金融功能、专享优惠和增值服务三方面独特优势。北京银行表示，其私人银行致力于依托中小企业综合金融服务优势，打造“从私人到法人”的无边界服务。

上海银行于 2012 年 4 月 26 日组建私人银行部，2012 年以“打造重点面向中等及以上收入家庭的财富管理专家”为战略重点，以存量优质客户挖掘为抓手，积累并壮大客户基础，加强队伍建设，以“1+1+N”（财富顾问+投资顾问+专家智囊团）的服务模式，为客户提供银行、证券、保险、基金、信托、私募股权投资、不动产、留学、移民等金融和非金融服务。截至2012年底，上海银行管理客户资产达到25.6亿元。

2012年5月18日，吉林银行在该行大连分行成立两周年之际，在大连设立该行首家私人银行。吉林银行私人银行采取“1+1+N”（理财经理+专属私人银行顾问+专业智囊团队）服务模式，为客户制定专属的财富管理解决方案。吉林银行表示，开展私人银行业务是其实施客户分层营销、完善零售业务体系、试水财富管理的重要举措，是实施创新发展、管理提升、经营转型并最终实现弯道超越的一个关键突破点和着力点。

杭州银行私人银行正式成立于2012年10月26日，坚持“近心、尽智”的服务理念，以“专业、专属、专享、专注”为特色，为符合私人银行层级的高端客户提供更有针对性、更为差异化的产品与服务。杭州银行私人银行采用“1+N”的团队服务模式，通过一位贴身的私人银行客户经理和由多位经验丰富的私人银行投资顾问构成的团队为客户进行投资选择和决策，使客户的投资更加安全。

自2004年光大银行推出人民币理财产品以来，国内银行财富管理业务取得了不少进展。2006年，交通银行推出服务高端客户的财富管理，2007年，中国银行推出私人银行。可以说，国内银行业财富管理体系已初步形成，特别是在私人银行业务发展的刺激和推动下，财富管理业务逐步向多样化方向转变。然而中国银行业的私人银行发展仍然处于初级阶段，进一步的发展仍然面临一些亟待解决的问题。

一是私人银行业务与贵宾理财等零售银行业务之间的区别并不显著。一些研究报告更是尖锐地指出，目前私人银行业务仍然是以“卖产品”为主，金融产品和服务整体上仍然围绕传统的储蓄、信贷和中间业务展开，依然留有明显的传统零售银行业务的色彩，且同质化严重。此外，银行的主动管理能力与创新能力不足，代销或推介的信托、私募股权类产品，由于风险文化的不同以及不直接参与资产管理等原因，也存在操作风险。

二是私人银行组织设计仍然不稳定。当前，国内私人银行主要采取“大零售”模式。民生银行、中信银行等进入私人银行业务领域最初采取的是事业部制，但在实践中也逐步进行了调整，并向“大零售”模式靠近。事业部制也是国际上比较流行的私人银行管理模式，但事业部制在国内私人银行领域的运行似乎并不顺畅，在绩效考核和客户拓展方面均存在很大的问题。特别是私人银行部门与零售业务部门和分支行争抢客户资源，如果不能得到分行其他部门的认可和支持，采取事业部制将很难发挥银行的分行网络优势。

“大零售”模式在一定程度上缓解了私人银行部门与零售部门和分行之间的矛盾和冲突，但“大零售”模式也有自己的缺陷。高端财富管理业务是一种私密性极强的金融服务，具有多样化、专业性、尊贵性等特征。成熟的高端财富管理会深深融入高端客户的个人和家庭生活，为其提供财产保全和增值、财产传承、子女教育、移民、税务、法律等方面服务。零售部门和分行的专业性及人员素质的参差不齐会影响私人银行服务品质与客户体验，“大零售”模式下的私人银行业务似乎成了升级版的零售业务，风险偏好的差异不利于开展一些高风险业务，阻碍了私人银行的长远发展。此外，权力分散也会影响业务标准的一致性、资源整合和统一品牌的培育与建设。为实现私人银行业务的专业性和一致性，总行私人银行部门须强化私人银行业务的垂直管理。然而，权利向总行集中不能弱化零售部门和分行协助私人银行部门拓展客户的激励。如何在“大零售”模式之下突破分支行模式的约束，实现总行私人银行部门对分行私人银行部门人员、机构、考核、研发、业务指导、品牌、客户关系等的统一管理，形成一个完整、专业的服务体系，是“大零售”模式的一个重要挑战。

三是高端客户认知滞后。高端财富管理业务要求银行与客户之间建立良好的、稳固的关系，银行客户关系的建立需要双方相互信任和长期积累。然而国内高端财富管理发展历程短，人才、技能、声誉的积累都还有限，财富管理的普及和教育仍然落后，高端客户对财富管理机构的认识不足，不太信任那些年轻的客户经理和投资顾问。国内高净值客户偏年轻，大多数还处于创富阶段，他们对自己的投资管理能力充满信心，个人及家族化色彩浓厚。尽管对于进入守富和享富阶段的高净值群体，其个人、家族色彩会逐步淡化，会更多地委托专业的金融机构和团队进行财富管理，但是当前已进入守富和享富阶段高净值客户仍然是少数派。

四是高素质人才储备不足。高净值群体的迅速壮大和国内财富管理业务的快速发展引发了对高端财富管理人才的迫切需求。在开展高端财富管理业务之初，国内银行主要从该行零售金融部门和公司金融部门抽调、提拔、培养人才。外部招聘境内外高端人才引发了激烈的人才市场竞争。当前，国内私人银行从业人员素质偏低、数量过少、阅历不足，难以满足高净值客户多样化、综合化的复杂需求。高素质人才缺乏已经成为制约国内高端财富管理业务特别是私人银行业务发展的掣肘。

五是私人银行家考核体系尚待完善。完善的薪酬体系是吸引人才、留住人才的重要制度安排。对私人银行客户经理的考核应该区别于传统零售部门，私人银行客户经理需要较高的综合素质，银行业其他部门的薪酬体系无法有效解决他们的薪酬待遇问题。当前，私人银行部门考核指标主要包括客户数量和管理资产规模两类；私人银行客户经理的薪酬由固定部分和绩效工资两部分构成，大部分以固定部分为主。中间业务收入应该作为私人银行客户经理薪酬体系的重要构成部分。然而当前中国私人银行正处于起步阶段，创造的中间业务收入有限，不能过多考核中间业务收入，否则会激励客户经理过于注重销售而不利于长期发展。在处理私人银行与零售部门关系方面，“大零售”模式下一般采取“重复计算”模式，即私人银行部门的一些业务目标和业务量同时全部分配给分支行和零售银行部门客户经理以及私人银行客户经理。但这种考核方法具有自身的缺陷。重复计算考核方式赋予分支行和零售银行部门一个“不劳而获”的机会，因此从长期来看，这种方法是不合理的、不公平的。特别是随着私人银行部门创造的收入和非利息收入等指标在考核中的分量不断提高，这种考核方法的不合理性和不公平性会越来越突出。

六是服务模式的开放性。高端客户的需求是个性化和综合化的，而且他们的需求不限于金融业，还包括法律、税务、医疗、旅行、出国等。银行不得不通过与外部合作共同来满足高端客户的需求，特别是在“分业经营、分业管理”的金融体制之下。服务高端客户需要真正做到以客户为中心。私人银行需要建立开放式的服务模式，首先进行客户需求分析，然后根据客户需求，选择外部合作者，通过与境内外专业的财富管理机构建立合作关系，为客户提供个性化、专业化、综合化的金融产品与服务以及金融解决方案。

七是品牌培育滞后。品牌对于私人银行而言至关重要。品牌化是建立和维护“银行—客户关系”的重要方法，良好的品牌有助于提高可信度。私人银行可以说是金融服务领域的奢侈品，其品牌培育遵循与奢侈品品牌类似的商业规律。私人银行品牌应该是显著差异化的，其拥有与众不同的历史、文化、专业、尊贵、私密、稳重、严谨等个性特征。国内私人银行刚刚起步，它们在客户认知和影响力方面已经取得了很多进展，但总体上看，品牌培育仍然任重而道远：一方面可以借助于所属银行迅速提高知名度；另一方面，要充分借助客户关系管理来培育品牌，让良好的口碑成为品牌建设和维护的重要手段。

未来一段时期，国内私人银行业发展步伐将取决于私人银行如何克服上述问题以及克服上述问题的速度。对于城市商业银行而言，这些问题更为严峻。当前，大型商业银行和股份制商业银行是私人银行领域的主体，并且在人才、网点、客户、品牌、声誉、产品等方面占据优势。然而城商行作为一支新生力量，并且随着更多的城商行开展私人银行业务，它们在私人银行业务领域的地位将不断上升。城商行以服务中小微型企业为主，而中小微型企业是高净值客户的重要来源，因此城商行在开展私人银行业务方面拥有很大的空间。从长期来看，城商行在开展私人银行业务方面的优势在于更加贴近客户，更加便于管理客户关系，但在为客户提供多样化、个性化和全球性的财富管理服务方面将处于不利的地位。城商行私人银行的服务模式需要更高程度的开放性，它们在私人银行品牌培育、人才积累、客户积累、私人银行业务与贵宾理财业务的差异化等方面需要付出更多努力。

三　城商行转型发展

在城商行组建和发展过程中，经过处置不良资产、补充资本金、引进战略投资者、上市、转变经营理念、改造信息系统和管理结构等一系列改革措施，城商行整体盈利能力和稳健性不断提高。然而，城商行进一步发展仍然面临很多问题和难题。特别是当前中国银行业经营环境和监管政策正在发生巨大变化，相比于其他商业银行，城商行面对的压力和挑战更大、更严峻。正如中国银监会主席尚福林在2013年城市商业银行年会上所讲，“当前城商行发展进入关键期，突破口就在转型”。城商行转型发展要求日益迫切，同时城商行之间的差异性越来越大，转型路径和步伐需要体现这种差异性。

（一）特色化发展

特色化，或者差异化，已经提了很多年。从战略管理的角度讲，特色化首先需要体现在一个与众不同的定位上，其次也是更为重要的是，特色化需要商业银行选择一系列经营管理活动，贯彻定位。这两个方面是相互强化的。一个好的定位可以为商业银行选择管理结构、组织设计、人才队伍建设、流程、业务和产品、风险偏好、风险管理和定价技术、信息系统、客户关系管理等活动提供方向和指导。如果商业银行能够选择与定位一致的经营管理活动，那么它们就能够取得高于行业平均水平的利润，为坚持和巩固定位提供理由和基础。

在定位上，监管部门对城商行的要求一直是比较明确的。1995年《国务院关于组建城市合作银行的通知》指出，城商行的主要任务是“融通资金，为本地区经济的发展，特别是城市中小企业的发展提供金融服务”。在组建城商行的过程中，监管部门要求城商行坚持“服务地方经济、服务中小企业、服务城市居民”的市场定位和改革发展方针，在积极支持地方经济发展的同时，拓展自己的市场空间。这一思路在2004年颁布的《城市商业银行监管与发展纲要》中有明确的体现。这一战略定位是符合大部分城商行的基本情况的。城商行的股权结构和人员结构都深深地根植于地方，具有显著的地方特色和特征。与地方政府之间形成密切联系使城商行能够得到当地政府的支持，这构成了城商行竞争优势的一个重要来源。在成立之初，城商行只有充分利用与地方经济之间的“鱼水”关系，密切关注地方经济发展动向，保持自身战略与地方经济发展战略的一致，才能取得良好的发展业绩。

在实践中，城商行对自身市场定位和发展方向的理解和认识一直都存在一些模糊之处。这突出表现在城商行做大规模的冲动非常强烈。不论是在理论上，还是在实践中，中小银行有中小银行的优势，只要做得好，中小银行一样可以获得高利润。与大型银行相比，中小银行管理层级少、结构扁平、比较灵活，人员本地化、比较稳定，便于开展本地业务和关系型业务。中小银行的不足在于，网点少、覆盖面窄，无法充分服务大客户，在抵御地区和行业风险方面处于不利地位，也无法发挥规模经济效应，对优秀人才吸引力较低，支付清算不便利，特别是在高管考核行政化色彩浓厚的情况下，中小银行的影响力小、在监管部门中的地位低，因此几乎没有一家城商行会主动放弃规模扩张。特别是在少数几家城商行通过引进战略投资者、异地扩张、上市等“大手笔”而迅速提高市场地位的激励下，一些城商行一方面继续宣传要“服务地方经济、服务中小企业、服务市民”，另一方面争相跨区域做大规模，跟随大银行，与大银行抢客户、拼网络。2009 年 4 月，银监会下发《关于中小商业银行分支机构市场准入政策的调整意见（试行）》，明确规定城商行设立分支机构不再受数量指标限制。2009 年 27 家城商行设立 36 家分行，2010 年 45 家城商行设立了 59 家分行和 1 家代表处，2011 年至少 28 家跨省分行和 55 家省内分行开业。

毫无疑问，城商行需要走特色化的发展道路，需要找准定位，明确发展方向。2011 年以来，监管部门重新审视了城商行的发展方向和市场定位问题。银监会 2011 年报提到城商行的发展思路应是“立足本地、服务小微、打牢基础、形成特色、与大银行错位竞争”。银监会主席尚福林在 2012 年陆家嘴论坛上指出，“小银行应努力发展成为‘立足于本地发展、立足于特色经营、立足于实体经济、立足于小微企业’的社区性金融机构，真正服务于地方经济”。

城商行的定位可以从“客户（Client）－竞争地（Area）－产品（Product）”三个维度进行分析，确定客户、竞争地和产品的最佳组合。大部分城商行都需要从自身实际出发，立足于当地经济社会情况，发挥地缘和人才优势，发展关系型银行业务，着力服务当地中小微型企业和市民，避免与大型银行同质化竞争，实现自身发展与当地经济发展繁荣的良性循环和共赢。

在客户定位上，城商行需要坚持服务中小微型企业和服务市民。中小微型企业数量庞大，对金融服务的需求强烈，市场潜力巨大。随着金融脱媒和贷款利率市场化的影响不断深化，大型企业信贷市场竞争将日益加剧，银行调整客户结构加强服务中小微型企业是必然的选择。同时随着居民财富积累和财富管理需求不断增大，面向个人的零售银行业务同样也具有巨大的发展空间。在近几年的实践中，大部分城商行都宣称自己定位于“中小企业的银行，市民的银行”，而那些发展得比较好的城商行正是那些能够切实贯彻自身定位的城商行。中小微型企业缺乏抵押物、财务不规范、信息不透明。中小微型企业业务以关系型贷款业务为基础，只能建立在较难于积累、存储、分析、传递和核实的“软”信息上。服务中小微型企业和市民，要求有熟悉当地经济社会情况的员工，要求银行建立扁平的管理层级和较短的决策链条，要求市场敏感性和灵活性，要求与服务大型企业不同的风险管理和定价技术。在这些方面，城商行占据优势。

监管部门鼓励城商行加大服务中小微型企业的力度。银监会主席尚福林在2013年城商行年会上明确指出，城商行的天职就是服务小微，城商行要积极响应中央号召，发挥地缘、人缘优势，支持符合国家产业政策、前景良好的小微企业发展。同时监管部门将在发行小微金融债、设立小微专营机构、实行小微贷款差别化监管等方面继续给予支持。

中小微型企业客户定位需要进一步对中小微型企业进行细分，以确定目标客户群体。细分可以发生在银行层面，也可以发生在分支行层面。首先是行业定位，其次是行业内的企业定位。具体业务的开展需要充分利用中小微型企业社区和集群的力量，围绕核心企业开展供应链融资业务，高度重视与中小微型企业以及中小微型企业商会或协会等合作伙伴的共同发展、共同成长。比如，华融湘江银行坚持“小、精、专、新、特”经营特色，根据中小微型企业集聚共生的原理，创新行业模式化解决方案，通过模式化批量开发客户资源，推出“易易贷”小微企业专属服务品牌，为小微企业提供融资、支付结算和增值服务，开发了物业贷、循环贷等通用型产品及“给力贷”“快捷贷”“信用贷”“信义贷”等特色化产品。再比如，包商银行为不同类别的客户分别设计了“商赢宝”“包时节”“好贷”“诚信”“富农保”五个系列15种小微企业贷款产品，贷款金额从3000元到100万元，贷款期限从三个月到两年，还款方式灵活，贷款审批一般只需3~7个工作日。此外，随着电子商务的发展繁荣，一些城商行可以考虑与电子商务公司合作发展小微企业金融服务，利用互联网技术来改善中小微型企业服务效率。

在区域定位上，除了几家规模较大的城商行可以选择发展成为全国性甚至有一定国际影响力的银行，大部分城商行都需要坚守自己的地方特色，服务地方经济。这与城商行之间差异性日益显著是一致的。2011 年监管部门限制城商行跨区域经营之后，城商行在做深做精本地市场方面投入了更多精力。大部分城商行都提出了要推进网点转型升级，提高基层网点的营销和服务能力。正如银监会主席尚福林在 2013 年城商行年会上所指出的，城商行要重视社区金融的巨大潜力，深耕本地市场，下沉业务重心，金融服务向基层延伸，落实中央“创新社会管理方式”的要求，积极探索服务社区的经营模式。在未来的发展中，大部分城商行可能需要发展成为区域性银行、社区银行或专业银行，扎根当地，培育特色。

在产品定位上，城商行需要发挥自身优势，着力发展关系型银行业务。关系型银行业务涉及这样一个过程，即银行进行客户分析，预测客户需求，并主动满足客户需求。关系型银行业务在本质上是积极主动和前瞻性的，其基础是银行与客户建立伙伴关系，银行不再一味等待客户的到来，而是带着计划主动寻找客户。关系型银行业务往往与中小银行联系在一起，但越来越多的大型银行鼓励分支机构采取类似的策略。关系型银行业务并不局限于关系型贷款，银行提供的大部分产品都需要而且可以建立在良好的“银行—客户关系”基础上。银行与其客户之间的这种关系可以成为银行竞争优势的重要来源。

在过去 30 多年的国际银行业实践中，关系型银行业务在银行业中的地位有所下降，国际银行业越来越以交易为基础。主要原因是，银行更多地依靠非存款负债融资，银行贷款可以出售，银行也可以通过信用衍生品为贷款的信用风险购买保险。在“发起、出售并证券化”的商业模式下，贷款发起银行与借款人之间的逐渐疏远，与借款人有沟通的是那些负责收集和处理还款事宜的贷款服务商，而贷款服务商并不总是贷款发起银行。过于依赖短期批发融资使得银行业期限错配问题日益严重，加剧了脆弱性。新一轮全球金融危机表明，国际银行业在使用货币市场资金等非存款负债、证券化和信用衍生品等方面过于激进了。关系型银行业务比交易型银行业务更加稳定，更加能够为银行带来跨周期的长期收益。

特色化发展需要银行围绕自己的定位来选择一系列经营管理活动，从而使定位得以贯彻落实。无论采取哪一种定位或战略，银行都需要将它的精神和内涵融入银行内部，进行系统性整合。银行业务活动的取舍、各项业务活动或职能部门之间协同机制的建立、网点拓展和布局、业务流程设计、组织结构设计、预算分配、风险偏好、风险管理和定价技术、管理理念和企业文化培育等都要服从并服务于这一定位和战略。

如果不能体现在银行内部结构中，那么定位本身不过是一个口号。服务中小微型企业与服务大型企业需要不同的理念、流程和管理结构。大型企业往往拥有较为健全的财务制度，财务信息透明，管理水平较高，存续期长。在这些方面，中小微型企业往往具有相反的特征。在服务中小微型企业和广大居民方面，银行无法获得必要的财务信息或抵押品，而是需要通过基层人员和部门积累非财务信息。决策权分配需要与决策所需信息的集中保持一致，非财务信息难以在银行内部传递，银行需要更多地向基层授权，以适应客户需求的多样性和提高客户响应能力。这是开展关系型银行业务的要求。授权的本义是，总部将自己做不了的事情或者做起来效率较低的事情交给基层人员和部门来做。向基层授权并不意味着总部的弱化。基层自治对银行总部的控制能力提出了更高的要求，总部需要为基层人员和部门提供行为规范和激励约束。

（二）综合化与专业化

业务范围是国内银行业转型发展的一个重要维度。收入来源过度集中于利息收入被认为是当前国内银行业收入结构的一个重要问题。这一收入结构反映的是，国内银行业发展对于传统存贷款业务的依赖，同时对补充资本金带来了巨大压力。正如银监会主席尚福林在2012年陆家嘴论坛上所指出的，银行业通过高资本消耗支持规模扩张的发展方式难以长期持续。与此同时，银行业提出了推进综合化经营的战略，而且综合化经营被普遍认为是大势所趋，自2002年以来，国家一直在推进综合化经营试点。

关键在于，综合化经营是不是所有银行不论规模大小都以它为首选的商业模式。答案当然是否定的。在典型的综合化经营模式下，银行可以向它们的客户提供多样化的银行服务和其他金融服务。它可以通过我们通常所讲的全能银行、银行保险公司、银行控股公司、金融控股公司等组织形式实现。多元化收益是综合化经营的一个基本理由。综合化经营可以作为大型银行的首选商业模式。然而，综合化经营业务范围广、结构复杂、不同业务条线之间存在较大的风险关联，同时涉及受监管实体和不受监管实体、不同受监管实体所接受的监管方式各有差别，给银行的风险管理和控制带来很大挑战。大部分研究都在关注金融集团附属机构之间的“防火墙”，认为有效的“防火墙”可以促进金融集团更加稳健。如果确实如此，那么不考虑资源约束，中小银行也可以像大型银行一样通过建立“防火墙”来有效隔离风险，确保自身的稳定。然而，事实并非如此。“防火墙”的基本含义是约束、限制或禁止金融集团不同附属机构之间的一些交易活动，以此达到控制风险在各附属机构之间扩散的目的。实践表明，在没有“防火墙”的场合，会出现更多的内部交易，消费者的境况会更糟糕，但在存在“防火墙”的场合，金融业的稳定性并没有得到实质性的改善。仅关注“防火墙”是不够的，而且过于强调“防火墙”的作用反而可能会让金融集团忽略风险的其他一些重要方面。特别是金融危机发生发展过程表明，面对同时冲击金融集团不同附属机构的风险事件，“防火墙”便形同虚设。

业务范围选择的另一个方向是专业化。银行可以选择经营某特定类型的业务，发展成为“专业银行”。专业银行管理难度较低，而且专业化有助于银行在经营过程中积累经验和技巧，有助于提高效率、降低成本以及在具体业务上实现规模经济。中小银行的资源、人才都有限，不应做到面面俱到，可以选择深入挖掘特定业务。

专业化和综合化是银行业两个重要的发展趋势，综合化需要建立在专业化的基础之上。从经济意义上讲，业务过于单一的银行可能难以分散局部冲击的影响，因此需要一定程度的多元化。在美国次贷危机发生发展过程中，受累于美国房地产市场衰退，一大批专营住房抵押贷款业务或者以住房抵押贷款业务为主的商业银行相继破产倒闭，其中包括美国最大的抵押贷款银行——华盛顿互惠银行。但综合化不能牺牲单个业务条线的效率和规模经济。换言之，综合化经营需要将业务条线建立在专业化的基础之上。综合化和专业化需要一个“度”。这个“度”是有弹性的，为了长远发展，暂时牺牲一些效率和投入来进入具有良好发展前景的业务领域是必要的和重要的。

中国银行业经历了专业银行时代，当时工商银行、农业银行、建设银行和中国银行等各有自己的经营范围。但这种专业分工并不是建立在银行业自主战略选择基础上的。随后，综合化经营成为银行业一个首选的业务战略，这也被认为是大中型银行业务转型的方向。大型银行的业务多元化的组织架构基本搭建完成。

一些中小银行也在着力拓展业务范围，以期进入非银行金融业务领域。资本市场发展和债券融资规模增长引发了各家商业银行对债券承销业务的兴趣。近两年来，部分商业银行设立了投资银行部门，其重要业务之一便是债券承销业务，而且债券承销业务已成为不少商业银行投行部的主要收入来源。受大型银行以及股份制商业银行债券承销业务吸引，南京银行、北京银行、上海银行等城商行也取得了主承销资格。

在基金管理公司试点方面，城商行于2013年首次入围。2005年，国内商业银行设立基金管理公司试点工作正式启动。第一批试点3家银行（工商银行、建设银行、交通银行）、第二批试点5家银行（中国银行、农业银行、招商银行、浦发银行、民生银行）共8家银行设立或者参股了8家基金管理公司。2013年银监会与相关部门配合，进一步扩大商业银行设立基金管理公司的试点范围，城商行首次进入试点范围。在2013年第三批试点中，兴业银行也获准设立基金管理公司。这样，5家大型银行和4家全国性股份制商业银行先后设立基金管理公司。

在城商行方面，银监会公开信息显示，北京银行关于发起设立基金管理公司的请示于2013年3月4日获得银监会批复。北京银行联合加拿大丰业银行、北京有色金属研究总院共同发起设立中加基金管理公司，投资1.86亿元人民币并持有基金管理公司62%的股权。2013年3月15日，中加基金管理公司获证监会批准成立。2013年6月14日和6月18日，宁波银行、南京银行关于发起设立基金管理公司先后获中国银监会批复。当前，上海银行与中国机械工业集团有限公司发起设立的上银基金管理有限公司正在筹建过程中。可以预见，未来将有更多发展较好、规模较大的城商行发起设立基金管理公司。

然而，城商行系基金管理公司仍然面临着很多问题和难题。渠道覆盖面广是银行系基金管理公司的重要优势，是银行系基金管理公司能够在短期内快速壮大的重要原因。相比于其他银行而言，城商行网点数量较少、覆盖面较小，渠道优势并不显著。此外，基金管理公司的风险管理不同于传统银行业务的风险管理，而且二者对于人才队伍和知识结构的要求也不一样。城商行系基金管理公司在人才队伍建设、风控管理、品牌声誉等方面仍然面临不小的挑战。

除了那些发展速度较快、规模较大、实力较强的城商行之外，其他城商行需要保持特色，进行专业化经营。大部分城商行资源有限、专业人才缺乏，不能盲目跟风，一味拓展业务范围。否则，业务条线过宽，资源分散，必然会导致面面俱到、面面俱弱，不利于建立和维护竞争优势。综合化经营带来的复杂性，也会给风险管理、风险偏好、企业文化带来很大冲击。集中人才和资源于优势领域，城商行也可以获得较高的收益。

（三）信贷资产证券化

信贷资产证券化是促进传统银行业向现代银行业转变的一个重要金融创新。正强化允许银行将信用风险转移给其他愿意承担风险的投资者和保险人，从而分离贷款发起、贷款融资以及承担和管理信用风险。证券化能够降低贷款业务发展对于吸收存款的依赖，甚至使贷款业务独立于吸收存款，同时为银行业管理信用风险、流动性和改善资本充足性提供了强有力的工具。证券化的这些积极作用对于当前中国银行业而言是非常重要的。但对于中国银行业乃至整个金融业而言，更为根本的是证券化将改变银行业的商业模式，促使银行业和金融市场紧密融合起来。

证券化技术出现于 20 世纪 70 年代的美国，其目的是创造一种向居民住房市场提供更多抵押贷款的工具，以缓解抵押贷款资金不足问题。在基础资产类型方面，证券化技术起先被应用于机构抵押贷款，后来相继被推广到非机构抵押贷款、非抵押贷款和一些结构较为简单证券化产品方面。在证券化技术获得广泛运用之后，特别是一些证券化产品本身也被作为证券化过程的“原料”，证券化产品的结构越来越复杂，链条越来越长。

证券化产品发行和交易促进了银行业与金融市场之间的相互融合和一体化。银行贷款可以以标准化产品的形式进行交易了，包括商业银行在内的贷款机构建立了“发起、出售并证券化”的商业模式。银行发放贷款，并将贷款证券化，所得资金被再次用于发放贷款，它们的贷款业务成为一种“过桥融资”业务。此过程是证券化的信用中介过程，促进了信贷创造，催生了证券化影子银行系统。证券化信用中介过程逐步发展成为信用中介过程中最具活力的部分，一大批投资银行、对冲基金、信用评级机构、保险公司等都参与到证券化信用中介过程，商业银行也通过出售贷款、提供流动性支持等业务活动参与进来，从而与市场更加紧密地联系起来。

中国信贷资产证券化试点正式起始于2005年。2005年，中国人民银行和中国银监会联合发布《信贷资产证券化试点管理办法》，建设银行和国家开发银行获准首批试点，试点额度为150亿元。2007年，工商银行、招商银行、兴业银行、浦发银行、浙商银行以及上汽通用汽车金融公司等机构进入第二批试点范围，试点额度为600亿元。同时，证券化框架渐渐确立，以信贷资产为融资基础，由信托公司组建信托型特殊目的公司（SPV），在银行间债券市场发行和交易。2007年美国次贷危机爆发，之后愈演愈烈，进入2009年后资产证券化试点一度陷入停滞。2005～2008年，共有11家金融机构发行17款信贷资产证券化产品，发行规模共计667.83亿元。

2011年国务院批准继续信贷资产证券化试点，试点于2012年正式重启。中国人民银行、中国银监会、国家财政部于2012年5月份联合发布《关于进一步扩大信贷资产证券化试点有关事项的通知》，对信贷资产证券化的基础资产、机构准入、风险自留、信用评级、资本计提、会计处理、信息披露、投资者要求、中介服务九个相关事项作出了规定。监管部门鼓励金融机构选择符合条件的国家重大基础设施项目贷款、涉农贷款、中小企业贷款、经清理合规的地方政府融资平台公司贷款、节能减排贷款、战略性新兴产业贷款、文化创意产业贷款、保障性安居工程贷款、汽车贷款等多元化信贷资产开展信贷资产证券化。资产支持证券在全国银行间债券市场发行与交易，初始评级应当聘请两家具有评级资质的资信评级机构，进行持续信用评级，并按照有关政策规定在申请发行资产支持证券时向监管部门提交两家评级机构的评级报告。2012年试点额度为500亿元。经中国人民银行和中国银监会批准，2012年9月7日，国家开发银行通过中信信托，以簿记建档、集中配售的方式，向全国银行间债券市场成员发行规模为 101.6644 亿元的“2012 年第一期开元信贷资产支持证券”。这是 2012 年试点重启后的首单信贷资产证券化产品，也是自 2005 年开始资产证券化以来规模最大的一单。试点重启以来，已有 6 家机构发行 6 单资产证券化产品，发行规模为 228 亿元。截至 2012 年 6 月底，我国信贷资产证券化产品累计发行量达到 896 亿元。

在经过 8 年断断续续的试点之后，中国信贷资产证券化迎来从“试点”向“常规化发展”的机遇。2013 年 7 月 1 日，国务院办公厅发布的《关于金融支持经济结构调整和转型升级的指导意见》提出，“逐步推进信贷资产证券化常规化发展，盘活资金支持小微企业发展和经济结构调整”。中国人民银行和中国银监会作为信贷资产证券化的监管部门表示，将研究推动信贷资产证券化常规化发展。

当前，中国信贷资产证券化尚处于初级阶段。一是发行主体相对单一、数量少。中国资产证券化基础资产来源主要是国家开发银行和几家大型商业银行。2012 年试点重启之后，试点范围有所扩大，银监会鼓励更多经审核符合条件的金融机构参与信贷资产证券化。二是发行量较小。资产证券化试点额度在不断增加，但总量仍然比较小。三是证券化对于银行业整体而言，转移和分散信用风险的意义有限。证券化产品主要在银行间债券市场交易。由于商业银行是银行间市场的主要参与者，资产证券化之后，购买者绝大部分还是银行自身，信贷风险仍在银行体系内流转。随着信贷资产证券化常规化发展，将有更多的银行业金融机构参与信贷资产证券化，信贷资产证券化的基础资产范围、发起人范围、合格投资者范围等将进一步扩大，信用评级、信息披露、投资者保护等相关制度和配套措施将进一步完善。

城商行信贷资产证券化产品尚未出现。台州银行、北京银行、哈尔滨银行 3 家城商行进入 2012 年信贷资产证券化试点范围，3 家城商行试点额度为 20 亿元。台州银行公开信息显示，该行已于 2012 年 12 月 28 日将资产证券化项目资料上报至浙江银监局，首期资产证券化计划募集资金 5 亿元，将全部用于扶持地方实体经济发展，争取将项目做足亮点、做出特色。截至目前，北京银行和哈尔滨银行尚未公开开展信贷资产证券化的计划。随着试点推广和信贷资产常规化发展，将有更多的城商行开展信贷资产证券化，调整存量资金、优化信贷结构，管理信用风险和资本充足性。

然而新一轮全球金融危机表明，证券化的影响并不总是积极的。证券化是一种金融创新，是一种技术，具有“双刃剑”的特征。在证券化的条件下，银行可以通过参与证券化过程，赚取手续费、服务费、托管费等。换言之，银行收入不再依赖贷款质量或利息，而是依赖贷款数量或各种费用。如果不考虑其他情况，这一商业模式将严重破坏“自主经营，自负盈亏”的激励结构，从根本上扭曲银行业的贷款行为，改变信贷业务人员和审批人员的风险偏好和谨慎程度。

参与证券化过程会改变银行自身的风险结构。银行业需要认真研究这一变化可能导致的问题，加强管理由此所带来的风险，特别是那些新类型的风险，包括声誉风险、交易对手风险、交易账户风险等。更为重要的一个课题是缓解盈利模式转变可能诱发的激励弱化效应和信用风险变化。这些潜在问题要求银行制定审慎的信用风险管理战略、原则、政策和程序，并一致地、严格地贯彻执行下去。监管部门需要从维护证券化过程有序、稳健运转出发，为证券化过程及其参与者制定规则，并确保规则得以执行。

（四）创新资本管理

银行业资本管理一是要满足监管部门的风险加权资本要求，二是要合理配置和使用资本金。在满足风险加权资本充足率要求上，城商行面临着比大型银行和全国性股份制银行更大的压力和挑战。一般来讲，银行业可以通过改变合格资本总额或风险加权资产总额两个途径来满足监管要求，但城商行补充资本金的渠道有限。在充分利用资本金方面，当前比较流行的是经济资本管理。随着资本监管新规的正式实施，城商行需要付出更多的努力来满足监管资本要求和使用稀缺的资本金。

新一轮全球金融危机引发了国际社会对于银行业资本监管的重新评估和修订，国际社会寄希望于微观审慎监管和宏观审慎监管的结合来改善监管的有效性。2010 年以来，巴塞尔银行业监管委员会（BCBS）提出了一系列改革措施，包括完善资本框架、重新界定合格资本、提高资本要求、扩大风险覆盖、引入杠杆率要求、加强流动性风险管理、完善拨备政策、提出资本留存和反周期资本等。这一套综合性的改革措施被称为“Basel III”。

中国银监会于2012 年6 月7 日发布了《商业银行资本管理办法（试行）》，于2013 年1 月1 日起施行，要求商业银行在2018 年底前达到规定的资本充足率监管要求。为了稳妥推进新的资本管理办法的实施，中国银监会于2012 年11 月29 日印发了《关于商业银行资本工具创新的指导意见》，提出“以商业银行为主体、先易后难稳步推进、先探索后推广”的资本工具创新原则，并于2012 年11 月30 日发布《关于实施〈商业银行资本管理办法（试行）〉过渡期安排相关事项的通知》，要求到2013 年1 月1 日，商业银行应达到最低资本要求，中国系统重要性银行还应满足附加资本要求；过渡期内，逐步引入储备资本要求（2.5%），商业银行应达到分年度资本充足率要求，如需计提逆周期资本或监管部门对单家银行提出第二支柱资本要求，将同时明确达标时限，商业银行应在规定时限内达标；商业银行应分别计算未并表和并表资本充足率，并同时达到过渡期内分年度资本充足率要求。资本要求新规正式实施之后，银行业资本充足率监管要求包括最低资本要求、储备资本要求、逆周期资本要求、系统重要性银行附加资本要求以及第二支柱资本要求（见表1）。

表1　中国银行业监管资本构成

<table>
<tr><td rowspan="6">第一支柱资本要求</td><td rowspan="3">最低资本要求（8%）</td><td rowspan="2">一级资本（6%）</td><td>核心（5%）</td><td>实收资本或普通股、资本公积、盈余公积、一般风险准备、未分配利润、少数股东资本可计入部分</td></tr>
<tr><td>其他</td><td>其他一级资本工具及其溢价、少数股东资本可计入部分</td></tr>
<tr><td colspan="2">二级资本</td><td>二级资本工具及其溢价、超额贷款损失准备、少数股东资本可计入部分</td></tr>
<tr><td colspan="3">储备资本要求（=2.5%）</td><td rowspan="3">由核心一级资本来满足</td></tr>
<tr><td colspan="3">逆周期资本要求（0~2.5%）</td></tr>
<tr><td colspan="3">系统重要性银行附加资本（=1%）</td></tr>
<tr><td colspan="4">第二支柱资本要求</td><td>根据风险判断，针对部分资产组合提出的特定资本要求；
根据监督检查结果，针对单家银行提出的特定资本要求</td></tr>
</table>

资料来源：《商业银行资本管理办法（试行）》。

资本要求得以强化，银行业将在更高的成本上运行。城商行创新资本工具、拓展补充资本金渠道越来越紧迫，面临补充资本金的巨大压力。特别是新资本管理办法实施之后，新增加的储备资本要求和逆周期资本要求都需要由核心一级资本来满足，城商行核心一级资本最低要求将达到7.5% ~10%。由于始终没有看到监管部门放行城商行公开上市的迹象，当前城商行补充资本金的渠道主要有增资扩股、留存利润、发行二级资本工具。此外，强化资本意识、节约资本、减少业务发展的资本占用也是城商行改善资本充足率的重要间接方式。

公开发行股票是银行业补充资本金的重要方式。但自2007年北京银行、宁波银行和南京银行3家城商行在A股公开上市至今，尚未有一家城商行获得公开发行股票的资格。在A股上市遥遥无期的情况下，多家城商行开始把目光从A股转向H股。公开信息显示，上海银行、重庆银行、大连银行、徽商银行已经向银监会递交H股上市申请。上海银行已经于2012年4月的股东大会上通过H股发行方案。重庆银行也于2012年开始筹备H股上市，并于2013年2月的股东大会上通过上市相关方案。在股权转让方面，由于溢价过高，2012年城商行股权转让流拍现象时有发生。

上市无望，大部分城商行都需要通过增资扩股来补充核心一级资本。2012年城商行频频增资扩股或出台增资扩股计划，募集资金主要用于补充资本金和提高资本充足率。比如，威海市商业银行2012年以2011年总股本21.78亿股为基数，按全体股东每10股配约1.94股的比例，向原有股东配售4.22亿股，配股价格为2元，实现增资约8.45亿元。南昌银行于2012年完成第五次增资扩股工作，募集资金12.4亿元，用于优化股权结构。宁波通商银行于2012年向原股东募集45.80亿股，13家股东按持股比例同比例增股。广西北部湾银行于2012年12月完成增资扩股5亿元，注册资本由原20亿元变更为25亿元。厦门银行于2012年6月29日启动增资扩股计划，年内实现扩股3.003亿股，实现增资总额10.51亿元。湖北银行自2011年7月正式启动增资扩股，并于2012年12月累计完成增发12.89亿股，筹集资金34.53亿元。龙江银行继2011年以配售及定向增发相结合的方式发行6.4亿新股后，于2012年9月启动了该行成立以来的第二轮增资扩股，增资计划于2013年初完成。温州银行2012年12月完全2004年以来第五次增资扩股，配股增发2.2亿元（该行于2004年2月第一次增资扩股，增资1.8亿元，2006年6月第二次增资扩股，由资本公积、未分配利润转增注册资本0.5亿元，2006年12月第三次增资扩股，由未分配利润转增注册资本 0.16 亿元，2009 年 12 月至 2010 年 11 月完成第四次增资扩股，定向配股增发 6.5 亿元）。汉口银行 2012 年 12 月 10 日召开的 2012 年第一次临时股东大会审议通过了关于该行五年内的第三次增资扩股方案的议案，最终实现募集资金 23.18 亿元，募股价格为每股人民币 3.8 元（汉口银行曾于 2007 年和 2010 年两次增资扩股，分别增募资金 15.48 亿元和 22.86 亿元）。重庆银行于 2012 年 11 月 1 日第四届董事会审议通过了《关于非公开定向增资扩股的议案》，同意通过非公开定向的方式发行 2.6 亿股份，认购价格为每股人民币 5 元，募集 13 亿元资金用于补充资本金，以提高资本充足率，增强营运能力和抗风险能力。宁夏银行第四轮增资扩股方案于 2012 年 10 月 31 日第四届股东大会临时会议审议通过，计划以每股 3.4 元的价格，定向募集新股 5 亿 ~7 亿股。华融湘江银行于 2012 年研究制定了 2013 年实施增资扩股的初步方案，方案于 2013 年 4 月 28 日召开的 2012 年度股东大会上审议通过，该行将按每 10 股配售 2.5 股的比例，配售股份总数为 1232226275 股，每股为 1.35 元。此外，江苏银行、天津银行、长沙银行、珠海华润银行等城商行也在计划进行增资扩股。

未来一段时期，增资扩股仍将是城商行补充核心一级资本的重要方式。除增资扩股之外，补充核心一级资本主要通过创造利润来实现。在新资本管理办法的合格资本构成中，从利润中提取的公积金和一般准备金以及未分配的利润都可以全部或部分作为核心一级资本（见表 1）。城商行还可以采取利润转增注册资本的方式调整资本结构。但无论采取哪种方式，内源性补充资本金的最终来源是利润。然而，在当前以利息收入为主要收入来源的情况下，创造更多利润意味着需要更多的资本金，或者说，资本金缺乏正是制约利润增长的重要原因。为了保证长期较高的收益，城商行需要拓展业务范围，增加非利息收入，提高资产利用效率，降低业务发展对于资本金的依赖。

在发行次级债方面，2012 年城商行依然非常踊跃。其原因主要有两个：一是城商行补充资本金压力大，二是银监会《商业银行资本管理办法（试行）》要求，银行业从 2013 年 1 月 1 日起发行的非普通股新型资本工具需要包含“减记”或“转股”条款，2010 年 9 月 12 日至 2012 年底发行的不含有“减记”或“转股”条款但满足特定条件的次级债在2013年1月1日之前仍可计入监管资本，2013年1月1日起按年递减10%，2022年1月1日起不得计入监管资本。2012年共有17家城商行发行次级债共244.2亿元，发行期限大部分是10年，发行次级债城商行数量比2011年多一家，但发行总额低于2011年的305.5亿元。此外，浙江泰隆商业银行发行6.5亿元15年期混合资本债券的请示于2011年8月1日获中国银监会批复，并于2012年3月6日成功发行。

二级资本工具是二级资本的重要构成。根据中国银监会《关于商业银行资本工具创新的指导意见》，“减记”或“转股”包括两类触发事件。一是“其他一级资本工具触发事件”，指商业银行核心一级资本充足率降至5.125%（或以下）。二是“二级资本工具触发事件”，指以下两种情形中的较早发生者：中国银监会认定若不进行减记或转股，该商业银行将无法生存；相关部门认定若不进行公共部门注资或提供同等效力的支持，该商业银行将无法生存。当其他一级资本工具触发事件发生时，其他一级资本工具的本金应立即按照合同约定进行减记或转为普通股。当二级资本工具触发事件发生时，其他一级资本工具和二级资本工具的本金应立即按合同约定进行全额减记或全额转为普通股。

发行转股型资本工具涉及多个市场和多个监管部门，还会导致股权稀释。相比之下，减记型资本工具的复杂性较低，发行程序较简单。减记型二级资本工具是二级资本工具创新的一个重要突破。2013年4月17日，天津滨海农村商业银行关于发行次级债的申请获中国银监会批复，可以发行不超过15亿元的二级资本债，用于补充二级资本。2013年7月25日，天津滨海农村商业银行15亿元二级资本债券成功发行，债券期限为10年，含有减记条款，且不含赎回激励条款，附发行人第5年末赎回选择权，票面利率为6.5%。这是国内首支按照资本管理新规发行并附有减记条款的二级资本工具。另有多家银行提出发行减记型二级资本工具。

资本稀缺性和资本成本的增加要求城商行树立资本节约意识，更加充分高效地使用资本金。经济资本管理考虑了资本占用的机会成本，能够将风险和收益统一起来。经济资本管理可以在银行整体和分支机构，也可以在不同业务条线、客户、区域和行业等层面实施。大部分城商行在实施经济资本管理方面还有很多工作要做，包括收集数据、改善数据库，创新风险量化模型，完善信息基础设施，建立以经济资本为基础的资本预算和经营计划，建立以经济增加值和风险调整资本收益率为核心的绩效考评体系，培育和积累专业人才，加强经济资本管理和资本约束的宣传教育，等等。

专家篇

Reports by Experts

2012年，在国际经济形势日趋复杂、国内经济增速有所放缓，中国经济外需下降、要素边际生产率降低、经济结构调整的综合影响下，银行业总体运行平稳。与美欧银行业的普遍萎缩态势相比，中国银行业的增长令人鼓舞。

2013年，资本管制日益严格、利率市场化实质性推进、金融脱媒趋势愈加明显、银行同业间竞争日趋激烈，都将使银行经营环境更为严峻。中国式影子银行繁荣为中国金融业增加了创新的活力，但也成为中国银行业未来风险的渊薮和监管的重点。从经济环境看，中国经济未来10年面临两大主题：经济转型和老龄化，将在多方面重构中国经济发展路径，从而将会深刻地改变中国的产业格局。同时互联网经济正在潜移默化地改变人们的生活和生产方式，银行的经营模式不得不随之改变。

这一过程可能刚刚开始。这意味着，商业银行对资本使用效率的要求提高，商业银行将寻求更高的资产回报，从而在配置资本时更加谨慎。息差压力可能会促使银行将更多贷款投向之前不够重视的私人和消费领域，而减少对基建贷款的支持。未来调整资产负债结构，加强成本的精细化管理，拓展盈利渠道将成为银行业的普遍共识。

在我国商业银行务须转型的关键时刻，为及时把握未来发展方向，由《银行家》杂志和中国社会科学院金融研究所联合主办的高峰论坛于2013年9月13日下午在北京举行。本次论坛邀请中国银行业协会、中国社科院、中央财经大学等机构的专家学者以及众多商业银行的从业领导共同探讨并寻求商业银行转型的应对之策。

B.5 如何保持可持续的竞争力

欧明刚

众所周知，2012 年是在国内外环境非常复杂的一年，中国银行业承受了巨大的压力，中国经济增长放缓使风险管理压力增大，《商业银行资本管理办法》的出台使银行资本管理的难度增加，利率市场化使银行经营模式面临全方位挑战，治理银行收费使中间业务收入增长带来压力，对以非标投资理财产品为主的影子银行业务监管的加强，使银行资产管理业务面临转型压力。令人欣慰的是，这一年里中国银行业经受了严峻的考验。这些在我们的报告中有详细的阐述。那么银行是如何保持可持续的竞争力呢？

在今后几年中，中国商业银行将面临行业内外环境的变化，面临同业和其他领域竞争的变化，应对这些变化，转型是关键。在这里，我想讲几个关键词。（1）节约。具体包括：节约资本、节约开支和节约客户的时间与成本等。哪家银行在这方面做得好，哪家银行就会有更强的竞争力。未来的银行肯定是朝着节约资本的模式走。随着高利润时代的结束，商业银行除了要通过创新来开源之外，节流也是重要的方面，银行如何通过现代技术手段来节省人力。同时也要厉行节约，遏制现在一些银行的大手大脚和铺张浪费（这给银行带来了不好的声誉）。要培养客户的忠诚度，就需要处处以客户为中心，通过流程创新和产品创新，提高效率，节约客户的时间和成本。（2）精细。第一是管理精细，如果开玩笑地说 10 多年前是个傻子办银行都能挣钱的话，现在必须得是精明人才能挣钱。对银行的约束条件越多，不确定性越高，竞争越来越激烈，这些都会对传统的粗放经营模式提出挑战，以后的决策就需要减少些拍脑袋，就要更加精细，更加科学。第二是营销精细。营销要做到精准，做好细分市场。第三是产品精细。在银行产品同质化严重的情况下，需要寻求差异化，需要精细设计。第四是服务精细，银行产品确实很容易模仿，但是在服务方面要模仿到位，确实太难，而服务的差异则往往体现在细节上。（3）创新。要做到上面这两个关键词，还得靠创新。这就包括我们常说的流程创新，产品创新，渠道创新，管理创新。（4）文化。上面所说的主要是从术的层面上来说的，而术也是易于模仿的。真正能支撑可持续竞争力、不易被模仿的还是文化。我们做银行的人都希望银行成为一家百年老店，我们的银行家当然希望自己曾经奉献过的那家银行能够基业常青。如果是这样，我们就需要重视一些基础性的工作，重视公司治理、风险管理、人才队伍建设等基础工程的建设，而不能过分追求短期利益。其中最重要的是文化价值观的打造。有了良好的银行公司文化，就能营造一个良好的工作环境，培养具有忠诚度的团队，就会以客户为中心，使节约、精细、创新成为自觉行动。（5）责任。银行还要追求社会责任。银行与企业、居民及政府打交道，涉及社会经济生活中的方方面面，具有很强的外部性，因此，社会对银行的要求比对其他行业来说明显要苛刻得多。社会责任，不仅仅体现在捐点款、资助某项公益活动方面，还体现在对员工的重视、对环保的重视和良好社会价值观的塑造等。其实社会责任也是能带来巨大的品牌价值的，这种价值会给银行带来巨大的无形资产。为此，银行首先要依法合规经营，依法合规创造价值。其次，重视服务实体经济，只有我们真正在服务实体经济上面做扎实的工作，仔细做一些基础性的工作，才能够把客户留住，才能够赢得新的市场。最后，要重视银行形象。银行需要注意形象的展示，事实上自 2012 年以来，甚至说金融危机以来，全球银行业在世人的印象当中一直不太好。这就需要通过自身的努力去积极改变，就需要做好声誉风险管理和正面形象宣传。但最关键的还是扎扎实实地搞好服务，服务我们的企业，服务我们的社区，服务我们的实体经济，只有这样，我们银行的竞争力才可能可持续，我们的银行才能够立于不败之地。

（作者系《银行家》杂志副主编、中国商业银行竞争力评价课题组副组长、外交学院国际金融系主任、教授）

B.6 银行业要高度关注潜在的业外竞争者

杨再平

我们银行业的业内竞争我觉得已经毋庸置疑，中国有3800多家银行，业内竞争非常激烈。行业集中度低于美国的水平，美国前五大银行的市场占比是50%，而我国的前五大银行只有40%多。近来的发展态势我觉得更应该关注整个银行业的行业竞争，亦就是说银行业要高度关注并积极应对新时代和潜在的行业竞争。

一　业外竞争者

当前需要引起注意的是业外竞争。关于业外竞争有两个词：不速之客和抢食者。银行业外部各种潜在的竞争是我们要关注的，第一，我们大家经常说的金融脱媒、直接融资，关于直接融资、间接融资的论述过去已经说得太多了，这里就不再过多阐述。第二，综合经营，或者说混业经营。商业银行现在开始做保险业务或者做证券业务，这种业务交叉在业内比较明显。同时证券公司和保险公司实际上也在做银行业务。很多的交叉业务、交叉产品层出不穷，我们是互为竞争者。第三，一些非银行业金融机构在抢夺商业银行的市场，它们做的是一些类似银行业务的东西，比如保理、融资租赁，还有一些机构正在做传统的银行业务，这就是中国式的影子银行，比如小额贷款公司、当铺，尤其是最近一段时间以来，不少当铺做的银行业务甚至比银行还赚钱。第四，非银行系的金融，即我们讲的第三方支付。这对银行业来说是抢食银行业的不速之客，包括互联网公司、零售电商以及电信公司等，它们都有可能成为整个银行业的竞争者，因为它们有品牌有网络，有网络就可以做资金的融通。

这些外来竞争者的出现与扩大是银行业发展的必然趋势。首先，改革开放是必然趋势，市场准入门槛会继续放宽，只要符合要求就可以做银行。其次，技术的发展使得物理网点的优势丧失，鼠标替代砖头或者说鼠标+砖头的趋势是不可逆的。第三，金融业自身的发展，混业、跨业、跨产品、跨市场是金融发展的客观规律，银行与证券之间、银行与保险之间的界限会越来越模糊，一旦混业经营这个门槛放低以后，银行盈利的阻力会越来越大，这是一个趋势。

二　银行业应对之策

面对外来的竞争者，我们银行业该怎么办？

第一，我们要有强烈的危机忧患意识，我们要时刻铭记这句话："银行很可能成为21世纪的恐龙。"2000年我看到路透社的一个采访写到，银行家们要为互联网金融、互联网银行的发展感到彻夜不眠，要有这样的危机意识。我们看到历史上的平遥票号，它也有一百多年的历史，后来因为不采用电报作为支付的手段，最后真正不存在了。

第二，要研究现实的和潜在的行业竞争者的优势、劣势以及我们自己的优势和劣势。我最近在看"人人贷"，它们做的是我们不做的，我们做的是长尾效应，就是20%的客户，80%的收益，但是它们做的是80%的客户和那20%的收益。我们要根据这个优势劣势，学习我们的竞争者，学习我们的挑战者。虽然第三方支付还存在着很多问题，但是它之所以能够做大，说明它有它的一些优势。银行应该去学习它的方法，借鉴它的经验来满足消费者的需求。应尽快调整和适应这种众多潜在的行业挑战者和竞争者这个趋势。

第三，对于"外来者"，或者我们讲的不速之客，我们既要欢迎它们，持开放的态度跟它们竞争，也要跟它们合作，我们银行业的互联网金融，实际上就是和互联网合作，我们做第三方支付，进入竞争的市场，其实更多的还是合作。

最后，外来的竞争者进入市场做银行业务的话，一定要有统一的规则，要有规范，这样的话才能形成一个统一的行业规范，才能够可持续发展。最重要的是行动起来，面对众多的竞争者，需要发挥积极性，我看到我们的银行家们动作都非常快，而且都在积极地行动。所以我相信，面临众多的竞争者以及潜在的竞争者的情况下，我们的银行业会发展得更好，也会更好地对实体经济进行服务，银行业在竞争更加激烈的环境下会上一个新的台阶。

（作者系中国银行业协会专职副会长）

B.7

变革银行业务模式，提升行业整体竞争力

王国刚

中国商业银行竞争力报告从2004年开始到今年已经十年，过去十年是中国银行业日子最好过的十年，十年里我们加入了世贸组织，当时许许多多的人为狼来了感到迷惘、困惑，甚至是忧心忡忡。十年过去了，我们今天可以交一份满意的答卷，我们的银行从公司治理角度来讲改成了股份有限公司，并且上市了，这步走得不容易，但我们走过来了，我们的资产总量翻了好几倍，有效地支持了中国经济的发展；我们顶住了美国金融危机的冲击；这十年银行业的利润滚滚而来，以至于有了一个所谓“银行垄断暴利”的说法，其实对于任何一个产业而言，产业本身没有垄断问题，垄断是产业内部的竞争和垄断的关系，中国银行业的集中度不如其他西方国家，所以不存在行业垄断。

中国商业银行竞争力的评价，讲的是商业银行内部的评价，讲的是各家商业银行本身竞争力的评价。但是实际上这十年，就中国金融而言，有另外一个角度的评价，就是中国的银行业和其他金融各业，证券业、保险业、信托业等各业之间的竞争力对比关系。那么你会发现，十年前我们说中国的金融体系是以间接金融为主的这种状况必须改变，可是十年过去，这种状况不仅没有改变，间接金融所占的比重依然在上升。当然这就表明了银行业对其他各业的竞争力非常之强。

在2004年的时候，某些银行就提出要摒弃“存款银行”的战略，走了几年以后发现这条路脱不开，又重拾了“存款银行”的道路。现在是2013年，未来十年又如何？这需要我们深思。我们讲金融要服务于实体经济，这句话本意是好的，但是这句话有另外的理解——金融在实体经济之外，从外面服务于里面。这条路我们走了30多年。这30多年我给它一个说法，中国金融体系是从外部向实体经济植入的经营体系，我给它取名叫外植系。金融是从实体经济

内部产生的，它应该是内生的。最简单的宏观经济模型讲的是居民和厂商，这就是实体经济。居民是资金的盈余部门，厂商是赤字部门，盈余部门提供给赤字部门，这就是实体经济。但是在中国这样一件事被隔开了，厂商和居民之间被隔开了，银行充当了中介，我们称之为间接金融。居民有钱，但在金融选择权方面基本没有什么权利，以至于只能把钱存到银行。截至 2013 年 7 月，居民储蓄存款达到将近 44 万亿元之多，2012 年全年新增长 5.6 万亿元，2013 年 1 ~7 月增加了将近 4.8 万亿元。而企业部门呢，也只能从银行获得贷款。这就是中国的间接经济。从理论上说债券是直接经济，将资金供给者和资金需求者连接起来。但是在中国债券却是间接金融工具，这是为什么？因为在中国，企业债券都是由商业银行作为买方而进行交易的。

我们的金融现状就是这样的。中国在未来十年必须改变这个架构，金融要回到实体经济，要给城乡居民以足够多的金融选择权，给我们实体厂商足够多的金融选择权。在这样一个过程中，才能谈得上商业银行的业务转型。这十年来我们商业银行就公司制度而言确实转型了，但是就资产结构、盈利模式而言，我们转了多少？实际上我们并没有多少在探讨商业银行业务转型需要哪些外部条件？而外部条件不变化，又如何转型？转到哪去？转得动吗？转得动有转的压力吗？按照现有的格局日子好过着呢，为什么要去转。可是如果说我们的金融回到实体经济，我们的转型就必须发生。有三件事希望大家特别关注。

一是十八届三中全会推进的改革。二是中国经济发展方式的转变。三是上海自贸区（中国上海自由贸易实验区），这个实验区要试验的是中国新一轮的制度体制机制层面的改变。关注这三件事，十年后我们再回头来看看，2013 年以后的十年和 2013 年之前的十年银行业可能走的不是一条路。到那时候我们再讲中国商业银行的竞争力，讨论的应该是中国商业银行的国际竞争力了。

（作者系中国社科院金融研究所所长、教授）

B.8

打造中国银行业的未来核心竞争力

罗 熹

改革开放以来，中国银行业的发展成就举世瞩目，特别是近十多年来，中国银行业迎来了发展的黄金时期，国际影响力显著提升。但是，我们还是不时地听到国际上有一些对中国银行业的唱衰和质疑。这不由得使我们想起十多年前，有些国际机构就曾预言，“中国的四大国有银行在技术上已经破产”，但事实上今天我们仍然在健康发展。近两年来，这种唱衰中国的声音又开始鼓噪起来，它们针对的一个重点还是我们的银行业。与此同时，国内一些机构和专家也在不同场合表达了对我们银行业的担忧。这些唱衰和担忧实际上是对中国银行业核心竞争力的质疑。

所以，我想借这个机会，针对这些唱衰和质疑，谈谈怎样评价中国银行业的核心竞争力？我站在商业银行的角度，谈谈三个问题。第一个问题，我们的银行业到底有没有核心竞争力？第二个问题，已有的竞争能力在变化的环境下会不会丧失或转化？第三个问题，未来如何培育中国银行业新的核心竞争力？

一 中国银行业的核心竞争力所在

评价一家银行竞争力高低的指标很多，但最根本的还是盈利能力。我们不妨拿工农中建四大行与前十大国际同业进行一下比较。近十年来，我国四大行净利润的年均增长为32%，而十大国际同业年均增长率仅为0.2%。2012年，我国四大银行占据了全球银行业盈利能力前四强。我们四大行的ROE基本都在20%以上，而国际同业中，最高的富国银行也不到15%。可以说，无论从利润的绝对额还是从利润率来看，我国银行业都是全球领先的。

这么高的盈利能力源自哪里呢？首先来源于我们的规模优势。近十年来，在中国经济持续高速增长的推动下，我国银行业资产、存款和贷款规模增速远远高于国际同业，成为盈利增长最稳定、最主要的驱动力。目前，我国四大行占据了全球银行业存款规模的前四强和贷款规模的前三强。

银行业务规模的扩张要以充足的资本金为基础，这是我们的又一个优势。英国银行家杂志每年公布的全球千家大银行榜单，就是依据银行一级资本规模排名的。最新一期的榜单中，工行首次跃居全球第 1 位，我国其他三大行也都位列前十。最近十年，我国四大行一级资本的年均增长率达 26%，远快于大部分国际同业。

上面两个优势决定收入端，而在成本端我们的优势也很明显。目前我国四大行成本收入比都在 30% 上下，而可比国际同业普遍超过 50%。从人均营业费用指标看，我国四大行大致仅相当于汇丰的 1/3、德意志银行的 1/8。成本优势从哪里来？归根到底是因为我们的劳动力要素更便宜。目前四大行人均员工费用大致仅为汇丰的 40%、德意志银行的 20%。

最后，不得不提的是我国银行业拥有丰富的市场和客户资源。中国银行业长期以来享受着两大红利。一个是人口红利，一个是经济高增长和货币化带来的金融需求红利。而且，我们有本土之利，长期积累的渠道和客户优势是国外竞争对手难以比拟的。目前，四大银行在境内的网点机构超过了 6.5 万家，自助柜员机（ATM）超过 26 万台；不考虑重叠因素，个人客户超过 12 亿户，公司客户超过 1200 万户。

二　中国商业银行的经营可持续性面临四大挑战

以上这些优势是我们在历史发展中逐步积淀起来的。这既是中国经济持续健康发展在金融领域的体现，也是我们银行业积极进取、锐意创新的成果。但是，现在有优势不等于永远有优势，关键要看这些优势能否持续？近年来，中国银行业的经营环境正在发生深刻的变化，我们传统的竞争优势和服务模式也面临严峻挑战。

一是我国正在经历的经济转型。这也是最根本的挑战。过去十年，我国保持了平均 10% 左右的 GDP 增速，但 2012 年以来，已经降到 8% 以下。同时，随着增长方式、产业结构、环境资源等方面的深层次矛盾日益凸显，从政府到企业，都把更多精力投入结构调整上。这种变化，已经给我们银行的经营带来了压力。从去年开始，整个银行业无论存贷款还是利润增速，都明显下降，不良贷款也出现回升势头。现在大家基本有个共识，就是主要依靠规模扩张拉动利润增长的老路基本走不通了。

二是金融市场环境变化。2012 年开始，我国利率市场化的步伐显著加快，从扩大存贷款利率浮动区间，到今年全面放开贷款利率下限，现在就剩放开存款利率上限这最后一步了。利率市场化直接挤压银行的利差空间。今年上半年，银行业的平均 NIM 较去年同期下降超过 10 个 BP。而且我们判断，利差的收窄将是个长期趋势。与此同时，我国的资本市场、货币市场、保险市场这三大金融子市场正在加速融合。由此将带来整个金融版图的重新洗牌，社会融资结构也更趋多元化。我国社会融资结构中，银行贷款占比在十年前超过 90%，目前已经降到 60% 以下。以后如果单纯依靠贷款，银行在金融体系中就只会越来越被边缘化。

三是国际竞争压力。最新数据显示，在直接投资流量上，中国目前已是全球第三大对外投资国，仅次于美国和日本。我国企业和个人“走出去”的步伐越来越快，人民币也在国际上开始流行。银行作为服务实体经济的金融机构，也必须跟随中国居民、企业以及货币的步伐，加快拓展海外业务。目前，中行、工行等大型银行已基本搭建起全球化经营的渠道和网络，其他机构在国际市场的竞争力尚未显现。

四是技术创新。近年来，基于互联网技术的电子商务发展引领着商业模式的创新，一大批电商企业正在快速崛起。它们一方面掌握了丰富的客户资源和客户信息，另一方面把持了电商平台的交易信息，正在把大量客户从银行柜台引向网络平台，银行的客户端将逐步丧失。利用先进的大数据技术，它们也正在大举挺进支付、融资、财富管理等商业银行的传统业务领域。商业银行在网络交易的消费链、资金链、信息链中，确有被逐步边缘化的危险。

三　培养中国商业银行的未来核心竞争力

面对以上四大挑战，我们应该怎么办？如何才能继续保持健康发展？出路唯有审时度势，立新求变，锐意改革，加快转型。中国银行业需要重点培养四大核心竞争力。

第一，市场化能力。中国银行业能取得今天的成就，很大程度上要归功于我国金融市场化改革的红利。目前，我们又处在新一轮金融体制改革的机遇期，市场化还有巨大的潜力。银行要尽快适应利率和汇率市场化的要求，丰富自己的产品，提高风险管理能力。目前金融“三大市场”的融合正在推动金融运作模式的创新，客户需求多元化、个性化的趋势也将愈发明显，银行可以顺势发展形式多样的金融资产服务业务，为客户提供更多跨市场和综合化的服务方式。这样既有利于减少资本占用，也可以增加手续费收入，改善收入结构。同时，银行还要进一步改革自身的体制机制，加快高管、用工和薪酬制度改革。

第二，信息化能力。计算机和互联网技术发展引起了商业模式和金融业态的变化。银行要变被动适应为主动出击，加快推进信息化银行建设。银行要建好自己的数据库和信息库，形成分析师队伍，开展信息服务、远程客服、智能营销和风险监控。要不断丰富电子渠道，提高产品的上网率和客户的离柜率，为个人和小微企业提供便捷的服务。在完善网上银行的同时，推出自己的电商平台，在金融交易和商品交易的两个领域重建与客户的紧密联系。

第三，国际化能力。要加快在全球金融中心和金融资源丰富的国家和地区的机构布局，建立延伸全球的产品线，在跟随中资客户的同时，开始客户和产品的本地化进程。要积极助推人民币国际化，发展境外的人民币融资、投资和筹资业务，开发境外人民币的利率汇率产品，提高境外人民币的结算清算能力，成为境外人民币的优秀服务商。要在国际市场上发展投资银行、资产管理、大宗商品交易以及衍生产品交易业务，参与全球的金融市场交易，逐步介入和掌握金融产品定价权。

第四，综合化能力。目前，包括四大行在内的许多银行都已经或正在积极介入基金、保险、证券、信托、租赁等领域，初步建立起了综合化的经营框架。未来的关键是要做好基础资产的质量，做好各类渠道的协同，做好行业风险的隔离。当前，银行特别要抓住“大资管”的发展机遇，大力发展银行的资产管理业务，把投行业务和资管业务连接好，把筹资人和投资人服务好，为客户开辟存贷款以外的投融资渠道，为百姓提供保值增值的便利。

总之，面对国内外的各种质疑之声，我们既要看到中国银行业 30 多年改革发展所取得的巨大成就，又要看到内外部环境变化给我们带来的诸多挑战。更重要的是，还要顺应我国经济转型和金融改革的要求，积极推进银行自身的体制改革、结构调整和经营转型，在国际金融业形成新的核心竞争力，更好地服务实体经济，为我国经济的健康发展贡献更多的力量。我们相信，中国银行业的明天会更好！

（作者系中国工商银行副行长）

B.9 中国商业银行面临三个根本性挑战

向松祚

在国际经济和中国经济内外环境发生深刻变革的前提下，中国商业银行所面临的挑战，我认为不能就金融谈金融，我们要看到一些非常深刻的变化正在改变商业银行运营的基础。

一　商业银行面临的三个挑战

（一）人口结构变化

实际上近年来我们已经看到这些变化正在悄然发生，“80后”“90后”的人口逐渐开始成为中国的消费支柱和中国社会主流，过去传统的消费行为的模式、支付行为的模式正在悄然发生非常深刻的变化，“80后”“90后”甚至是“00后”的人口，他们在三个方面与他们的父辈和祖父辈有非常大的区别。

1. 消费习惯。根据一些市场研究报告，“80后”“90后”差不多80%以上的人选择在网上购物，或者正在考虑在网上购物。并且这些人群基本上不会到商业银行网点办理银行业务，物理营业网点未来确实面临巨大挑战，坦率地说包括中国农业银行在内，有些银行的网点，如果从单位网点来衡量的话是处于亏损状态的，未来这种亏损状态会大幅度上升，商业银行成本的优势，会马上转变为成本的劣势。互联网金融，至少在支付行为模式方面会根本上颠覆传统商业银行的ATM机和营业网点的优势。所以这是一个迫在眉睫的挑战，商业银行尤其是大型银行必须要奋起直追，必须马上想出办法，如何解决我们庞大的物理网点规模。而目前也不能把网点撤掉，如果撤掉会面临大量人员失业的问题，网点本身又不能赚钱，这个网点究竟何去何从，我想这确实是一个非常棘手的问题。

2. 储蓄习惯。尽管我们的居民储蓄存款已接近 44 万亿元，但是我们要看到这些年的居民储蓄存款增长速度一直在持续下降，这也是因为人口结构的变化。因为“80 后”“90 后”绝大多数人已经不再像他们的父辈和祖辈那样热衷于储蓄，所以储蓄率在中国肯定会持续呈现下降的态势。当银行负债基础主要不再依靠储蓄的时候，我相信我们的运营模式、监管模式都会发生深刻的变化。比如美国商业银行的存款占负债里面的比例不到 50%，所以贷存比一般超过 85% 乃至 90%；欧洲一些银行存款机会更少，其贷存比超过 120% 乃至 150%，商业银行相当一部分的负债，甚至绝大部分负债就必须通过货币市场的拆借，这对商业银行的风险管理、流动性管理、错配的防范和管理提出了前所未有的挑战。与此同时如何管理货币市场，如何改变存贷比的考核、改变流动性监管的指标，也对我们的监管部门提出巨大的挑战。

3. 投资习惯。“80 后”“90 后”的人追求的是多元化、个性化的投资品种，多元化和个性化恰好是现在的商业银行所缺乏的。尽管这些年我们商业银行取得了很大的成就，收入大幅度攀升，但是我们没有多少有特色的银行，我们的银行基本上是同式竞争，负债和资产结构都是趋同于同式化竞争。

人口的变化是一个非常深刻的变化，对商业银行整个的经营模式、运营模式都会产生巨大的变革，我们如何应对这个变革完全是一个没有解决好的问题。

（二）国际化趋势

中国的商业银行，四大银行都已排到了世界前十名。但是中国至今其实没有一家真正的跨国公司和国际化的企业。中国作为世界第一出口大国，第二大经济体，中国已经是世界上 124 个国家和地区的最大贸易伙伴，但是这个贸易的结算，绝大多数我们都是通过美元、欧元和其他的国际金融机构进行的，中国的银行离国际化的距离差得很远。总体来看，由于起步得太晚，中国商业银行的国际化远远跟不上中国企业海外投资的脚步，这一点商业银行应当感到巨大的压力，甚至在某种意义上要感到我们必须担负起这么重大的责任来推进中国企业的国际化，帮助中国企业成为真正的国际公司，推进人民币国际化，使得人民币成为通用货币。目前，我们做得还不够，把我们的银行变成国际化的银行需要变革的地方太多，远远不是一个商业银行可以解决的，也需要从国家层面，从许许多多基础的政治层面进行深刻的变革。

（三）直接融资的快速增长

直接融资的快速增长实际上已经对我们传统银行所从事的间接融资构成了前所未有的威胁，不仅仅是挑战，而且是巨大的威胁。比如从今年上半年前两个季度的数据来看，我们上半年的社会融资规模达到10.15万亿元，商业银行信贷的占比已经降到50%，委托贷款、信托贷款、企业债券以及其他的融资方式占据半壁江山，在未来，商业银行贷款在整个社会融资里占的比例一定会跌破50%这个半壁江山，大半壁江山将会由直接融资等其他融资方式所占据。尽管我们在存量方面，商业银行业务占70%，但是我们推测，到2015年，从存量到增量上，商业银行可能都会降到50%以下。在这个背景下，坦率地讲，商业银行过去五年的好日子恐怕已经到头了，业务规模、资产负债规模大幅度下降，必然导致收入大幅度下降，我觉得我们所有的银行家，还有中国商业银行的投资者，都要把我们的收入和利润的预期降下来。商业银行收入的增长如果可以保持，和经济增长速度大致相当，我觉得已经难能可贵。过去这些年我们银行收入和利润的增长大幅度超过GDP的增长，超过其他行业的增长速度是一个例外的现象，有人称为是股改红利，或者是我们短期高度刺激的一个短期效果。我觉得商业银行很快会回归一个正常的状态。

所以这三个挑战，我觉得都需要我们从战略的层面仔细地思考应对的策略。

二　农业银行面临的个别挑战

对于中国农业银行来说，除了上述三个挑战以外，我们还要解决另外三个问题。坦率地说，中国农业银行在各大商业银行里面的基础是比较薄弱的，这些年在党中央国务院的直接领导之下，股改上市非常成功。中国农业银行这些年各方面的业绩，确实取得了长足的进展，但是商业银行与其他银行相比我们现在面临三个亟须解决的问题。

（一）服务“三农”与建成国际性商业银行怎么协调

几年前在国务院确定中国农业银行改制上市的方案里面明确的方针中第一条就是要服务“三农”。最近这些年农业银行推进了三农事业部改制，过去这些年三农事业部在支持“三农”方面作出很大的努力，农业银行对“三农”的贷款大幅度超过同行贷款增长速度。农业银行现在面临的问题是需要解决一方面要服务“三农”，一方面要建成国际性的商业银行，怎么把二者很好地协调起来。在中央推进新型城镇化的战略中中国农业银行可能能走出一条新路，把这二者完美地结合起来。

（二）城市的业务和乡村的业务怎么协调

农业银行45%的网点是在县和县以下的地方。在农村很多人愿意把资金放到城市和城镇，因为城镇的投资机会比较多，投资收益率比较高。所以这是一个利空的现象，它直接会影响我们服务“三农”或者推进新城镇化的历史使命。

国内市场和国际市场如何协调。农业银行现在有一些国内的客户，他们有海外扩张需求，如何把这个业务从国内市场延展到海外市场，这是一个挑战；有一些海外企业它们与在海外的农行分支机构有业务往来，它们希望进入中国，如何把它们在海外的业务网络回归祖国内地，这也给农业银行带来很大的挑战。

这三个挑战是农业银行要很好地解决的，也是农业银行提高核心竞争力主要要解决的三个问题，我们会本着三个基本的方针：市场化、科技化、国际化，来迎接这些挑战。我相信，中国农业银行在未来的核心竞争力会不断地提高，会朝着国际一流的大型商业银行阔步前进。

（作者系中国农业银行首席经济学家）

B.10
商业银行应多践行社会责任

唐 斌

多年来，兴业银行一直在以自己的实际行动践行社会责任，并在总结自身可持续金融实践的基础上提出“寓义于利”的社会责任观，即将社会责任与银行自身业务相结合，在履行社会责任中寻找商机，探求一种可持续、可发展的银行与社会共赢的商业模式和社会责任实践模式。下面我举例向大家介绍兴业银行是如何践行“寓义于利”的社会责任观的。

过去一年，我多次进出内蒙古大草原，目的是为了带领我行董事们深入了解呼和浩特分行与内蒙古电网合作的农网 POS 机代缴费项目。该项目覆盖全区七个盟市 38 个旗县，东起锡林郭勒草原所在地东乌镇，西至拥有美丽胡杨林的额济纳旗，跨越 2100 公里，营业区域 58 万平方公里，服务人口 602 万，用电户数 192 万户（居民用户 163 万户，一般工商业 21 万户，排灌 6 万户，大工业 2 万户）。

显然在如此广袤的土地上完成这项服务困难重重，之前只有农业银行参与过内蒙古农村电网相关业务。考虑到为了更好地服务当地农牧民，2009 年我们参与到内蒙古电网公司农村电网升级改造招标中，并有幸中标。我们依靠农信社等金融机构为支点，将移动支付终端铺设到全区两千多个自然村，有效地解决了农网缴费问题。截至 2013 年 8 月，该项目已实现累计刷卡 107521 笔，累计缴费金额超过 6 亿元，既为全区农网升级改造筹集了资金，又使广大偏远地区农牧民能够用上放心电。呼和浩特分行与内蒙古电网合作服务于农牧民的生动案例引发了我关于兴业银行如何践行社会责任的很多思考。

首先，关于银行怎样服务“三农”、服务小微企业。世界银行 2006 年首次提出“普惠金融”的概念，旨在要求金融机构以更高效、更便捷的方式向更广泛的需要金融支持的群体提供服务。我认为呼和浩特分行的农网 POS 机代缴费项目很好地体现了普惠金融理念的精髓。

其次，关于互联网金融给银行带来的机遇。对银行来说，互联网金融就是利用互联网理念和技术给银行客户提供更便捷、更安全的服务。农网 POS 机代缴费项目正是利用互联网技术，以农信社等农村金融机构为支点，通过移动支付终端将碎片化的业务整合为具有一定规模的业务体系。

最后，关于银银平台如何服务“三农”、服务城镇化建设。从 2005 年银银平台构想付诸实施到今年上半年，银银平台已实现连接网点 23000 多个，合作群体涵盖各省级农信联社、农商行、农合社、全国性股份制商业银行、城商行、村镇银行等，不仅极大地丰富了兴业银行自身网络，使各项服务延伸到基层，而且使基层金融机构能够享受到覆盖全国的网络体系，实现资源共享、优势互补，从而带动了广大三四线及农村地区的中小银行共同迈向经营管理现代化之路。

以上这些思考是兴业银行过去践行社会责任的经验总结，集中体现了“寓义于利”的社会责任观。未来兴业银行将继续以市场化方式履行商业银行的社会责任，更加关注社会环境效应，推动整个社会经济可持续发展。

（作者系兴业银行董事会秘书）

B.11
银行业需要新思路、新策略

林云山

中国银行业近些年的发展令人瞩目，银行资产规模、盈利水平都有了大幅度提高。从2009年初至今，银行资产规模在短短的4年半时间里增加了1倍，目前已经达到了100多万亿元，是GDP的两倍，这样的增速和规模在世界范围内前所未有。中国银行业为中国经济的稳定发展作出了重要贡献，尤其是在国际次贷危机和欧债危机的冲击面前，银行业更是发挥了中流砥柱的作用。

不过，近些年国内银行业的快速发展也引来了一些质疑，比如，银行业对实体经济，尤其是中小企业的支持不足，银行资产规模迅速增长带来了资产质量风险等。这些质疑并非都是不实之词，其中部分质疑一定程度上反映了当今中国银行业存在的一些问题，值得正视，亟待解决。

当下中国银行业正在经历的这场以“利率市场化、放宽行业准入限制、资产证券化”等为标志的改革和创新，对于解决上述一些深层次问题，对确保中国银行业持续健康发展有着重要意义。以利率市场化为例：利率市场化会减小银行业的存贷利差，从短期来看，这会给银行业的盈利带来一些压力，但是利率市场化将使资金的配置更有效率，能够提高整个经济的产出效率，促进经济结构的转型和升级，也会使银行业对中小企业的贷款增加。从长远来看，整个宏观经济产出效率的提高和结构的升级，也能够提高银行业的收益水平和资产质量，保证银行业的持续健康发展。

当然，这场改革和一系列创新的成功推进，不仅需要远见卓识，也需要缜密思考、规范运作和耐心培育。比如，通过“资产证券化”来实现“盘活存量”是一个很好的政策方向。近些年国内已经有了不少证券化的实例，积累了不少这方面的经验，加之银行可以用来证券化的资产规模比较庞大，资产证券化的发展空间是广阔的。但是，以往国内资产证券化的实践表明，证券化产品主要是银行之间互持，银行购买了证券化产品发行量的90%以上。未来如果资产证券化的规模进一步扩大，银行互持的比例会更高，甚至有可能接近100%。这样一来，资产证券化并没有将风险真正分散，这些风险依然留在银行体系之内。最近，监管部门在积极推动交易所证券化产品的发展，努力拓展除银行之外的机构投资者，不过，目前交易所证券化产品的容量依然有限，对庞大的银行信贷资产而言，短期内依靠交易所市场实现“盘活存量”的可能性不大。所以，这一市场的发展还需要监管层和市场参与各方耐心培育，夯实市场基础，不急于求成。首先，在现阶段，发行人应该对基础资产进行筛选，主要对优质信贷资产进行证券化，并采用分级设计来严控风险，这样虽然会使证券化产品的收益率偏低，但有助于逐步将个人投资者纳入投资群体，这样资产证券化市场才有可能像几年前的理财产品市场那样步入快车道。其次，信息披露应更加透明和规范，尤其是基础资产的信息披露，一定要透明，使投资者对基础资产的风险能准确把握，截至目前，不论是银行间还是交易所已经发行的产品，在信息披露上还是做得不够细致，应该进一步细化，即便基础资产的信用风险很低，也不应该忽视信息披露的重要性；另外，要降低中介和发行环节的成本，证券化产品的投资者承担了基础资产的全部风险，那么投资者的收益就应该基本等于基础资产的回报率，但目前基础资产回报率和证券化产品收益率的差距偏大，主要是由于中介和发行环节的成本偏高，降低了证券化产品的吸引力，一定程度上制约了市场的发展。

以上所说到的这些，不仅是具体操作层面的问题，其实还都涉及更深层次的发展观和价值观问题。近两年，在现代金融制度的发源地欧美国家，对金融创新价值的反思不断。很多民众认为，金融创新被少数人滥用并且加剧了社会资源分配的不公。虽然这种情况出现在欧美，但同样也在提醒我们，各种金融创新，都应该以服务社会，推动社会经济良性发展为根本目标。为此，抓住当前改革的有利时机，通过银行业同仁们积极规范扎实的工作，让资产证券化这样的金融创新成为“盘活存量”“推动经济结构转型升级”的有效工具，是银行业社会责任的体现，也是其社会价值的证明，让我们共同努力和期待。

（作者系中国民生银行行长助理）

B.12

理性看待利率市场化和互联网金融

郭田勇

在最近这段时间有两件事是大家关注更多的，一个是利率市场化的问题，另一个是互联网与金融结合的问题。这两个问题是这段时间内银行层面关注度比较高的，所以我想围绕着这两个方面简单地跟大家交流几个观点。

一　利率市场化

在存款利率下限取消以后，我认为会有利于银行更多地支持小微企业。有专家不同意我的观点，他们认为利率下限取消以后会使得很多中小银行来争夺大的企业，以前小银行竞争不过大行是因为央行贷款利率有下限，当下限取消以后，小银行就可以跟大行杀价了，用更低的利率给大企业贷款。我想这个说法也有道理。但是，即便是有一些中小银行用更低的低利率水平和大行竞争大型企业，那么大型银行不再给大型企业贷款，剩下的钱流向什么地方，毋庸置疑，肯定未来还是要寻找更高议价的领域。并且随着经济的发展，大型企业自身必然会有一批企业会“脱媒”。因此，贷款利率下限取消以后，未来的利率市场化推进，一定会使银行的资金更多地分布到中小微企业，我想这个观点在逻辑关系上应当是成立的。

城商行天职就是要服务小微企业，从利率市场化背景下凸显中小银行的核心竞争力来看，的确要深挖小微企业，深挖地方经济，这是中小银行未来的生存之本。随着中国金融业的发展，迟早有一天会达到供给需求平衡的状态，商业银行的优势地位将不复存在，到那时我们的商业银行就需要研究批量化、借鉴模型降低成本、如何筛选客户等一整套的办法来真正地做好中小企业，同时搞好金融产品的交叉销售，给客户配制更多的产品来提高复合式收益率。谁能够做到这一点，谁就会在最终的竞争中获胜。

从利率市场化的趋势来看，我们银行业的确要未雨绸缪，在做中小微企业上，特别是小微企业上，一定要深挖并形成自己的核心竞争力。值得欣慰的是我们的银行正在做这方面的研究，有的银行做商圈，有的银行做产业链，等等。

二 互联网金融

互联网金融，一半是海水一半是火焰。“互联网金融”一半是在炒概念，一半是其真正的容量确实比较大。首先，炒概念是需要的，尽管20世纪90年代的互联网泡沫最终破灭，但是它达到了普及性的作用，所以说互联网金融给银行业带来的实际冲击可能是有所扩大的。第二，互联网金融对银行业的确是有现实冲击的。一方面就是在银行业传统营销渠道上，互联网的新型渠道会带来冲击；另一方面是互联网的确有其看家本领，它通过大数据、云计算来筛选客户，这跟商业银行看家的风险管理是有冲击的。而且我们有些银行想做大数据云计算，结果发现一年的交易量还没有淘宝一天的交易量多，这样的话就很难建立起大数据。

最近我听到一些银行谈到，第三方支付虽然发展速度比较快，但是它需要在银行开户，用银行卡才能做第三方支付，不能凭空产生。我对这个观点是持保留意见的。第三方支付和商业银行的关系其实跟微信和中国移动、中国联通的关系很相似。中国移动和中国联通一开始挺高兴，大家打电话发短信都可以收钱，后来微信打破了传统的营运模式，给两大电信运营商带来很大冲击。所以关于互联网创新，我们银行必须要跟得上，要主动地运用它，与互联网的技术相结合，发挥各自的优势，实现共赢。

（作者系中央财经大学中国银行业研究中心主任）

B.13 办好草根银行，服务小微实体

申学清

当前，随着金融脱媒形势加剧、金融改革日益深化及互联网金融等新兴金融业态的发展，给中国商业银行带来了不小的挑战。商业银行尤其是中小商业银行面临着前所未有的转型压力。近年来，郑州银行立足小微、面向“三农”，充分发挥本土优势，走特色化和差异化之路，与大银行形成错位经营，努力打造“草根银行”，在中小银行支持实体经济方面进行了积极探索。下面，我将简单介绍郑州银行特色转型的有益探索及本人的几点体会。

一 郑州银行发展简况及特色经营实践

郑州银行的前身，可追溯到1980年依托人民银行成立的城市信用部，曾经在1991年成立了全国第一家城市信用联社，也曾经在1998年经历严重的挤兑风波。在监管部门和省、市政府的大力帮助下，经过十余年的不懈努力，不仅成功化解了支付风险，彻底消化了历史包袱，而且业务也得到快速发展，监管评级更从5级升为2级。截至2013年8月底，全行资产规模达1240亿元，各项存款1000亿元，占比超过河南省17家城商行总规模的1/4，已成为省内城商行发展的标杆。

依托郑州市全国综合交通枢纽、中西部最大现代物流集聚中心及本地优秀中小企业数量众多、城镇化发展迅速等区位优势，我们确立了特色化差异化的发展之路，立足于服务本土经济，致力打造“商贸物流银行、中小企业融资专家、社区精品银行”。具体表现在以下三个方面。

第一，突出地域特色，大力发展商贸物流金融。郑州银行专门成立了贸易融资部，成立了专门的万邦物流支行，将管城支行业务主要定位于物流业，并

针对商业超市、专业市场、仓储物流等行业，推出了国内保理、应收账款质押、商票保贴、存货融资类的仓单质押、国内信用证、联盟基金-流量贷等产品，针对不同业态和不同需求客户，配置不同的金融服务套餐。截至2013年8月底，郑州银行商贸物流企业贷款余额达220.6亿元，占全部贷款的37.11%，是郑州银行重要的信贷投向。

第二，着力中小领域，努力打造小微企业金融服务标杆。一是机构专营专管，机制自成体系。在前期成立6个小企业营销中心的基础上，郑州银行按照贴近市场、特色专营的原则，成立了10家零售特色支行，为辖内小微企业提供包括信贷、理财、结算等一揽子方案的金融服务；引入德国IPC技术，成立7家微贷分中心。通过积极探索，郑州银行还建立起一套自成系统的机制，包括高利率覆盖高风险的定价机制、小企业贷款的独立核算机制、客户培养输送机制等，保障小微企业信贷业务“又好又快”发展；同时，郑州银行于2013年发行并投放50亿元小企业金融债，为小微业务提供充足资金支持。二是引进先进技术，保障持续发展。郑州银行于2012年6月与德国IPC公司合作，引入以现金流分析为基础的微贷技术，已累计发放微小贷款3.84亿元；2012年12月底，郑州银行又与美国FICO公司正式合作，引入售后服务管理技术，采用计量模型，对不同等级的存量客户采取不同的贷后管理方式，提升风险防控水平。三是针对客户需求，量身定制产品。针对小微企业的特殊融资需求，从2006年至今，郑州银行已推出六大系列16种小微企业信贷产品，具有较高的社会知名度和影响力。由于成绩突出，2013年郑州银行被中国银监会评为“银行业金融机构小微企业金融服务先进单位”，并被河南银监局评为“小微企业金融服务先进单位”。

第三，提升服务内涵，积极探索社区银行建设。面向居民的社区金融服务是十分烦琐的，多数银行都不愿意耗费过多的人力、物力，但这是一个潜在的巨大市场。围绕居民衣食住行，郑州银行近年来不断增加服务项目，目前已经开办覆盖郑州市居民生活的全部代收代付业务，代理业务量达到全市的80%，并推出理财业务、代理保险业务、基金、贵金属等业务。在此基础上，郑州银行明确提出了打造“社区精品银行”的目标，为此专门成立了锦艺城社区支行，探索性地开展了“社区金融超市”服务的试点工作。

二　中小商业银行特色经营的几点体会

一是找准定位，差异化竞争，是小银行未来的生存之道。郑州银行立足区域经济，把握自身特点，明确了“商贸物流银行”“中小企业融资专家”“精品社区银行”的市场定位，面向小微企业和城市居民，延伸服务，错位竞争，力争用两年到三年的时间，将本行建设成为特色业务领域的专家，相关业务市场占有率占据同业领先水平，特色业务的利润贡献度显著增加，基本确立郑州银行特色银行的品牌。

二是转方式调结构，发展特色业务，是小银行未来发展的必由之路。2012年开始，郑州银行着力推进“特色郑银”建设工作。计划通过明确目标、完善机制、培养队伍等手段，走特色化、差异化、专业化的发展道路，力争通过三年的努力，到2015年小微企业业务市场份额在郑州市占比35%以上，全行80%的队伍和60%的分支机构专做小微企业业务；在服装、商贸物流等地方优势行业建立专业支行，并做深做透，形成“全行大特色、支行小特色”的服务格局；批量设立20~30家社区银行，建成网格化的社区服务网络，深入居民，深度挖掘，把郑州银行真正办成“毛细血管式”的草根银行，真正服务小微实体。

（作者系郑州银行行长）

B.14
龙江银行的转型实践

关喜华

目前，龙江银行已做了十年的社区银行，2012 年全国有 75 家城商行到龙江银行来交流学习，今年有 40 多家，还有一些城商行、农商行也来交流，这两年我们和 100 多家中小银行交流社区银行方面的做法。大家的到来，我感受特别深，也特别高兴，对龙江银行来说，也是改进，是传经送宝，上门一对一地进行交流，互相学习各家银行的长处。大家都来做什么呢，我觉得每一家银行来的心情都非常好理解，大家互相都在谈银行转型，小银行的这种忧患意识非常强，我特别理解大家，所以，毫不保留地交流在社区银行和农业供应链金融以及小微方面的做法，龙江银行在社区银行和农业供应链方面做出了一些特色，也被银监会誉为首家，细分市场也做得比较好，依托中粮、北大荒，包括荷兰合作银行，帮助我们在技术上提高。即使这样我们还在做转型，主要包括以下几方面。

一是在产品和客户方面进行转型。过去是以产品为中心，现在向以客户为中心转型，这个大家不陌生，过去的以客户为中心基本上是喊在嘴上并没有真正实现，我行现在引入技术，通过分层、管理，真正实现以客户为中心，实现通过客户的需求去定制产品，更加精准地进行营销，在成本、人力、流程和办法上都做了很多的节约。

二是在电子化方面进行转型。这个转型很多银行都在做，我们是对柜面人员的生产率和机器的生产率进行转型，实现人员和机器业务量的合理配制。我们把它纳入 6S 考核中，发现有很多柜员是多余的，所以我们会在低峰时期深入社区进行一些产品的销售。

三是从规模管理向人均管理进行转型。我们与 IBM 合作以后，发现很多员工都是无效的员工。这些员工怎么安置，我们从 5 个方面进行转型，全体员工重新定岗定编，然后定效率定薪酬，还有员工的职业生涯规划。过去分行、支行说要人，因为忙不过来，现在就是通过一些模型的测算，尤其像对全国的大银行，股份制银行进行模型分析发现银行员工的总量和其总资产密切相关，而且相关性极大，即员工的总编制等于0.024×总资产，对于小银行来说，总资产多大就会通过这个公式来确定员工的总编制，从而对人员结构进行调整，这对于精细化管理来讲取得了比较好的效果。

四是从传统银行向现代化银行转型。有人说过去做的是砖头银行，现在就是做砖头加鼠标的银行，为什么是砖头加鼠标呢？我认为对于城商行来说，不适宜和大银行一样去做电商，把大量的资金与人力投入网上银行，我们更提倡和一些电商或者大的电子化的包括数据分析的公司搞合作。今后不仅要关注线下客户也要关注线上客户，否则有一天就会突然发现我们的客户，我们的奶酪被别人拿走了，未来城商行一定要关注线上客户。

总之，转型并不容易，变革是从 A→B，但是为什么很多人都走不到 B 呢，就是因为从 A 到 B 的过程是非常曲折的，这个过程就是转型，只有转型成功了才能达到变革，所以寄希望于我们这些中小银行，我们在对外部环境和内部的组织更加了解的情况下，领头人能够带领我们的团队，奋力前行，以变应变，在激烈的竞争中站稳脚跟。

（作者系龙江银行行长）

B.15
利率市场化已然来临

郑志瑛

近几年，所有银行活动的高频词就是市场化。我今天想要讲的市场化是存款利率的市场化，关于这个主题我想表达三个观点：一是我认为目前的存款市场已经基本市场化了；二是下一步的利率市场化将带来什么影响，会不会导致小银行的批量化破产；三是不要恐惧存款利率的市场化，市场化是小银行的新机会，是中国银行业成长的新机会。

一　存款市场已基本市场化

我们现在面临的市场化的形势，就全国大范围来说，已经走到了70% ~ 80%。在这么大的市场化背景中，有没有可能，或者市场容忍不容忍一个市场没有市场化，这个市场是真空的，市场没有渗透还在搞计划、搞政府定价？这显然是不符合改革逻辑的。

我感觉目前利率市场化主要通过六个渠道在悄悄地批量化地实施，这六个方面是大家公开认可的。

一是10%的利率上浮。2012年的6月7日晚上我们在成都开城商行年会，那天晚上人民银行宣布利率市场化。第二天即6月8号早上，大家都涨到了所谓的一封到顶，那次的利率市场化已经分开了，大行一年期3.25%，小行一年期上涨10%。

二是非法的高息揽储。我们这些地方性小银行当然希望以低成本（以3%为例）获得存款，农信社城商行3%吸收不到存款，若要3%拿到存款，就不得不悄悄地非法地给客户送油，送面，送对联，送现金，有的还送金条银条。不管怎么样，这些都是揽储的成本，我计算了一下这一块的成本大约在0.7%

左右。这是官方不认可的，但是市场确实是这么做的。

三是优质服务，综合回报或者是寻租。比如送旅游，送就业。为了吸收一千万存款，解决一个人的就业，十万块工资养着一个银行不需要的人。我们需要的是优秀的学生，但是这个不需要的人来了也得接受，我们叫寻租。高铁贵宾室，机场贵宾室，同样都是白送给客户的。

四是免费让利。各家小银行想尽办法给客户减免了很多费用，比如账户的年费、跨行取现费、现金转账费、支票费等，让出的这一块利润大约也会占存款的0.7%左右。

五是存贷挂钩。企业客户的存款利率，包括个人客户的存款利率，是与贷款利率的高低挂钩的，比如这个客户有1000万元的存款，银行给了低的价格，这种存贷联动产品，通过贷款的渠道，反回来已经把存款的利率定了。

六是产品分流。银行体系里面，理财产品实际上是一种变相高息，银行业为此支付了成本，理财产品的价格基本上是4.5%，而平均一年期的存款是3.0%。理财产品的规模已经达到9万亿元，这相当于定期存款的一半，全国银行业现在有20多万亿元定期存款，账外居然还有9万亿元的、相当于定期存款一半的理财产品。

理财产品的价格基本上给存款市场定了价，4.5%是目前市场存款人和银行接受的价格，也就是说，目前法定存款利率3%，市场化的利率应该在4.5%左右。通过种种原因，银行业为了存款利率市场化，支出了成本，付出了财务费用。从这点来说，目前中国银行业的存款利率是基本市场化了。4.5%的利率是市场接受的利率，贷款利率是6%，这个利差水平跟国际上的市场经济国家的利差大致相当，也跟我们银行业的盈利水平相当。银行业有60万亿元的贷款盈利1万多亿元的利润，大概也是1.5个百分点，就是说1.5%的存贷利差可能是市场接受的利率生态的平衡关系。

二　利率市场化将带来什么影响

我们现在说的利率是名义上的利率，名义的利率市场化以后会带来什么影响呢，主要有六个方面的影响。

第一，高息拦储没有了，利率放开了就没有必要给客户送油送米送卡。

第二，寻租减少，市场环境得到净化，没有必要为了拉一笔钱给人那么多不正当的关系。

第三，非法集资将大量减少，一些体制外的存款，将回流银行体系。

第四，理财业规模大幅度减少，资金回到存款上，储蓄率提升。

第五，杠杆作用下降，利率的提高使得房市股市投资减弱一点，银行业份额会提高，股市保险份额将会减少一点。

第六，中间业务收入增加，我们银行业梦寐以求地达到国外40%、50%中间业务占比的问题将得到解决。一方面是银行业利差的减少，使得中间业务收入占比自然会涨上来；另一方面就是银行给客户的减费让利将不存在了。

三　存款利率市场化是小银行的新机会

存款利率市场化其实并不可怕，因为目前其实已经市场化了，商业银行尤其是中小银行已经为吸收存款支付了成本和代价，未来的市场化只不过是确认过去利率市场化的成果。美国罗斯福总统在就职演讲时候说，我们不必畏首畏尾，我们唯一值得恐惧的就是恐惧本身，一种莫名其妙地丧失理智、毫无根据的恐惧，会把人民不懈的努力化为泡影。面对当前形势下的利率市场化，我们要研究市场化，迎接和拥抱市场化，不要惧怕市场化，不要成为利率市场化的阻力，新一轮的市场化不会对我们有太多的影响，让存款利率的市场化来得再快一些、再猛烈些吧。

（作者系邯郸银行行长）

B.16

中小城商行应以“变”应“挑战”

龙文彬

500亿元以下的资产规模对银行意味着什么？意味着我们是规模最小的银行群体，是生存和发展都面临巨大压力的银行群体，更意味着面对今天的形势急剧变化和未来更加惨烈的竞争，我们作为资产规模500亿元以下的城商行，坐不住了！

2013年对中国经济改革来说是不平凡的一年，党的十八届三中全会即将在11月召开，这不仅是我国政治经济中的大事，也肯定是我们银行业关注的一件大事，因为在这届会议上必定会涉及金融体制改革的措施。这一次的改革，是政策的改革，是用政策改革释放红利。前不久，周小川行长已经说了，中央银行和国家早已经有利率市场化的时间表，推出的时间要根据经济金融发展状况来定。

一　中小城市商业银行面临巨大的挑战

作为资产规模500亿元以下的中小城市商业银行，我想我们坐不住的原因主要有以下几点：

第一，利率市场化。利率市场化给我们中小城市商业银行带来的冲击将是巨大的。以前我们能够通过私底下送物质、送服务的方式争取到一些存款，今后是让这些底下的东西浮出水面，是摆到桌面上来进行竞争，我们中小城市商业银行靠什么与大银行进行抗争?!

第二，存款保险制度。存款保险制度对于银行业是一个利好的消息，因为对金融消费者来讲，存款保险制度保障了存款人的利益。但是对我们中小银行来讲不一定是好事，因为存款保险制度实施后存款格局可能会发生翻天覆地的变化，可以肯定地说对中小城市商业银行影响很大。

第三，市场脱媒。因为中国的金融市场发育和发展不是太完善，各种层次的需求还不能得到全方位的满足，如果当我们金融消费者有更多的融资选择权的时候，我们以后高额的利差将来自哪里?!

第四，互联网金融。现在不是炒作互联网金融概念的时候，我们确实已经感觉到了，一大堆掌握互联网、IT 技术和建立了庞大客户群体的互联网大佬们，他们对金融早已经虎视眈眈，对金融巨大诱人的蛋糕已经向往已久，他们用各种高超的技术，悄无声息地演变，已经在不知不觉中瓜分了我们金融的蛋糕。一个“余额宝”就引起了全社会的关注，尤其是引起了监管部门高度的重视。所以网络金融的兴起对传统的金融业务无疑将是巨大的挑战。

第五，国家金融政策的变化。李克强总理在两次会议上强调放开金融管制，鼓励民间资本进入银行领域，如果说民间银行发起设立的话对我们传统的商业银行，对于那些在体制和机制还没有完全走向市场化的中小城商行来说无疑又是一个巨大的冲击。

第六，新兴消费群体的变化。未来的世界是“80 后”“90 后”的，他们已成为这个市场主要的消费力量，他们通过互联网技术，或者手机支付平台，就可以完成一系列的投资资本、转汇理财，我们原来传统的面对面的上门营销的方式就显得有点可笑甚至滑稽。所以对于我们中小银行来讲，尤其规模 500 亿以下的小银行来讲确实我们应该坐不住了。

二　中小城市商业银行求“变”以应对时代的变革

今天我们处于一个发展和变革的时代，这个时代的前进，肯定是由改革的力量推动着，这个改革肯定是以市场化为中心的方式进行着，无论是政策层面、观念层面、技术层面还是商业银行的核心价值层面，甚至我们商业银行经营管理层面都会发生巨大的变化。

过去的十年确实是中国银行业高速发展的十年，我们城市商业银行也和全国的其他银行业一样，分享了十年的黄金蛋糕，也分享了十年的豪门盛宴，但是这豪门盛筵和蛋糕将来还真的安全吗？只要锄头舞得好，怎怕墙角挖不倒。

目前很多的大型银行它们也在悄然转型，也在悄然关注和杀入我们中小城市商业银行服务中小微企业的市场，它们使用的锄头已经悄悄地挖着我们的蛋糕了。不管以后的路怎么走，城市商业银行还是要继续发展的。过去十年我们取得了丰硕的成果，更重要的是我们取得了“真经”，我们在过去的十年中，也学会了摔打，在市场中也学会了按市场规律办事和掌握市场的力量，这一点我还是充满信心的。恐惧未来只能证明自己不自信，今天的忧虑是为了认清未来的方向，让自己保持理性和清醒，选择一条未来正确的发展之路。

我们坐不住，是因为我们感受到了前所未有的压力。敢问路在何方，路就在脚下。

（作者系泸州市商业银行董事长）

附 录

Appendix

B.17
附录1　2013中国商业银行竞争力评价结果

附表1　2012年度全国性商业银行核心竞争力排名

银行名称	公司治理	发展战略	风险管理	人力资源	信息科技	产品和服务	市场影响力	综合	排名
中国工商银行	0.847	0.913	0.883	0.881	0.915	0.886	0.923	0.893	1
中国建设银行	0.838	0.878	0.881	0.878	0.883	0.889	0.915	0.880	2
中国民生银行	0.897	0.905	0.866	0.876	0.836	0.879	0.857	0.874	3
招商银行	0.862	0.877	0.856	0.881	0.866	0.881	0.878	0.872	4
交通银行	0.871	0.876	0.878	0.868	0.868	0.856	0.869	0.869	5
中国银行	0.845	0.868	0.865	0.866	0.891	0.857	0.886	0.868	6
中信银行	0.851	0.869	0.847	0.853	0.861	0.852	0.831	0.852	7
兴业银行	0.843	0.871	0.827	0.836	0.842	0.868	0.845	0.847	8
中国农行银行	0.809	0.857	0.812	0.821	0.881	0.826	0.88	0.841	9
上海浦东发展银行	0.825	0.834	0.832	0.843	0.841	0.815	0.813	0.829	10
中国光大银行	0.824	0.816	0.835	0.823	0.858	0.815	0.754	0.818	11
平安银行	0.834	0.862	0.813	0.809	0.803	0.818	0.734	0.810	12
华夏银行	0.843	0.813	0.804	0.787	0.856	0.796	0.713	0.802	13

续表

银行名称	公司治理	发展战略	风险管理	人力资源	信息科技	产品和服务	市场影响力	综合	排名
广发银行	0.722	0.845	0.802	0.756	0.804	0.764	0.698	0.770	14
浙商银行	0.689	0.835	0.818	0.745	0.801	0.723	0.675	0.755	15
渤海银行	0.633	0.721	0.757	0.671	0.712	0.664	0.561	0.674	16
恒丰银行	0.582	0.711	0.739	0.635	0.702	0.696	0.634	0.671	17

附表2　2012年度全国性商业银行财务评价排名

银行名称	资产(亿元)	风险	资本	盈利	流动性	综合财务评价	名次
中国工商银行	175422.17	0.828	0.720	0.833	0.604	0.764	1
中国建设银行	137867.50	0.820	0.795	0.683	0.646	0.725	2
招商银行	34082.19	0.843	0.568	0.827	0.532	0.720	3
中国农业银行	132443.42	0.797	0.623	0.691	0.696	0.700	4
中国民生银行	32120.01	0.836	0.461	0.829	0.504	0.692	5
恒丰银行	6179.50	0.891	0.532	0.772	0.489	0.691	6
中国银行	126806.15	0.813	0.715	0.704	0.509	0.689	7
兴业银行	32134.93	0.908	0.577	0.708	0.517	0.684	8
交通银行	52733.79	0.824	0.770	0.658	0.505	0.683	9
上海浦东发展银行	31457.07	0.904	0.599	0.725	0.458	0.682	10
中信银行	29599.39	0.892	0.687	0.641	0.516	0.675	11
浙商银行	3938.39	0.924	0.619	0.654	0.520	0.674	12
中国光大银行	22792.95	0.834	0.476	0.755	0.445	0.653	13
广发银行	11681.50	0.748	0.503	0.685	0.512	0.626	14
渤海银行	4721.02	1.000	0.555	0.580	0.361	0.615	15
华夏银行	14888.60	0.824	0.469	0.597	0.549	0.607	16
平安银行	16065.37	0.792	0.514	0.619	0.461	0.601	17

附表3　2012年度资产规模2000亿元以上城市商业银行综合排名

银行名称	总资产(亿元)	风险	资本	盈利	流动性	综合财务评价	排名
成都银行	2402.99	0.891	0.881	0.760	0.728	0.80408	1
南京银行	3396.09	0.867	0.899	0.762	0.729	0.80386	2
包商银行	2021.15	0.856	0.906	0.727	0.721	0.78738	3
杭州银行	3249.84	0.861	0.805	0.752	0.723	0.77837	4

续表

银行名称	总资产(亿元)	风险	资本	盈利	流动性	综合财务评价	排名
徽商银行	3242.24	0.869	0.767	0.817	0.585	0.77109	5
宁波银行	3735.37	0.878	0.873	0.770	0.550	0.76826	6
盛京银行	3132.04	0.897	0.634	0.805	0.698	0.76771	7
江苏银行	6502.38	0.857	0.643	0.818	0.698	0.76678	8
哈尔滨银行	2700.90	0.889	0.806	0.705	0.604	0.74155	9
北京银行	11199.69	0.894	0.755	0.700	0.531	0.71590	10
天津银行	3016.26	0.883	0.742	0.646	0.639	0.71089	11
上海银行	8169.04	0.872	0.719	0.693	0.496	0.69469	12
吉林银行	2156.77	0.847	0.721	0.631	0.575	0.68110	13
大连银行	2568.00	0.867	0.579	0.572	0.673	0.65266	14

附表4　2012年度资产规模1000亿～2000亿元城市商业银行综合排名

银行名称	总资产(亿元)	风险	资本	盈利	流动性	综合财务评价	排名
贵阳银行	1049.13	0.893	0.884	0.895	0.846	0.88264	1
南充市商业银行	1087.46	0.928	0.762	0.915	0.735	0.85122	2
郑州银行	1037.34	0.905	0.901	0.856	0.721	0.84795	3
长沙银行	1599.26	0.881	0.756	0.861	0.762	0.82423	4
西安银行	1220.49	0.879	0.841	0.829	0.717	0.81878	5
南昌银行	1061.42	0.809	0.902	0.780	0.777	0.80966	6
东莞银行	1399.77	0.875	0.777	0.819	0.709	0.80001	7
重庆银行	1561.48	0.926	0.697	0.865	0.618	0.79388	8
晋商银行	1045.59	0.870	0.901	0.702	0.784	0.79178	9
龙江银行	1860.55	0.878	0.860	0.675	0.763	0.77021	10
汉口银行	1623.82	0.861	0.797	0.731	0.715	0.76706	11
河北银行	1221.16	0.891	0.758	0.655	0.790	0.74978	12
昆仑银行	1848.15	0.691	0.837	0.712	0.740	0.73822	13
苏州银行	1284.20	0.871	0.908	0.636	0.613	0.73301	14
青岛银行	1016.58	0.879	0.835	0.605	0.727	0.73027	15
富滇银行	1053.32	0.869	0.787	0.641	0.592	0.70591	16
锦州银行	1232.58	0.872	0.884	0.582	0.580	0.69980	17
广西北部湾银行	1217.16	0.900	0.763	0.660	0.512	0.69910	18
广东南粤银行	1068.67	0.747	0.749	0.575	0.711	0.67134	19
珠海华润银行	1029.98	0.902	0.904	0.404	0.669	0.65628	20

附表 5　2012 年度资产规模 500 亿～1000 亿元城市商业银行综合排名

银行名称	总资产(亿元)	风险	资本	盈利	流动性	综合财务评价	排名
九江银行	812.18	0.868	0.905	0.926	0.805	0.88611	1
攀枝花市商业银行	611.83	0.987	0.866	0.887	0.720	0.80750	2
邯郸银行	508.09	0.933	0.822	0.898	0.770	0.79070	3
日照银行	508.76	0.871	0.838	0.927	0.737	0.78045	4
洛阳银行	819.74	0.886	0.902	0.922	0.575	0.78037	5
台州银行	701.99	0.911	0.810	0.901	0.629	0.76854	6
宁夏银行	677.36	0.876	0.829	0.849	0.690	0.75224	7
重庆三峡银行	658.61	0.938	0.733	0.762	0.776	0.73410	8
营口银行	633.43	0.794	0.833	0.815	0.838	0.73278	9
辽阳银行	605.00	0.880	0.816	0.710	0.899	0.73016	10
阜新银行	502.63	0.842	0.903	0.665	0.863	0.71902	11
内蒙古银行	610.78	0.775	0.910	0.716	0.836	0.71299	12
桂林银行	680.57	0.898	0.772	0.715	0.730	0.71137	13
柳州银行	606.43	0.893	0.790	0.667	0.766	0.70259	14
鞍山银行	573.57	0.865	0.803	0.688	0.754	0.70199	15
长安银行	766.70	0.946	0.775	0.656	0.596	0.69531	16
潍坊银行	530.23	0.772	0.749	0.816	0.684	0.69462	17
齐鲁银行	836.80	0.846	0.774	0.648	0.710	0.67388	19
威海市商业银行	720.58	0.896	0.778	0.571	0.681	0.66363	20
浙江稠州商业银行	864.97	0.843	0.756	0.646	0.610	0.65886	21
兰州银行	946.40	0.861	0.647	0.678	0.667	0.65789	22
浙江民泰商业银行	570.04	0.795	0.803	0.643	0.600	0.65204	23
福建海峡银行	702.71	0.800	0.822	0.610	0.641	0.65160	24
浙江泰隆商业银行	587.22	0.875	0.595	0.695	0.601	0.65001	25
厦门银行	911.21	0.799	0.754	0.469	0.746	0.60593	26
温州银行	833.33	0.754	0.631	0.520	0.605	0.56859	27

附表 6　资产规模 500 亿元以下的城商行

银行名称	总资产(亿元)	风险	资本	盈利	流动性	综合财务评价	排名
石嘴山银行	248.79	0.894	0.920	0.918	0.818	0.89337	1
乌海银行	218.81	0.892	0.890	0.925	0.819	0.89009	2
泸州市商业银行	111.64	0.924	0.885	0.918	0.802	0.88984	3
承德银行	251.20	0.890	0.890	0.912	0.830	0.88690	4
张家口市商业银行	460.20	0.922	0.902	0.903	0.795	0.88500	5
凉山州商业银行	142.92	0.903	0.873	0.893	0.798	0.87189	6

续表

银行名称	总资产(亿元)	风险	资本	盈利	流动性	综合财务评价	排名
遂宁市商业银行	145.62	0.894	0.907	0.857	0.783	0.85940	7
德州银行	252.25	0.854	0.890	0.879	0.785	0.85761	8
驻马店银行	120.48	0.909	0.906	0.835	0.768	0.85052	9
信阳银行	117.93	0.866	0.913	0.835	0.797	0.84898	10
长治市商业银行	152.54	0.870	0.919	0.891	0.669	0.84813	11
上饶银行	313.12	0.896	0.896	0.838	0.766	0.84687	12
乐山市商业银行	311.24	0.890	0.869	0.895	0.682	0.84627	13
晋城银行	311.07	0.884	0.902	0.823	0.786	0.84381	14
德阳银行	464.52	0.891	0.863	0.883	0.699	0.84347	15
鄂尔多斯银行	371.53	0.791	0.826	0.892	0.806	0.84120	16
衡水市商业银行	186.59	0.869	0.776	0.849	0.863	0.84120	17
青海银行	365.92	0.875	0.912	0.859	0.682	0.83745	18
丹东银行	297.05	0.889	0.833	0.791	0.872	0.83529	19
东营银行	307.46	0.901	0.889	0.826	0.720	0.83240	20
许昌银行	142.62	0.930	0.916	0.803	0.710	0.83221	21
邢台银行	268.29	0.892	0.742	0.818	0.870	0.82783	22
秦皇岛市商业银行	230.34	0.895	0.696	0.816	0.896	0.82391	23
抚顺银行	283.33	0.895	0.836	0.825	0.738	0.82360	24
绵阳市商业银行	342.07	0.890	0.794	0.891	0.651	0.82346	25
自贡市商业银行	105.75	0.881	0.822	0.765	0.882	0.82302	26
三门峡市商业银行	108.82	0.861	0.906	0.790	0.708	0.81096	27
沧州银行	347.13	0.907	0.896	0.718	0.809	0.80970	28
宜宾市商业银行	126.00	0.843	0.840	0.744	0.853	0.80483	29
玉溪市商业银行	119.33	0.830	0.853	0.723	0.878	0.80157	30
曲靖市商业银行	159.96	0.850	0.907	0.719	0.791	0.79733	31
济宁银行	246.33	0.885	0.907	0.780	0.621	0.79474	32
莱商银行	427.44	0.902	0.912	0.770	0.593	0.78946	33
齐商银行	483.98	0.795	0.687	0.891	0.670	0.78671	34
晋中市商业银行	109.99	0.817	0.905	0.728	0.756	0.78663	35
湖州银行	248.01	0.843	0.833	0.792	0.670	0.78598	36
安阳银行	109.44	0.838	0.895	0.712	0.661	0.76380	37
枣庄市商业银行	99.22	0.794	0.876	0.673	0.770	0.75750	38
新乡银行	170.23	0.851	0.905	0.619	0.753	0.74920	39
阳泉市商业银行	63.65	0.778	0.857	0.687	0.718	0.74555	40
泰安市商业银行	243.45	0.717	0.767	0.722	0.761	0.73768	41
开封市商业银行	200.65	0.907	0.792	0.674	0.619	0.73299	42

续表

银行名称	总资产(亿元)	风险	资本	盈利	流动性	综合财务评价	排名
达州市商业银行	73.89	0.899	0.963	0.556	0.677	0.73029	43
嘉兴银行	332.18	0.737	0.742	0.729	0.684	0.72418	44
泉州银行	315.98	0.874	0.714	0.649	0.696	0.71625	45
金华银行	344.33	0.828	0.633	0.714	0.681	0.71364	46
焦作市商业银行	150.35	0.711	0.906	0.604	0.742	0.71349	47
唐山市商业银行	345.79	1.000	0.564	0.480	0.950	0.69494	48
绍兴银行	446.70	0.845	0.677	0.646	0.641	0.69093	49
葫芦岛银行	263.33	0.812	0.633	0.555	0.794	0.66975	50

附注：（1）数据披露不充分、成立未满三年（截至2012年末）以及正在重组合并的银行不计入此次排名。

（2）赣州银行因数据处理原因，在杂志刊发时“资本”指标有误，特此更正，并向赣州银行致歉。

成立未满三年的城市商业银行	华融湘江银行 哈密市商业银行 营口沿海银行	甘肃银行 贵州银行 广东华兴银行	景德镇市商业银行 湖北银行 宁波东海银行
数据披露不充分的城市商业银行	平顶山银行 濮阳市商业银行 盘锦市商业银行 商丘市商业银行 铁岭市商业银行 乌鲁木齐市商业银行 新疆汇和银行	鹤壁银行 江苏长江银行 库尔勒市商业银行 廊坊银行 漯河市商业银行 南阳市商业银行 周口市商业银行	广州银行 大同市商业银行 朝阳银行 保定银行 烟台银行 雅安市商业银行

B.18

附录2　2013中国商业银行竞争力排名获奖名单

全国性商业银行

2012 年度全国性商业银行财务评价前 5 名	中国工商银行	2012 年度全国性商业银行核心竞争力前 5 名	中国工商银行
	中国建设银行		中国建设银行
	招商银行		中国民生银行
	中国农业银行		招商银行
	中国民生银行		交通银行

2012 年度全国性商业银行竞争力排名单项奖

最佳全国性商业银行	中国工商银行	最佳财富管理商业银行	招商银行
最具盈利能力商业银行	中国民生银行	最佳小微企业金融服务商业银行	中国民生银行
最佳风险管理商业银行	中国工商银行	最佳公司治理商业银行	中国民生银行
最佳信息科技商业银行	中国工商银行	最佳履行社会责任商业银行	兴业银行
最具研究能力商业银行	交通银行		

城市商业银行

2012 年度资产规模 2000 亿元以上城市商业银行财务评价前 5 名	成都银行
	南京银行
	包商银行
	杭州银行
	徽商银行
2012 年度资产规模 1000 亿～2000 亿元城市商业银行财务评价前 5 名	贵阳银行
	南充市商业银行
	郑州银行
	长沙银行
	西安银行
2012 年度资产规模 500 亿～1000 亿元城市商业银行财务评价前 5 名	九江银行
	攀枝花市商业银行
	邯郸银行
	日照银行
	洛阳银行

2012 年度资产规模 500 亿元以下城市商业银行财务评价前 10 名	石嘴山银行
	乌海银行
	泸州市商业银行
	承德银行
	张家口市商业银行
	凉山州商业银行
	遂宁市商业银行
	德州银行
	驻马店银行
	信阳银行

续表

2012 年度城市商业银行竞争力排名单项奖	
最佳城市商业银行	成都银行
最具品牌影响力城市商业银行	北京银行
最具成长性城市商业银行	贵阳银行
最佳小微企业金融服务城市商业银行	包商银行、浙江稠州商业银行
最佳风险管理城市商业银行	南充市商业银行
最佳科技金融服务城市商业银行	杭州银行
最具经营效益城市商业银行	日照银行、石嘴山银行
最佳金融创新城市商业银行	晋城银行
最佳进步城市商业银行	长沙银行
最佳公司治理城市商业银行	莱商银行
最佳新锐城市商业银行	景德镇市商业银行

法律声明